KB221052

이길 수 없다는 것을 알지만

마가복음 강해설교 1

이길 수 없다는 것을 알지만

홍석용 지음

동무출판사

모르지만 말은 나옵니다

"삶의 마지막에 가서야 우리는 마지막까지 충실을 지키는 것만이 참된 것임을 알게 된다."

그녀는 많은 것에 충실을 지켰다. 자신의 뿌리인 독일어와 문화에, 유럽에 있는 옛 친구들과 미국에서 새로 얻은 친구들에게 충실을 지켰다. 그녀는 언제나 다시 시작했고 따라서 그녀를 어느 하나로 분류하기는 어렵다. "당신은 누구십니까?" 그녀는 한 회의에서 그런 질문을 받았다. "보수주의자입니까? 자유주의자입니까? 현재의 입장에서 볼 때 당신은 어느 쪽입니까?" 한나 아렌트는 이렇게 대답했다.

"모르겠습니다. 정말 모릅니다. 과거에도 그것을 안 적은 없었습니다."

한나 아렌트는 언제나 '기댈 울타리가 없는' 사고를 하고자 했

다. 많은 사람들이 보기에 그것은 그녀를 '용서할 수 없이 독립적'
이게 했다. 진정 그녀는 누구였는가? 쉽게 대답할 수가 없다. 시
인이었는가? 철학자였는가? 정치적 사상가였는가? 그녀가 쓴 한
편지에는 이렇게 적혀있다.

"나는 사실 지금 그렇기도 하거니와 타지에서 온 소녀 같은 느
낌이다."

_알로이스 프린츠, 『한나 아렌트』, 여성신문사, 프롤로그에서

나는 잘 모르겠습니다. 설교를 지금껏 해오면서도 내 설교 방
식, 성경을 보는 관점 등에 대해서 확신을 가지고 옳다고 이야기
할 자신이 없습니다. 전제 없는 해석은 불가능하다는 것과 더불
어 내 전제가 시간의 힘에 따라 종종 변하기 때문에 '옳음'은 늘
잠정적입니다.

주변 사람들은 나에게 여러 딱지를 붙여 규정합니다. 복음주
의자로, 근본주의자로, 자유주의자로, 문자주의자로, 보수주의자
로, 진보주의자로, 얼치기 설교자로, 음험한 선동가로, 마음씨 착
한 목회자로, 설교만은 열심히 하는 사역자로…. 저들은 계속 나
에게 딱지를 붙이면서 나를 이러저러한 사람으로 규정합니다.
그러나 정말로 모르겠습니다. 내가 어디에 속해 있는지, 내가 어
느 입장을 가지고 있는지. 아직은 잘 모르겠습니다.

그럼에도 불구하고 지금까지 설교라는 형식을 빌려서 "하나님의 말씀"을 계속 전했습니다. 이 과정과 결과물들이 저를 규정할지도 모르겠다는 생각을 해 봅니다. 매주 나오는 각각의 설교가 다르면서도 같은 것처럼, 나도 각각의 이름으로 불리면서 한 존재이겠지요. '장미'를 다른 이름으로 부른다 해도 그 향기가 달라지는 것이 아니듯이(셰익스피어의 글이라고 하네요) 나를 이러저러한 이름으로 불러도 그 이름이 나를 규정하는 것이 아니기에 몰라도 말(설교)을 할 수 있었나 봅니다.

이 책에 실린 설교는 2001년에 우리교회의 시작과 함께 했던 마가복음 강해의 일부입니다. 이렇게 인쇄물로 묶어 낼 만한가에 대한 민망함도 있지만, 하나님께서 부족한 사람을 통해 작은 교회에서 하신 일이 헛되지 않다는 것을 알기에 이렇게 내어 놓습니다. 이 설교를 듣는(읽는) 분들에게 하나님이 저와 우리교회 교우들에게 주셨던 말씀의 은혜가 조금이라도 있기를 바랍니다.

17, 18세기 프랑스를 비롯한 유럽의 대부분의 글쟁이들은 자신의 생활을 책임져 준 패트론(후원자)의 이념을 대변하는 글을 썼고 그들에게 자신들이 쓴 책을 바치면서 생계를 유지했다고 합니다. 저에게도 저의 생계를 감당하면서 설교를 받아 주었던 선한 패트론들이 있습니다. 그들은 변변하지 못한 설교자를 잘 참아 주고 섬겨 준 우리교회 교우들입니다. 이들은 매주일 거칠

고 투박한 설교를 큰 인내로 잘 들어주었고, 선한 반응들을 보여주었습니다. 이들이 없었다면 제 설교는 불가능했을 것입니다. 감사합니다.

또한 20년 전에 했던 설교를 출간하기로 작정하고 지난한 교정과 편집의 과정을 묵묵히 감당한 동무출판사 허민정님에게 감사를 드립니다. 허민정님의 의지와 노력 덕분에 책으로 나왔습니다. 20년 전에 마가복음 강해를 들으면서 반응을 보여준 여러 사람들의 이름이 스쳐 지나갑니다. 일일이 열거할 수 없지만 제 마음 한 구석에 잊지 않고 감사한 마음으로 남아 있습니다.

주님께서 당신의 뜻대로 이 책을 사용하사 이 땅에서 나그네로 살아가는 주의 백성들에게 한줌의 위로가 되기를 바랍니다.

2022년 6월 1일
말씀사역자 홍석용

이길 수 없다는 것을 알지만

일러두기 | 성경은 표준새번역을 사용했습니다.

1 하나님의 아들 예수 그리스도의 복음의 시작은 이러하다.

복음서는 우리의 믿음의 대상이신 예수 그리스도의 행적과 그 가르침을 기록해 놓은 책입니다. 복음서는 일차적으로 과거의 기록을 담고 있는 역사서입니다. 약 2천 년 전에 소아시아의 유대 지역에 실제로 사셨던 예수라는 사람이 어떤 주장을 펼치고 어떤 사역을 했는지, 특히 어떤 죽임을 당했는지, 그 죽음의 의미가 무엇인지를 그대로 기록하고 있습니다. 그리고 그와 함께 다녔던 사람들, 예수에게서 영향을 받은 사람들이 누구였는지를 실제 기록을 담고 있는 책입니다. 복음서의 내용은 허공에 뜬 내용도 아니고, 신화도 아니고, 환상 가운데서 본 것을 기록한 책도 아닙니다. 복음서는 2천여 년 전 유대 지역에서 벌어진 실제 사건에 관한 기록입니다. 그렇다고 해서 복음서 저자들이 과거의 사실을 단순히 알려 주기 위해 이 복음서를 기록한 것은 아닙니다. 더욱이 과거를 회상하면서 "예전에 우리가 따라 다녔던 예수라는 사람이 이런 주장을 했었지. 그리고 이런 일들을 했었지…." 하는 식의 회고담도 아닙니다.

그렇다면 이 복음서를 왜 기록했을까요?

예수님이 부활하시고 승천하신 뒤에 얼마 동안은 문서화된 예수 그리스도의 행적이 필요 없었습니다. 예수 그리스도와 같이 지냈던 사도들을 포함한 많은 사람이 아직 살아 있었고, 또한 그들에 의해서 예수 그리스도의 가르침이 초대 교회의 교우들에게 생생하게 전달될 수 있었기에 특별히 문서화된 예수 그리스도의 가르침은 필요 없었습니다. 사도들을 비롯한 예수님의 제자들은 성경(구약성경)을 토대로 예수 그리스도의 사역과 가르침을 전파하며 또 가르치고 증언했습니다.

그런데 세월이 지나면서 예수님을 직접 경험한 사람들이 하나 둘씩 죽고, 예수님에 대한 사람들의 기억이 세월의 흐름과 동시에 흐려졌습니다. 교회 공동체에 새로 들어오는 신자들에게는 예수 그리스도를 제대로 가르쳐 줄 수 없었습니다. 게다가 예수님에 대한 잘못된, 혹은 왜곡된 가르침들이 점점 강하게 부각되고, 교회에 새로 들어오는 사람들도 나름대로 메시아관을 가지고 교회에 들어오면서 복음에 대한 오해도 생겨났습니다. 심지어 예수 그리스도의 삶과 가르침 내용과는 정반대인 삶과 가르침들이 예수 그리스도의 삶의 모범으로 교회에 버젓이 등장하게 되었습니다. 이 모든 게 복음에 대한 심각한 오해가 있었기 때문입니다. 그래서 초대 교회는 예수 그리스도의 행적을 문서화할 필요성을 느꼈고, 복음서 저자들은 그동안의 여러 자료를 토대로 해서 복음서를 기록했습니다. 누가는 복음서를 기록한 이유를 이렇게 이야기합니다.

1 우리 가운데서 일어난 여러가지 일에 대하여 차례대로 이야기를 엮어 내려고, 손을 댄 사람이 많이 있었습니다. 2 그들은 이 이야기를, 처음부터 그 일의 목격자요 말씀의 전파자가 된 이들이 우리에게 전해 준 대로 엮어 냈습니다. 3 그런데 존귀하신 데오빌로님, 나도 모든 것을 처음부터 정

확하게 조사하여 보았으므로, 귀하게 이 이야기를 차례대로 엮어 드리는 것이 좋겠다고 생각하였습니다. **4** 이는, 이미 배우신 일들이 확실하다는 것을 귀하께서 아시게 하려는 것입니다. **(눅 1:1-4절)**

복음서를 기록한 사람들, 즉 마태, 마가, 누가, 요한은 예수 그리스도를 직접 경험했거나 혹은 간접적으로 경험한 사람들입니다. 마태와 요한은 예수님의 제자였고, 마가와 누가는 아마도 베드로나 다른 사도들로부터 예수님의 행적을 생생하게 들었을 것입니다. 복음서 저자들은 그들이 직접 혹은 간접적으로 만나고, 체험하고, 경험한 예수 그리스도를, 복음서를 읽은 독자들도 자신들과 동일한 경험과 유익을 얻기를 바랐습니다. 이들은 예수 그리스도를 만나고 또 그에게 배움으로써 자신들의 삶이 변화되었다고 믿었습니다. 그들은 그동안 가치 있다고 여겼던 세상의 것들을 오물로 여기며, 예수 그리스도를 따르는 삶이 얼마나 고귀한 일인지를 확신하고 있었습니다. 예수 그리스도가 지금 이 땅에 안 계시지만, 그의 가르침과 그가 보내 주신 성령으로 예수 그리스도와 동행하는 삶을 살고 있다고 믿었던 사람들이 바로 복음서의 저자들입니다.

그럼, 복음서 저자들이 이러한 신앙을 갖게 된 이유가 무엇일까요? 예수 그리스도를 경험하고 또 그 가르침을 믿고 따르며 예수 그리스도와 하나가 되는 경험을 했기 때문입니다. 그래서 복음서 저자들은 자신들의 삶에 돌이킬 수 없는 변화, 즉 근본적이고 획기적인 변화를 겪은 계기로 예수님의 행적과 가르침을 문서로 기록하게 되었습니다. 그리고 이 문서를 읽는 독자들도 자신들과 동일한 경험과 삶을 살기를 원했습니다. 이것이 바로 복음서를 기록한 목적입니다. 요한은 복음서를 기록한 이유를 자신의 복음서를 통해 이렇게 이야기합니다.

30 예수께서는 이 책에 기록되지 않은 다른 많은 표적도 제자들 앞에서 행하셨다. **31** 그런데 여기에 이것이나마 기록한 목적은, 여러분으로 하여금, 예수가 그리스도요 하나님의 아들이심을 믿게 하고, 또 그렇게 믿어서 그의 이름으로 생명을 얻게 하려는 것이다. (요 20:30-31절)

사도 요한은 복음서를 기록한 목적을 두 가지로 이야기합니다. 첫 번째는 예수가 '하나님의 아들'이자 '그리스도'인 것을 믿게 하려는 것이고, 두 번째는 그 믿음의 결과로 생명을 얻게 하려는 것이라고 합니다. 그렇다면 복음서의 내용이 무엇으로 이루어져 있겠습니까? 예수가 그리스도이며, 하나님의 아들이심을 증명하는 내용들로 이루어져 있지 않겠습니까? 그렇다면 예수가 그리스도이며 또 하나님의 아들이라는 것이 무엇을 의미하는지 알기 위해서는 어떻게 해야 합니까? 복음서를 읽어야 합니다. 즉, 복음서를 배워야 하는 것입니다. 읽고, 또 배워야 예수가 그리스도이며 하나님의 아들인 것을 알지, 읽지도 배우지도 않은 상태에서는 예수가 그리스도이며 하나님의 아들이라는 것을 도저히 알 수 없습니다. 우리가 "예수는 그리스도이며 하나님의 아들"이라고 생각하고 외우며 또 외칠지라도 복음서를 통해 "예수가 그리스도이며 하나님의 아들"인 것이 도대체 무엇을 의미하는지를 배우지 않으면 그 고백은 헛된 것이 되고 맙니다.

그러므로 신앙은 배워야 하는 것입니다. 우리의 믿음이 바르게 자라고, 강해지고, 온전해지고, 내 안의 생명이 죽지 않고 더욱더 풍성하게 자라기 위해서는 복음서를 배워야 합니다. 기독교는 깨달음의 종교가 아닙니다. 내 안에 어떤 선한 생각들이 나와서 그 생각이 그리스도를 저절로 닮게 하는 것이 아닙니다. 내 안에 어떤 선한 생각들이 나와서 그 생각대로 사는 것…. 이것은 예수 그리스도를 따르는 삶이 아닙니다. 주님께서 우리에게 가르쳐 주신 대로 사람의 마음속에는 부패함만 가득할 뿐입니다. 그 안에 선한 것은 아무것도 없습니다. 선한 의도, 바르게 살고자 하는 마음, 선을 행하고자 하는 의지조차 없다는 것이 아닙니다. 선을 행하고 싶고, 바르게 살고 싶어도 선이 무엇인지, 바르게 산다는 것이 무엇인지를 우리는 모르는 것입니다. 영생을 얻고 싶고, 생명을 얻고 싶고, 또 하나님의 뜻대로 살고 싶은 마음이야 누구에게나 있지만, 그러기 위해 정작 어떻게 해야 하는지 모르는 것입니다. 그래서 배워야 합니다. 복음서를 통해 예수 그리스도의 행적을 배워야 하는 이유가 여기에 있습니다.

우리는 흔히 다음과 같이 '양심'에 대한 이야기를 합니다. "양심대로 살면 된다. 나는 지금까지 양심껏 살아 왔다. 나는 나 자신을 속이지 않고 정직하게 살아 왔다. 양심에 찔리지 않게 살아왔다." 일반적으로, 사람들에게 옳고 그름의 최고 기준은 '양심'입니다. 그렇지 않습니까? 그러나 양심이라는 것이 믿을 것이 되나요? 내 안에 있는 양심은 전적으로 선한 것입니까? 그렇지 않습니다. 내가 최선을 다해 양심적으로, 양심대로 산다고 해서 그것이 바른 삶입니까? 그렇지 않습니다. 양심은 그 자체가 선한 것이 아닙니다. 양심이란 내가 살고 있는 사회의 가치관을 반영해 주는 것이지, 이 양심 자체가 무슨 절대적 기준이 되는 것이 아닙니다.

예를 들면 이런 것입니다. 요즘은 없지만, 예전의 식인종 사회에서는 식인 풍습이 있었습니다. 사람을 잡아먹는 것이지요. 그들은 사람을 잡아먹으면서도 양심의 가책을 느끼지 않았습니다. 오히려 안 잡아먹는 것이 양심에 거리끼는 일일지도 모르지요. 또한 에스키모 부족의 고대 풍습을 생각해 보세요. 그 사회에서는 아주 친한 손님이 오면 자기 부인을 그 손님과 함께 잠자리에 들게 했다고 합니다. 그것이 최대의 접대 방식이라는 것이지요. 아마 그들에게 양심이 찔리는 경우는 아주 친한 손님이 왔는데도 불구하고 부인을 잠자리에 들게 하지 못하는 것일 테지요. 또 하나의 예를 들면, 아프리카와 중동 일부 국가에서 행하는 여성할례를 생각해 보세요. 우리가 보기에 이토록 잔혹한 풍습이 그들 세계에서는 여전히 진행되고, 그것을 못 하게 하는 것이 오히려 그들의 양심을 훼손하는 것이겠지요. 지금 제가 무슨 이야기를 하는 줄 아십니까? 내가 속한 사회에서 양심의 가책을 느끼는 일들이 저쪽 사회에서는 무척이나 지당한 일이고, 내가 속한 사회에서 매우 당연한 것이 저쪽 사회에서는 양심에 거리낌이 있는 일이라는 것입니다. 혹시 여러분 중에서 이러한 예가 너무 극단적이지 않은가, 하고 반문하는 사람들이 있을 것입니다. "더구나 그들은 기독교인도 아니지 않습니까!"라는 반문을 할 수 있습니다.

그러나 예전의 유럽과 미국 등에서 당연하게 간주되던 노예 제도를 생각해 보세요. 흑인들을 사람 취급도 하지 않았던 것은 물론 온갖 착취를 일삼았습니다. 그런데 그렇게 착취한 사람들 대다수가 기독교인들이었습니다. 날라리 신자가 아니라 그 사회에서 나름대로 충실하게, 또 양심적으로 신앙생활을 하던 사람들이었습니다. 그런데 그들 대다수가 같은 사람인 흑인들을 노예로 삼고 또 착취하는 것에 양심의 가책을 느끼지 않았을 뿐만 아니라 그것을 오히려 당연한 것으로 받아들였습니다. 그러므로 양심은 그가 살고 있는 사회가 최우선 가치로 여기고 있는 것들이 내 안에 내면화되어 나타나는 것일 뿐이지, 그 양심 자체가 무슨 엄청 선한 것은 아닙니다. 그 사회가 부패하면 그 양심도 부패하는 것입니다. 양심은 독립적으로 놀지 않습니다.

우리도 그런 사회 풍토에서 벗어날 수 없습니다. 여러분! 우리가 속한 이 사회의 최고 가치 기준이 무엇입니까? 바로 '돈'입니다. '돈'이 모든 가치 판단의 절대적 기준이기 때문에 '인생의 성공'도 돈과 연결됩니다. 가난한 아빠는 부도덕한 것이고, 부자 아빠는 선한 것입니다. 이 사회가 최고로 여기는 것에서 우리도 알게 모르게 심대한 영향을 받는 것입니다. 따라서 우리는 사람 자체로서는 무슨 선한 것이나, 진리가 나오지 않는다는 사실을 알아야 합니다. 선한 것, 진리, 생명에 관한 것, 하나님의 뜻대로 사는 것, 예수님의 제자처럼 사는 것은 배워야 하는 것입니다. 무엇이 선인가? 무엇이 진리인가? 어떻게 사는 것이 생명의 길인가? 어떻게 사는 것이 하나님의 뜻대로 사는 것인가? 이것을 알기 위해서는 배워야 합니다. 우리가 복음서를 읽고 공부해야 하는 이유가 여기에 있습니다. 예수 그리스도를 따르고 그를 본받는 삶이 도대체 어떤 것인지를 복음서가 잘 알려 주고 있기 때문에 우리는 복음서를 배워야 합니다.

그러므로 여러분이 복음서를 읽고 공부할 때마다 그것을 단순히 교훈을 나열한 책, 오늘날의 내 삶과는 거의 상관없는 옛날 이야기로 대한다면 복음서를 읽고 공부하는 유익은 전혀 없을 것입니다. 복음서는 우리가 살아야 할 내용이고 또 따라야 할 모범입니다. 이제 우리는 주일의 오전 예배시마다 복음서 중에서 가장 간결한 이 마가복음을 공부할 것입니다. 마가복음 강해를 통해 우리는 예수 그리스도의 행적을 살펴보면서 마가가 우리에게 가르치고자 했던, 예수가 그리스도이시며 또 하나님의 아들이라는 것을 배워 나갈 것입니다. 마가복음 1장 1절을 다시 한번 읽어 보시기 바랍니다.

"하나님의 아들 예수 그리스도의 복음의 시작은 이러하다" (막 1:1)

이 구절은 "하나님의 아들이시며 그리스도이신 예수의 복음의 시작은 이러하다"라는 말입니다. 예수가 무엇이라고 하는 거죠? '하나님의 아들'과 '그리스도'라는 것, 그리고 무엇이 복음(기쁜 소식)이라고요? 예수가 '하나님의 아들'이자 '그리스도(메시아)'라는 것이 복음, 즉 기쁜 소식이라는 것입니다. 그리고 이제부터 예수가 왜 그리스도이시며 하나님의 아들이신지, 그리고 그것이 왜 기쁜 소식인지를 내가 본 대로, 경험한 대로, 들은 대로 너희들에게 증거하겠다는 것이 바로 "복음의 시작은 이러하다"에 담겨 있는 의미입니다.

그 당시 사람들에게는 '그리스도(메시아)' 혹은 '하나님의 아들'이라는 개념이 생소했는가? 그래서 마가가 그 생소한 개념을 가르쳐 주기 위해 이렇게 복음서를 시작하는 것인가? 그렇지 않죠. 당시 유대인들에게 '그리스도', '하나님의 아들'이라는 개념은 생소하지 않았습니다. 오히려 이들에게 무척 익숙한 표현들이었고, 또 그러한 언어 표현이 갖는 의미에 대해서도 비슷한 정서를 가지고 있었습니다.

유대인 대다수는 메시아를 소망하고 있었고 또 기다리고 있었습니다. 앞서 메시아의 오심에 대해 구약의 선지자들을 통해 하나님이 약속하셨고, 그 메시아가 오시면 다윗 왕권을 회복하시고 또 이스라엘을 세상에서 힘과 권력을 소유한 영광스러운 민족, 혹은 나라로 만들어 줄 것이라는 기대감이 메시아 사상 속에 포함되어 있었습니다. 이스라엘은 로마의 식민지였기 때문에 민족적 자긍심이 완전히 짓밟힌 상태인 데다가 민중은 아주 힘겨운 생활을 하고 있었습니다. 그러므로 로마제국으로부터의 해방, 더 나아가 유대 민족이 온 세계 위에 군림하는 것이 메시아 신앙의 핵심이었습니다. 이들은 메시아를 하늘의 왕권과 로마 제국보다 더 강력한 힘, 권세, 그리고 무기와 군대를 가지고 하늘에서 내려오는 천사장과 같은 존재로 여겼습니다. 그들에게 메시아의 오심은 곧 다윗 왕국의 영광스러운 회복임과 동시에 원수 같은 저 이방 민족들을 멸절시키는 날인 것입니다. 이 삶의 곤고함과 어려움 그리고 고통을 끊고 우리를 핍박하는 자들 위에 군림하여 그들을 다스리고 또 지배할 메시아를, 이들은 기다리는 것입니다. 자신들의 힘으로는 그러한 것이 도저히 불가능하니까 그러한 소원을 이루어 줄 분으로 메시아를, 곧 하나님의 아들을 기다렸던 것입니다.

　당시의 유대인들에게 메시아, 즉 그리스도에 대한 개념은 새로 배워야 하는 것이 아니었습니다. 이미 그들에게는 '메시아'에 대한 나름대로의 지식, 즉 권력과 부 그리고 군사적 힘을 가지고 자신들을 구원해 주실 분으로 여겼기 때문에, 메시아에 대해서, 그러니까 하나님의 아들에 대해서 굳이 새로 배울 것이 없었습니다. 단지 그들에게 필요한 것은 하나님이 구약의 선지자들을 통해 약속하신 메시아의 참된 의미가 아니라 메시아가 가진 군사적·정치적인 힘이었던 것입니다.

　이들에게 메시아, 그리스도, 하나님의 아들은 곧 하늘에 계신 거룩하시고 엄위하신 하나님의 힘을 가지고 이 땅에 내려와 자신들을 하나님의 영역, 즉 하나님이 주시는 축복의 자리에 올라갈 수 있도록 만들어 주는 중개자였습니다. 이들의 초점은 무엇일까요? 그것은 메시아 자체가 아니라 메시아가 가진 힘이었습니다. 그러한 마인드를 가진 사람들에게 마가는 복음서를 통해 메시아와 하나님의 아들이 무엇인지를 제대로 가르쳐 주고자 하였습니다. 십자가에서 발가벗고 죽은 이 예수라는 청년이, 그토록 비참하게 최후를 맞이했던 그 청년이 왜 그리스도이며 또 하나님의 아들인지를 사람들에게 가르치고자 하는 것입니다. 마가는 '너희들이 지금까지 생각하고, 기다리고, 소망한 그리스도와 하나님의 아들이라는 개념이 얼마나 잘못되었고 그리스도는 너희들의 그러한 기대를 채워 주거나 너희들이 생각하는 방식대로 생명을 주지 않는다'는 것을 가르칩니다.

　마가가 기록한 예수 그리스도의 삶은 유대 백성들이 기다리던 메시아의 삶이 아니었습니다. 그분은 정치적·군사적 힘을 가지고 있지 못했습니다. 오히려 정치적·군사적 힘을 가지고 있던 자들의 음모로 인해 십자가에서 비참하게 죽었습니다. 그분은 섬김을 받으러 오신 것이 아니라 섬기러 오셨고, 이 세상의 화목제물, 혹은 속죄제물로 오셨습니다. 그분이 우리에게 제시해 준 구원의 방식은 힘과 권세 그리고 돈과 지위를 가지는 것이 아닙니다. 오히려 그것을 버리고 자기를 부인하고 죽기까지 순종하시고, 모든 사람의 종이 되는 것이 영생의 길이라며 우리에게 제시하셨습니다.

　어찌 보면 그분은 성공하지 못했고, 승리하지 못했습니다. 겉보기에 패배와 절망의 모습이었습니다. "남은 구원하였으되 자신은 구원하지 못하는도다. 네가 하나님의 아들이라면 한번 그 십자가에서 내려와 봐라"라는 조롱을 받으면서 죽었습니다. 마가는 바로 그러한 패배와 절망의 모습을 보여 준 그 예수가 바로 그동안 우리가 기다리고 기다리던, 소망하던 메시아, 그리스도, 하나님의 아들이라고 합니다. 마가는 예수의 그리스도 되심과 하나님의 아들 되심을 대표 두 사람의 고백을 통해 확인시켜 줍니다.

그러면 마가복음 전체 구조에서 그러한 사실이 어떻게 나타났는지를 살펴보겠습니다. 마가복음 1장 1절과 1장 11절, 그리고 8장 29절, 9장 7절, 마지막으로 15장 39절을 각각 찾아보도록 하겠습니다.

> 하나님의 아들 예수 그리스도의 복음의 시작은 이러하다.(막 1:1)

> 그리고 하늘로부터 소리가 났다. "너는 내 사랑하는 아들이다. 내가 너를 좋아한다."(막 1:11)

> 예수께서 그들에게 물으셨다. "그러면, 너희는 나를 누구라고 하느냐?" 베드로가 대답하였다. "선생님은 그리스도이십니다."(막 8:29절)

> 그런데 구름이 일어나서, 그들을 뒤덮었다. 그리고 구름 속에서 소리가 났다. "이는 내 사랑하는 아들이다. 너희는 그의 말을 들어라."(막 9:7절)

> 예수를 마주보고 서 있는 백부장이, 예수께서 이와 같이 숨을 거두시는 것을 보고서 "참으로 이분은 하나님의 아들이셨다" 하고 말하였다.(막 15:39절)

이 다섯 구절의 관계를 한번 생각해 보십시오.

1장 1절에서 마가가 무엇이라고 했죠? "복음이란 예수가 그리스도이시며 하나님의 아들이라는 것이다"라고 했습니다. 그리고 나서 마가는 예수 그리스도의 사역과 제자들과의 관계, 그리고 가르침을 통해 예수가 그리스도이시며 하나님의 아들 됨의 의미를 밝힌 다음, 유대인을 대표

하는 베드로와 이방인을 대표하는 백부장의 고백을 통하여 예수의 그리스도 되심과 하나님의 아들 되심을 확인합니다. 그리고 그러한 예수 그리스도를 하나님이 두 번에 걸쳐서 당신의 아들로 인정하고 선언하는 것입니다.

그런데 마가가 묘사한 그리스도, 하나님의 아들의 특징이 무엇이었는 가? 마가는 그의 복음서에 정치적 · 군사적 힘을 휘두르며 남을 밟고 죽여서 승리를 만들어 내는 메시아가 아니라 죽기까지 섬기시고, 자신의 몸을 모든 사람의 대속물로 내어 주시며, 또 지극히 겸손하게 사셨던 분으로 그려냈습니다. 그러한 분이 바로 그리스도이며 하나님의 아들이신 예수라는 것이지요. 마가는 그의 복음서를 읽는 유대인들이나 이방인들이 평소에 가지고 있었던 정치적 · 군사적 힘을 소유해 남을 짓밟는 승리의 메시아 사상에서 벗어나서 죽기까지 섬기시고 모든 사람의 종이 되기까지 겸손하신 메시아 사상을 갖기를 원했던 것입니다. 그리고 이러한 메시아, 예수 그리스도의 삶을 따르는 것만이 영생의 길임을 알려 주고자 하였습니다.

제가 사는 동네의 한 교회 창문에 이런 표어가 커다랗게 쓰여 있는 것을 보았습니다. "그리스도는 해답이시다." 멋있는 말이죠? 멋있습니다. "그리스도는 해답이시다." 그런데 더 나아가 생각해야 할 것은 무엇일까요? 그리스도가 해답이 되기 위해서는 '먼저 무엇이 선행되어야 하는가' 라는 것입니다. '문제'가 있어야 하지 않겠습니까? 우리의 문제가 무엇이기에 그리스도가 해답이어야 합니까? 여러분은 여러분 인생의 문제를 무엇이라고 여깁니까? '돈'이 우리의 문제라면 해답은 무엇이죠? 그리스도 입니까? 아니죠. 돈 잘 버는 게 해답이죠. 수십억 원의 재산이 우리의 해답이죠. 몸이 건강하지 못한 것이 문제라면 무엇이 해답이죠? 건강한 몸이 해답이고…. 직장이 우리의 문제라면 좋은 직장이 우리의 해답이죠. 그리스도가 해답이 아니잖아요. 예수 그리스도를 믿는 이유도 예수 그리스도에게서 많은 돈, 건강한 몸, 좋은 직장, 좋은 지위, 정치적·군사적 힘을 얻기 위해서죠. 그리스도가 해답이 아니라 많은 돈과 좋은 직장 그리고 좋은 지위와 권력이 우리 인생의 해답인데, 그것을 내 힘으로는 도저히 이룰 가능성이 없으니까 예수 그리스도를 믿는 것입니다. 다시 말해, 내 인생의 해답을 그리스도가 가져다 줄 것이라는 소망, 강력한 기대로 인해 그리스도를 믿는 것입니다. 이것이 바로 마가가 그의 복음서를 기록하면서 깨우쳐 주고자 한 잘못된 메시아 사상, 잘못된 메시아 사상으로 참된 메시아, 하나님의 아들을 죽인 사람들의 마인드였습니다.

우리와 별반 다를 바 없습니다. 우리도 그렇게 하다가는 결국 예수 그리스도를 죽일 것입니다. 오늘날 우리가 예수 그리스도를 어떻게 죽입니까? 현재 우리가 살고 있는 이 사회는 자본주의 사회입니다. 자본주의 사회란 한마디로 돈이 지배하는 사회입니다. 돈이 최고의 가치를 가진 사회입니다. 또한 자본주의 사회를 움직이는 원리는 약육강식입니다. 강한 자는 살아남고 약한 자는 도태되는 사회입니다. 그래서 이 자본주의 사회에는 끊임없는 경쟁과 싸움 그리고 투기가 있습니다. 살아남기 위해 강한 자 앞에서는 한없이 비굴해져야 하고, 약한 자는 잔인하게 짓밟는 사회가 바로 자본주의 사회입니다. 한쪽에서는 수십억 원, 혹은 수백억 원의 재산을 가지고 수천만 원, 혹은 수백만 원짜리 옷을 입고 다니며 하룻밤에 기백만 원을 씁니다. 또 한쪽에서는 돈이 없어 밥을 굶는 사람들이 있습니다. 심지어 그러한 사람들이 같은 공간에서 같은 공기를 마시며 산다는 것을 전혀 모순으로 여기지 않은 채 그저 능력의 차이, '내 돈

가지고 내 맘대로 하는데 웬 지랄들이냐, 너도 아니꼬우면 돈 벌어!'라는 마인드가 별로 비난받지 않는 사회입니다.

이러한 경쟁 체제, 약육강식의 체제에 우리 모두 영향을 받고 있습니다. 교회도 마찬가지고 신자들도 마찬가지입니다. 남을 눌러야 사는 사회입니다. 남보다 더 많이 가져야 하고, 남보다 더 높은 지위를 누려야 하고, 남보다 더 많이 벌어야 하고, 다른 교회보다 성도가 더 많아야 하고, 다른 교회보다 헌금이 더 많이 나와야 하고, 남들 자식보다 내 자식이 더 똑똑해야 하고, 남보다 내가 더 잘 입어야 하고, 남보다 내가 더 잘 먹어야 하고, 남보다 내가 더 예뻐야 그 알량한 자존심을 겨우 채울 수 있는 사회가 바로 이 사회입니다.

그렇다면 오늘날 신자들에게 신앙이란 무엇입니까? 예수 그리스도를 믿는다는 것이 무엇을 의미합니까? 결국 남보다 더 강해지고, 더 많이 갖고 싶은 욕망을 충족시켜 주는 수단이 된 것입니다. 이것이 오늘날 우리의 교회, 우리 신자들의 모습입니다. 그래서 '예수를 믿는 사람만큼 악질도 없다'는 말이 나오는 것입니다. 왜 그렇죠? 세상 사람들은 세상에서의 성공과 승리를 위해 온갖 짓을 일삼고, 예수를 믿는 사람들은 그 온갖 짓은 물론 예수까지 동원하기 때문입니다. 그러니 악질이죠.

오늘날 예수 그리스도에 대한 신앙을 이렇게 잘못 가진 신자들이 참으로 많습니다. 여러분은 복음서에 기록된 예수 그리스도의 행적을 어떻게 생각하나요? '내가 해야 할 일을 예수님이 대신 살아 주셨다' 혹은 '나는 예수님이 하신 일의 열매나 얻어먹겠다'라는 얄팍한 생각들을 많이 하지 않나요? 예수 그리스도가 걸어가신 그 길은 우리도 따라야 할, 우리도 걸어가야 할 길입니다. 물론 예수님의 속죄 사역이나 대속 사역은 내가 할 수 없는 일입니다. 그것은 예수님만 가능한 것입니다. 그러나 그분이 속죄 사역으로 말미암아 우리를 하나님의 자녀가 되게 한 것의 결과는 우리에게 정치적·군사적 힘을 보장해 주는 것이 아니라 오히려 예수 그리스도가 사셨던 고난의 삶, 죽기까지 순종하는 삶, 광야의 삶을 요구하는 것입니다. 다시 말해 십자가를 지고, 내 욕심을 버리고, 예수 그리스도를 따르는 것입니다.

그러나 오늘날 신자들은 예수 그리스도를 믿는다는 것이 무엇을 의미하는지 알려고 하지 않습니다. 더욱이 그렇게 살지도 않습니다. 그저 이 세상에서의 승리와 영광만 바랄 뿐입니다. 그 승리를 위해 기도하고 또 승리를 방해하는 것들을 없애 달라며 울며불며 기도할지언정 왜 자신은 섬기는 사람이 안 되는 것일까? 내 성품은 왜 남을 누르기만 할까? 나는 왜 지려고 하지 않을까? 나는 손해를 보는 것에 대해 왜 이토록 화를 내는 것일까? 이에 대한 고민과 그것을 고쳐 달라는 울부짖음은 없습니다. 만약 여러분이 성경을 읽으며 공부하고 또 믿음을 가지고 있다고 하면서도 세상에 자신의 몸을 속죄 제물로 주신 예수님, 섬기러 오신 예수님, 그분이 당하신 고난과 십자가의 삶을 생각하지 않고 또 그분의 삶을 본받을 생각도 하지 않은 채 오직 그분의 힘만 필요로 한다면 우리의 신앙은 헛된 신앙인 것입니다. 아무런 의미가 없는 것입니다.

이제 우리는 마가복음을 강해하면서 그 차이를 발견해 나가야 합니다. 우리의 평소 삶, 예수 그리스도를 믿고 의지한다고 하면서 살아온 삶이 얼마나 그릇된 삶이었는지를 이 마가복음을 통해 자세히 배울 것입니다. 예수 그리스도가 진리이시고 그분이 우리의 생명이라는 것을 우리가 믿는다면 이제 그분이 무엇을 가르치셨고, 어떻게 사셨으며, 우리에게 무엇을 요구하시는지에 대해서도 우리의 마음과 뜻 그리고 성품과 몸을 다해 귀를 기울이고 또 배운 대로 살 것을 결심해야 합니다. 마가복음 강해하는 데 하나님과 주의 성령이 기름 부으사 이 시대에 여러분과 제가 베드로와 백부장이 했던 고백을 다시 할 수 있기를 바랍니다. 우리 모두 인내와 기대 그리고 기도와 갈급한 심정을 가지고 이 시간을 소망합시다. 하나님의 은혜와 자비하심이 우리와 함께할 것입니다.

2 예언자 이사야의 글에 기록하기를 "보아라, 내가 내 심부름꾼을 너보다 먼저 보낸다. 그가 네 길을 닦을 것이다." 3 "광야에서 외치는 이의 소리가 있다. '너희는 주의 길을 예비하고, 그의 길을 곧게 하여라'" 한 것과 같이, 4 세례자 요한이 광야에 나타나서 죄를 용서받게 하는 회개의 세례를 선포하였다. 5 그래서 온 유대 지방 사람들과 온 예루살렘 주민들이 그에게로 나아가서, 자기들의 죄를 자백하고, 요단 강에서 그에게 세례를 받았다.

마가는 예수 그리스도의 행적을 기록하면서 서두에 예언자 이사야의 글을 인용합니다.

> 2 예언자 이사야의 글에 기록하기를, "보아라, 내가 내 심부름꾼을 너보다 먼저 보낸다. 그가 네 길을 닦을 것이다." 3 "광야에서 외치는 이의 소리가 있다. '너희는 주의 길을 예비하고, 그의 길을 곧게 하여라'"(막 2-3절)

마가복음 2-3절의 말씀은 예언자 이사야의 글만을 인용한 것은 아니고 출애굽기 23장, 말라기 3장, 이사야 40장을 인용한 것입니다. 아마도 그 시대에는 공통된 주제를 담고 있는 구약의 구절 모음집이 종교 지도 자들에 의해 즐겨 사용되었던 것 같습니다. 그리고 구절 모음집의 대표 저자 중 한 명의 이름을 따서 "예언자 누구의 글에 기록하기를"라는 식으로 이야기를 했던 것 같습니다. 마찬가지로 마가가 세 명의 저자 글을 이사야 선지자의 글로 언급한 것은 당시의 관례에 따른 기록 방법이었습니다.

여기서 중요한 사실은 마가가 복음서를 시작하면서 구약의 말씀에서 출발했다는 것입니다. 마가가 예수 그리스도의 행적과 복음을 기록하면서 구약을 언급한 이유는 예수 그리스도의 오심과, 복음이 어느 날 갑자기, 아무런 근거도 없이 이루어진 일이 아니라 구약을 통해 이미 충분히 예언된 일임을 알리기 위한 것입니다. 예수 그리스도로 인한 복음, 구속 사역, 예수 그리스도의 가르침과 일하심, 십자가와 부활을 통한 구원이 우연히, 아무런 계획 없이, 근거 없이 발생한 일이 아니라 몇천 년 전부터 구약의 역사와 선지자들을 통해서 일찍이 예언된 일이라는 것입니다. 예수 그리스도로 말미암은 인류의 구원 계획은 창세기에 씨앗의 형태로 이렇게 나타납니다. 예언된 것입니다. 창세기 3장 15절입니다.

> **15** 내가 너로 여자와 원수가 되게 하고, 너의 자손을 여자의 자손과 원수가 되게 하겠다. 여자의 자손은 너의 머리를 상하게 하고, 너는 여자의 자손의 발꿈치를 상하게 할 것이다. (창 3:15절)

그렇다면 예수 그리스도로 인한 구속 사역이 범죄 직후에 계획된 것인가? 즉 "아담과 하와의 범죄함이 없었다면 예수 그리스도가 필요 없지 않았을까"라는 질문이 나올 수 있는데, 사도 바울은 그러한 질문에 단연코 아니라고 합니다. 에베소서 1장 3-6절입니다.

3 우리 주 예수 그리스도의 하나님 아버지께 찬양을 드립니다. 하나님께서는 그리스도 안에서 하늘에 속한 온갖 신령한 복을 우리에게 주셨습니다. 4 하나님께서는 우리를 사랑하셔서, 하나님 앞에서 거룩하고 흠이 없게 하시려고, 창세 전에 우리를 그리스도 안에서 택하여 주셨습니다. 5 그리고 하나님의 기뻐하시는 뜻대로, 예수 그리스도로 말미암아 우리를 하나님의 자녀로 예정하셔서, 6 하나님의 사랑하시는 아들 안에서 우리에게 거저 주신 하나님의 영광스러운 은혜를 찬미하게 하셨습니다.(엡 1:3-6절)

바울은 예수 그리스도로 말미암은 구속 사역의 근원을 창세 전으로 이야기합니다. 예수 그리스도로 인한 구속 사역은 인간의 범죄 유무에 따라 결정된 것이 아니라는 것이지요. 다시 말해 복음과 구속 사역이 인간의 범죄 전에 계획되어 단순히 죄의 문제만을 해결해 주는 차원으로 그리스도가 등장하는 것이 아니라는 것입니다. 왜냐하면 인간이 죄를 짓기 전에, 이미 그리스도로 말미암은 구속 계획은 존재했으니까요. 이 부분에 대해서는 다음에 자세하게 이야기할 기회가 있을 것입니다. 어쨌든 예수 그리스도로 말미암은 이 복음, 이 구원의 소식은 창세 전부터 계획된, 구약의 수천 년 역사를 통해서 계시된 것입니다. 이제 그분이 이 땅에 오신 것입니다. 창세 전부터 계획된, 수천 년간 계시된 그분이 드디어 이 역사 안으로 오신 것입니다.

어떤 사람들은 예수 그리스도의 오심을 이렇게 주장합니다. "원래는 하나님께서 구약의 말씀, 모세의 율법을 통해서 인류를 구원하려고 했는데, 사람들이 율법을 지키지 못하자, 이번에는 율법보다는 좀 쉬운 방법인 '믿음'이라는 방법으로 구원하기로 하고, 예수 그리스도를 보냈다. 그러므로 이제 구원은 율법을 행함으로가 아니라 예수 그리스도를 믿음으로 말미암는 것이다"라고 말입니다.

그럴듯하죠? 그러나 그렇지 않습니다. 구약에 나타난 하나님의 계획과 율법이 실패해서 예수 그리스도가 오신 것이 아닙니다. 구약이 바라보고 율법이 증거하던 예수 그리스도가 그것을 성취하기 위해서 오신 것입니다. 율법과 믿음은 서로 대조되는 것이 아닙니다. "율법은 어렵고 믿음은 쉽다" 하는 식의 개념은 잘못된 것입니다. 우리가 이제 앞으로 살펴보겠지만 믿음은 율법을 완성하는 것이지, 율법을 버리는 것이 아닙니다.

이제 살펴볼 내용은 이것입니다. 마가는 출애굽기 23장, 말라기 3장, 이사야 40장의 인용문으로 세례 요한의 사역을 설명합니다. 또한 예수 그리스도의 행적에 대한 기록도 구약의 인용문으로 시작합니다. 우리는 마가가 복음서의 서두와 세례 요한의 사역을 언급하면서 구약을 왜 인용했는지, 구약의 어떤 내용이 예수 그리스도의 사역을 설명해 주는지 알아보아야 합니다. 이것은 아주 중요한 내용으로서, 예수 그리스도의 사역 성격을 결정짓습니다.

이제 그 내용을 하나하나 살펴보도록 합시다.

"내가 내 심부름꾼을 너보다 먼저 보낸다"(2절)라는 구절은 출애굽기 23장 20-26절에 나오는 말씀을 인용한 것입니다.

> **20** 이제 내가 너희 앞에 한 천사를 보내어 길에서 너희를 지켜 주며, 내가 예비하여 둔 곳으로 너희를 데려가겠다. **21** 너희는 삼가 그 말에 순종하며, 그를 거역하지 말아라. 나의 이름이 그와 함께 있으므로, 그가 너희

의 반역을 용서하지 않을 것이다. **22** 너희가 그의 말에 절대 순종하여, 내가 명하는 모든 것을 따르면, 내가 너희의 원수를 나의 원수로 여기고, 너희의 대적을 나의 대적으로 여기겠다. **23** 나의 천사가 너희 앞에서 너희를 아모리 사람과 헷 사람과 브리스 사람과 가나안 사람과 히위 사람과 여부스 사람이 있는 곳으로 인도할 것이다. 내가 그들을 전멸시키겠다. **24** 너희는 그들의 신들에게 엎드려서 절을 하여 섬기지 말 것이며, 그들의 종교적인 관습을 본받지 말아라. 신상들을 다 부수고, 그들이 신성하게 여기던 돌기둥들을 깨뜨려 버려라. **25** 너희는 주 너희 하나님 나만을 섬겨야 한다. 그러면 내가 너희에게 복을 내려, 빵과 물을 주겠고, 너희 가운데서 질병을 없애겠다. **26** 너희 땅에 낙태하거나 임신하지 못하는 여자가 없을 것이며, 내가 너희를 너희 수명대로 다 살게 하겠다. (출 23:20-26절)

이 구절의 배경은 이렇습니다. 모세가 시내산에서 십계명을 받아 가지고 와서 이스라엘 백성들과 더불어 하나님과 언약을 맺습니다. 하나님이 이스라엘 백성들에게 하나님 나라의 백성으로서의 율례를 주십니다. 이스라엘 백성들이 이 광야에서 어떻게 살아야 하는지에 대한 계명입니다. 그 내용이 23장 19절까지입니다. 그 후에 나오는 내용이 우리가 읽은 23장 20절 이하의 내용입니다.

"천사(사자)를 내가 너희 앞에 보내겠다. 너희는 그 천사의 명령을 순종하고 거역하지 말아라. 만약에 너희가 나의 말을 거역하고 반역을 하면 그가 너희들을 용서하지 않을 것이다. 너희는 그 천사의 말을 절대 순종하여라. 왜냐하면 나의 이름이 그 천사와 함께 있기 때문이다."

그런데 마가가 세례 요한과 예수님의 사역을 시작하면서 이 구절을 인용하는 거예요. 그 이유는 본문 내용 속에 예수님과 세례 요한의 사역 특징이 드러나기 때문입니다. 마가가 출애굽기 23장 20절 이하의 내용을 복음서에 인용했을 때, 20절에 등장한 천사를 그의 복음서에서는 누구라고 여기는 것이죠? 세례 요한이죠. 또 천사의 말을 듣고 청종하라는 것은 결국 누구의 말을 청종하라는 것이죠? 하나님 명령이죠. 그렇다면 세례 요한의 메시지는 누구의 메시지예요? 하나님의 메시지이죠. 마지막으로 출애굽기에 나온 명령은 누구에게 하는 것입니까? 애굽을 탈출해서 아직 가나안 땅에 들어가기 전의 이스라엘 백성들, 즉 광야의 삶을 살고 있는 이스라엘 백성들에게 하는 명령입니다. 지금 이스라엘 백성들은 광야에 있는 거예요. 가나안 땅에 아직 들어가지 않은 상태입니다. 이런 상태에 놓여 있는 백성들에게 명령하는 거예요. 그렇다면 마가가 이 출애굽 사건을 세례 요한과 예수 그리스도의 사역에 어떻게 연관을 짓는지 봅시다.

세례 요한이 어디에서 이 메시지를 전합니까? '광야'에서 전합니다. 마가복음 1장 1-5절에 '광야'라는 단어가 몇 번 나와요? 두 번 나옵니다. 이 짧은 단락에서 '광야'라는 단어가 두 번 나오는 것입니다. 즉 세례 요한이 자신의 사역을 광야에서 수행함으로써 출애굽기 23장에 나오는 천사의 역할을 수행하는 것입니다. 그리고 백성들은 세례 요한이 전하는 하나님의 말씀을 어디에서 듣고 있는 것이죠? 광야이죠. 도시가 아니라 광야란 말입니다. 즉 세례 요한에게 나온 백성들은 출애굽 당시의 이스라엘 백성들과 마찬가지로 광야에서 하나님 명령을 받는 거예요. 놀라운 사실은 이 세례 요한의 광야 사역을 통해 전해진 하나님의 명령을 순종하고 지키는 자로서 누가 등장하는가? 바로 예수 그리스도가 등장한다는 것입니다. 예수 그리스도가 하나님의 명령을 순종하고 지키는 자로서 대표되는 것입니다. 예수 그리스도는 구원을 받을 필요가 없는 분이십니다. 오히려 그분은 구원을 주시려고, 구원을 베풀고자 오신 분입니다. 우리에게 생명을 주시러 오셨습니다. 죄악된 인간을, 죄와 사망의 그늘에 가려 허덕이는 우리를 구원하시기 위해 오셨습니다.

그런데 예수 그리스도가 인간을 어떻게 구원하시느냐 하면 자신을 구원받을 자들과 동일하게 여기시고 하나님이 인류에게 말씀하셨던 구원의 길을 당신이 친히 사시는 것으로, 구원받는 것에 모범을 보이십니다. 인류를 구원하시는 것이지요. 다시 말해 예수 그리스도는 구원을 받아야 할 온 인류의 대표자로서 이스라엘 백성들과 함께 지금 광야에 있는 것이고, 하나님이 광야에 있는 이스라엘 백성들에게 내리신 명령을 그가 온전히 순종함으로 구원을 이루시는 것입니다. 이는 자신이 인류의 대표로서 그렇게 걸어갔으니까 '너희는 이제 놀아라, 내가 대표로 했으니까 너희는 쉬거라'라는 의미가 아닙니다. '내가 이렇게 살았으니까 너희도 나처럼 이렇게 살아야 한다'가 주된 의미입니다. 이것이 예수님이 우리에게 제시하는 구원의 길입니다.

예수님이 무슨 하늘의 큰 권세와 어떤 초월적인 힘을 가지고, 정치적·군사적인 방법으로 사람들을 구원하는 것이 아니라(죄인된 사람과 구별되는 위치에 서서 구원하는 것이 아니라), 죄인들과 같은 자리, 같은 수준에 서서 하나님 말씀에 순종하는 것으로 구원을 이루시는 것입니다.(이 부분에 대해서는 다음 기회에 자세하게 이야기하겠습니다.) 그 다음 인용구인 이사야 40장 3-11절을 보도록 하겠습니다.

> **3** 한 소리가 외친다. "광야에 주께서 오실 길을 닦아라. 사막에 우리의 하

나님께서 오실 큰길을 곧게 내어라. **4** 모든 계곡은 메우고, 산과 언덕은 깎아내리고, 거친 길은 평탄하게 하고, 험한 곳은 평지로 만들어라. **5** 주의 영광이 나타날 것이니, 모든 사람이 그것을 함께 볼 것이다. 이것은 주께서 친히 약속하신 것이다." **6** 한 소리가 외친다. "너는 외쳐라." 그래서 내가 "무엇이라고 외쳐야 합니까?" 하고 물었다. "모든 육체는 풀이요, 그의 모든 아름다움은 들의 꽃과 같을 것이다. **7** 주께서 그 위에 그 입김을 부시면, 풀은 마르고 꽃은 시든다. 그렇다. 이 백성은 풀에 지나지 않는다. **8** 풀은 마르고 꽃은 시드나, 우리 하나님의 말씀은 영원히 서 있다." **9** 좋은 소식을 전하는 시온아, 어서 높은 산으로 올라가거라. 아름다운 소식을 전하는 예루살렘아, 너의 목소리를 힘껏 높여라. 두려워하지 말고 소리를 높여라. 유다의 성읍들에게 "여기에 너희의 하나님이 계신다" 하고 말하여라. **10** 만군의 주 하나님께서 오신다. 그가 권세를 잡고 친히 다스리실 것이다. 보아라, 그가 백성에게 주실 상급을 가지고 오신다. 백성에게 주실 보상을 가지고 오신다. **11** 그는 목자와 같이 그의 양 떼를 먹이시며, 어린 양들을 팔로 모으시고 품에 안으시며, 젖을 먹이는 어미 양들을 조심스럽게 이끄신다.(사 40:3-11절)

주의 길을 예비하라고 합니다. 왜냐하면 주께서 자신의 백성들을 회복시키러 오실 것이기 때문입니다. 상급과 보상을 가지고 오실 것입니다. 죄를 사하시고 영원한 복과 구원을 베풀기 위해서 오실 것입니다. 11절의 표현대로 그는 목자같이 양 무리를 먹이시며, 어린 양을 팔로 모아 품에 안으시며 젖먹이는 암컷들을 온순히 인도하실 것이라고 합니다.

주님이 오신다는 것은 이처럼 평화스럽고 복되고 기쁜 일입니다. 세례 요한은 이 구절을 자신의 사역에 인용함으로써 예수 그리스도의 오심이 갖는 의미를 이렇게 표현하는 것입니다. 예수 그리스도의 오심은 축복과 구원과 희망입니다. 말로 다 표현할 수 없는 기쁨과 감사와 복된 영광입니다. 그동안 이스라엘 백성들이 소망하던 일입니다. 그래서 세례 요한은 우리에게 큰 구원과 기쁨과 복된 약속을 성취해 주실 분으로 메시아가 오니까, 그리스도가 오니까 그의 길을 예비하라고, 주의 길을 닦으라고 하는 것입니다. 그 다음 인용구인 말라기 3장 1-5절을 보도록 하겠습니다.

> 1 "내가 나의 특사를 보내겠다. 그가 나의 갈 길을 닦을 것이다. 너희가 오랫동안 기다린 주가, 문득 자기의 궁궐에 이를 것이다. 너희가 오랫동안 기다린, 그 언약의 특사가 이를 것이다. 나 만군의 주가 말한다. 2 그러나 그가 이르는 날에, 누가 견디어 내며, 그가 나타나는 때에, 누가 살아남겠느냐? 그는 금과 은을 연단하는 불과 같을 것이며, 표백하는 잿물과 같을 것이다. 3 그는 은을 정련하여 깨끗하게 하는 정련공처럼, 자리를 잡고 앉아서 레위 자손을 깨끗하게 할 것이다. 금속 정련공이 은과 금을 정련하듯이, 그가 그들을 깨끗하게 하면, 그 레위 자손이 나 주에게 올바른 제물을 드리게 될 것이다. 4 유다와 예루살렘의 제물이 옛날처럼, 지난날처럼, 나 주를 기쁘게 할 것이다. 5 내가 너희를 심판하러 가겠다. 점 치는 자와, 간음하는 자와, 거짓으로 증언하는 자와, 일꾼의 품삯을 떼어먹는 자와, 과부와 고아를 억압하고 나그네를 학대하는 자와, 나를 경외하지 않는 자들의 잘못을 증언하는 증언으로, 기꺼이 나서겠다. 나 만군의 주가 말한다." (말 3:1-5절)

여기서도 이사야서와 마찬가지로 주의 날이 임할 것이니, 즉 주께서 오실 것이니 그의 길을 예비하라고 합니다. 그런데 이사야 40장의 분위기와 확연한 차이가 있지 않습니까? 엄청난 차이가 있습니다. 정반대의 차이죠.

주의 날이 임한다고 합니다. 그리고 그날은 이스라엘 백성들이 그토록 사모하던 날이라고 합니다. 왜 이스라엘 백성들이 주의 날을 사모하죠? 주의 날, 주님이 오시는 날은 바로 이사야 40장에서 표현된 것처럼 기쁨과 축복과 구원의 날이기 때문입니다. 그날은 모든 곤고함과 핍박과 괴로움과 억압과 질고와 병마가 다 사라지고, 평화와 기쁨과 즐거움과 희망만이 가득한 날입니다. 그래서 이스라엘 백성들이 그날을 사모하는 것입니다. 그날은 구원의 날, 은혜의 날이기 때문에 사모하는 것입니다. 그런데 말라기 선지자는 주의 날에 대한 이스라엘 백성들의 기대를 여지없이 무너뜨립니다(1-2절, 5절). 즉 말라기 선지자는 이 주님의 날을 구원의 날로 묘사하기보다는 ―물론 구원의 날입니다만― 초점을 심판에 둡니다. 주님이 오시는 그날은 구원의 날, 이전은 무서운 심판의 날이라는 것입니다. 주님이 너희를 구원하기 위해서 오시는 것이 아니라 심판하러 너희에게 임할 것(5절)이라고 하는 것입니다.

그렇다면 마가는 예수 그리스도의 복음을 시작하면서 세례 요한의 사역 언급에 왜 이 두 개의 상반되는 듯한 구절을 같이 인용하는 것일까요? 그 이유가 무엇이죠? 그것은 예수님의 오심, 예수님 사역의 성격이 이 두 가지를 다 포함하고 있기 때문입니다. 예수님의 오심은 축복이고, 은혜이고, 구원이며 기쁨입니다. 예수 그리스도의 오심은 복음, 즉 기쁜 소식입니다. 그러나 그 축복, 은혜, 구원은 동시에 하나님의 심판이자 저주이며 진노입니다. 즉 예수님의 오심이 이 두 가지 상반된 국면을 포함하고 있는 것입니다. 그러므로 예수 그리스도의 오심이 자신에게 하나님의 심판, 하나님의 저주, 하나님의 진노로 작용하지 않고 복음으로 작용하기 위해서는― 기쁜 소식, 구원으로 작용하기 위해서는― 무엇을 해야 하는가? 주의 길을 예비해야 한다는 것입니다. 예수님의 오심이 기쁨과 복, 그리고 구원과 은혜로 자신에게 적용되기 위해서는 주의 길을 예비해야 하는 것입니다.

이사야서와 말라기서의 인용 구절에서 공통 내용이 무엇이었죠? 주의 길을 예비하는 것이었죠. 축복으로서의 주의 오심에도 주의 길을 예비해야 하고, 저주로서의 주의 오심에도 주의 길을 예비해야 하는 것입니다. 그러므로 주님의 오심이 절대적으로 심판이거나 혹은 절대적으로 구원이거나 하지 않습니다. 주님의 오심이 어떤 이에게는 구원이겠지만 어떤 이에게는 무시무시한 심판일 것입니다. 그리고 이것을 결정해 주는 것이 무엇인가? 곧 주의 길을 예비하는 것입니다.

그렇다면 주의 길을 예비한다는 것이 무엇을 뜻하는 것일까요? 세례 요한이 주의 길을 예비하는 것을 무엇이라고 하죠? 마가복음 1장 4-5절을 읽어 보세요. '회개'입니다. 예수님의 오심이 심판과 저주가 되지 않고 하나님의 진노로 작용하지 않기 위해서, 반대로 예수님의 오심이 복음이 되고 은혜가 되고 구원이 되기 위해서는 무엇이 있어야 하는가? 회개가 있어야 한다는 것입니다.

그런데 회개가 무엇이죠? 우리는 보통 회개하면 '감정적인 어떤 마음의 변화', '눈물', '애통하는 것', '울며 후회하는 것'으로 떠올립니다. 한국 교회 신자들에게 회개의 주된 이미지는 어떤 감정상의 복받침입니다. 그래서 회개는 항상 기도와 연결되어 있고, 꼭 울어야 하고 일부러 가슴을 찢는 애통한 감정을 가져야 제대로 된 회개를 했다고 생각합니다. 상당히 감정적이죠. 그러나 울며 후회하고 가슴을 찢는 것이 회개의 주된 요소가 아닙니다. 물론 회개의 부수적인 요소로서 울며 후회하고 가슴을 찢는 일이 수반됩니다. 사람은 감정을 가진 존재이기 때문에 자신의 죄에 대해 이러한 애통함, 아파하는 마음, 울며 후회하는 것은 있어야 합니다. 하지만 이것이 주된 요소는 아니지요. 울며 후회하는 것은 언제 하는 줄 아세요? 울며 후회하는 것이 주된 특징인 사람들이 어떤 사람들이죠? 주님이 복음서에서 종말에 대한 비유를 들면서 하나님의 심판을 받는 사람들을 항상 어떻게 묘사하죠? "울며 이를 갈 일이 있을 것이다, 울며 후회할 것이다." 울며 후회하는 것은 마지막 심판 때 주님으로부터 버림받은 사람들의 주된 특징입니다. 이것이 회개의 주된 모습이 아닙니다.

그렇다면 회개는 무엇입니까? 회개는 자신이 지금까지 살아온 삶이 잘못되었다는 것을 인정하고 거기에서 돌이키는 것, 돌이키는 삶을 회개라고 합니다. 즉 죄악의 현장에서 떠나는 것, 구체적인 삶의 전환을 회개라고 합니다. 기도하면서 울며불며 잘못했다고 죄를 고백하는 것이 회개의 전부가 아닙니다. 어떤 감정이 북받쳐 오르는 것, 눈물을 시원하게 쏟아 내는 것이 회개의 전부가 아닙니다. 기도하면서 운다고 해결되는 것이 아닙니다. 꼭 울면서, 애통하는 마음을 가지고 죄를 고백해야 회개했다는 느낌이 드는 신자들이 있는데, 그렇지 않습니다. 억지로 눈물을 짜낼 필요 없습니다. 회개는 정신 똑바로 차리고, 눈을 부릅뜨고 현재 자신의 삶을 정확하게 돌아보는 것입니다. 그래서 말씀에 비추어 잘못된 것이 있으면 행동으로 고치는 거예요. 잘못했다고, 고쳐 달라고 하나님께 울부짖는 것으로 여러분의 할 일을 다한 것이 아니라 자신이 직접 열심을 다해 정신을 똑바로 차리고 고치는 거예요. 그리고 힘에 겨워 비로소 눈물을 흘리며 하나님께 기도하는 거예요. 자신의 연약함을 내버려두지 말라고…. 회개는 구체적으로 이런 거예요. 누가복음 3장 7-14절입니다.

7 요한은 자기에게 세례를 받으러 나오는 무리에게 말하였다. "독사의 자식들아, 누가 너희에게 다가올 징벌을 피하라고 일러주더냐? **8** 회개에 알맞은 열매를 맺어라. 너희는 속으로 '아브라함은 우리의 조상이다' 하고 말하지 말아라. 내가 너희에게 말한다. 하나님께서는 이 돌들로도 아브라함의 자손을 만드실 수 있다. **9** 도끼가 이미 나무 뿌리에 놓였다. 그러므로 좋은 열매를 맺지 않는 나무는 다 찍혀서, 불 속에 던져진다." **10** 무리가 요한에게 물었다. "그러면 우리는 무엇을 해야 합니까?" **11** 요한이 그들에게 대답하였다. "옷을 두 벌 가진 사람은 없는 사람에게 나누어 주고, 먹을 것을 가진 사람도 그렇게 하여라." 세리들도 세례를 받으러 와서, 그에게 말하였다. "선생님, 우리는 무엇을 해야 하겠습니까?" 요한은 그들에게 말하였다. "너희에게 정해 준 것보다 더 받지 말아라." **14** 또 군인들도 그에게 물었다. "그러면 우리들은 무엇을 해야 하겠습니까?" 요한은 그들에게 말하였다. "남의 것을 강탈하거나 거짓 고발을 하지 말고, 너희의 봉급으로 만족해라."(눅 3:7-14절)

　　이것이 회개입니다. 자신의 삶을 정확하게 돌아보고 그 삶이 잘못되었음을 인정하고 돌이키는 거예요. 구체적인 삶의 변화, 행동의 변화가 회개입니다. 회개가 없는 자들에게는 세례 요한의 표현대로 "도끼가 나무 뿌리에 놓였으니 곧 찍혀 불에 던져지"(3:9)는 화가 미칠 것입니다. 그들에게 주님의 오심은 더 이상 기쁨이 아닌 심판과 저주, 하나님의 진노일 것입니다. 엄중한 사실입니다. 이것은 성경이 예수님의 오심이 갖는 의미를 설명하는 방식입니다. 많은 사람이 예수님의 오심을 너무 낭만적으로 생각하는 잘못된 사고방식을 가지고 있는 듯합니다. 예수님을 감상적으로 생각하고, 예수님의 오심을 자신의 삶과 별개라 여기며, 너무 낙관적으로 바라봅니다. 그래서 인간의 죄악에 대한 하나님의 진노와 심판의 가시적 형상이었던 예수 그리스도의 십자가를 보면서도 우리는 '하나님이 죄악에 대하여 얼마나 철저하게 진노하시는가?', 또 '회개의 삶을 살지 않으면 저 진노가 나에게 미치겠구나!' 하는 생각을 하기는커녕 그 십자가를 무슨 신파조로 만들어 버렸습니다.

수련회에 가서 불 끄고 촛불 켜 놓고, 혹은 성찬식을 하면서 "예수님의 십자가를 생각해 보십시오. 우리를 위해서 고통을 당하셨습니다. 얼마나 고마운 일입니까? 예수님이 다 하셨습니다…." 등등의 선동적 언사를 하면서 나오지도 않는 억지 눈물을 짜내기에 바빴지, 예수님의 오심과 십자가가 갖는 그 엄중함 그리고 하나님의 진노와 심판에 대해 냉철하게 자신의 삶과 연관지어 생각하는 것은 잊어버린 것입니다. 그래서 십자가를 보면서, 예수님의 삶을 대하면서 감동과 애통함은 있지만 반대로 그 삶을 내가 살아야 할 삶으로, 그 십자가의 삶을 내가 감당해야 할 십자가로는 전혀 생각하지 않는 것입니다. 그러면서 주님의 재림을 기다리는 것입니다.

이러한 신앙에 대하여, 이러한 헛된 신앙을 가지고 주님의 오심을, 주의 날을 기다리는 사람들에게 말라기 선지자가 경고하는 것이고, 마가가 이 말라기 선지자의 말을 인용함으로써 주님의 다시 오심을 기다리는 우리에게 경고하는 것입니다. 저와 여러분은 주님의 오심을 기다리는 사람들입니다. 주님의 다시 오심을 기다리는 사람들입니다. 그런데 주님의 오심을 어떻게 기대하고 있습니까? 주님의 오심을 기쁨의 날로, 희망의 날로, 구원과 축복의 날로 기대하고 있습니까? 주님께서 오시면 여러분들에게 구원과 복과 말로 다 할 수 없는 영광스러운 은혜를 주실 것이라고 기대하십니까? 그렇다면 그렇게 기대하는 이유가 무엇입니까? 여러분이 주님의 오심을 그렇게 기대하고 희망을 품는 요소가 무엇입니까? 만약에 여러분에게 회개의 삶이 없다면 지금 여러분이 가지고 있는 이 기대와 소망은 주님이 오셨을 때 무참하게 깨질 것입니다. 그때는 회환의 눈물을 흘릴 것입니다. 지금 울며 후회하지 마세요. 지금 울며 후회하는 것으로 여러분의 신자 됨에 만족하시면 그때는 수천 배의 농도로 울며 후회할 것입니다. 만약에 그날 울고 후회를 좀 쉽게 하고 싶으면 지금부터 죽을 때까지 열심히 울며 후회하세요. 어찌 압니까? 지금 연습한 것이 그날 울며 후회할 때 유효적절하게 쓰일지….

그러므로 그때 울며 후회하지 마시고, 지금 또한 울며 후회하는 것으로 여러분의 신자 됨, 신앙함을 만족하지 마시고 회개하십시오. 여러분의 삶을 바로 잡으십시오. 그래야만 주님의 오심이 우리에게 복음이 될 것입니다. 주님의 오심이 구원이며, 축복이며, 기쁨이며, 은혜이며, 평화가 될 것입니다. 모든 자에게? 아니요. 회개하는 자에게만, 회개하는 삶을 사는 자에게만요.

6 요한은 낙타 털 옷을 입고, 허리에 가죽 띠를 띠고, 메뚜기와 들꿀을 먹고 살았다. 7 그는 이렇게 선포하였다. "나보다 더 능력이 있는 이가 내 뒤에 오십니다. 나는 몸을 굽혀서 그의 신발 끈을 풀 자격조차 없습니다. 8 나는 여러분에게 물로 세례를 주었지만, 그는 성령으로 세례를 주실 것입니다.

6절에 보면 세례 요한의 겉모습에 대한 묘사가 나옵니다. 낙타 털 옷을 입고, 허리에는 가죽 띠를 띠고 메뚜기와 들꿀을 먹고 살았다고 합니다. 상당히 특이한 모습으로 묘사합니다. 그 모습이 당시 사람들의 일상적 모습은 아니었을 것입니다. 만약 당시 사람들 대부분이 그렇게 살았다면 마가가 세례 요한의 옷차림과 먹는 음식에 대해 특별히 기록했을 리가 없습니다. 마가는 세례 요한의 겉모습을 그의 복음서에 묘사함으로써 세례 요한의 등장과 그의 사역이 갖는 의미를 알려주고자 했습니다.

구약에 보면 마지막 때, 주의 날에 일어날 일들에 대한 여러 가지 징조가 설명되어 있습니다. 그중의 하나는 구약의 선지자 엘리야가 다시 올 것이라는 예언입니다. 말라기 4장 5-6절을 봅시다.

5 주의 크고 두려운 날이 이르기 전에, 내가 너희에게 엘리야 예언자를 보내겠다. **6** 그가 아버지의 마음을 자녀에게로 돌이키고, 자녀의 마음을 아버지에게로 돌이킬 것이다. 돌이키지 아니하면, 내가 가서 이 땅에 저주를 내리겠다.(말 4:5-6절)

크고 두려운 날이 이르기 전에, 즉 마지막 때에 하나님께서 예언자 엘리야를 보내겠다고 하십니다. 엘리야는 주전 9세기에 활동했던 이스라엘의 대표적인 선지자로 당시 이스라엘 땅을 휩쓴 바알 숭배를 파괴하고, 여호와 신앙을 회복시키고자 했던 유명한 예언자였습니다. 그는 갈멜산에서 바알 숭배자들과 대결을 벌여 승리했고, 바알 제사장들을 멸절했으며 여호와 신앙의 우월성을 온 천하에 드러냈던 인물이었습니다. 엘리야는 종종 모세와 비교되는 인물로, 하나님께서 그의 사역에 두 번이나 불로 응답할 정도로 위대한 선지자였습니다. 또한 죽음을 맛보지 않고 불병거를 타고 하늘로 올라간 전무후무한 선지자였지요. 그 정도로 엘리야(율법과 선지자의 대표)는 모세와 더불어 구약의 대표 선지자로 손꼽히는 인물입니다. 베드로도 변화산에서 예수님의 영광스러운 변모에 도취되어 초막 셋을 하나는 주를 위하여, 다른 두 개는 모세와 엘리야를 위하여 짓겠다고(마 17:4) 말한 바 있습니다.

그런 엘리야가 마지막 때에, 주의 날이 이르기 전에, 주의 크고 두려운 날, 곧 주의 심판의 날이 이르기 전에 다시 올 것이라고 말라기 선지자는 예언합니다(5절). 그렇다면 마지막 때에, 예수님께서 이 땅에 오셨을 때 엘리야가 실제 다시 살아났는가입니다. 그렇지 않았습니다. 엘리야는 이 땅에 다시 내려오지 않았습니다. 그럼 이 약속이 어떻게 성취되었을까요? 마가는 이 구약의 약속, 즉 주의 크고 두려운 날이 이르기 전에 엘리야가 다시 오리라는 약속의 성취가 세례 요한의 사역을 통해서 이루어 졌다고 이야기합니다. 다시 말해 이스라엘 백성들이 그토록 기다리던 엘리야가 바로 세례 요한임을 알려주려고, 마가는 세례 요한의 모습(6절)을 그렇게 묘사한 것입니다. 그런데 마가는 왜 세례 요한을 "낙타 털 옷을 입고 허리에 가죽 띠를 띠고 메뚜기와 들꿀을 먹는 모습"으로 묘사할까요? 열왕기하 1장 8절을 보겠습니다.

> **8** 그들이 왕에게 대답하였다. "털이 많고, 허리에는 가죽 띠를 띠고 있었습니다." 그러자 왕은 "그는 분명히 디셉 사람 엘리야다" 하고 외쳤다.(왕하 1:8절)

엘리야의 외형적인 모습입니다. 엘리야는 아합과 이세벨에게 항상 쫓겨 다니는 신세였기에 그의 주된 거처는 광야였고, 광야의 음식이란 것도 고작 메뚜기와 들꿀 정도였습니다. 엘리야가 다시 올 것이라는 말라기의 예언이 세례 요한으로 성취되었다는 것을 마가는 증거합니다. 그럼, 엘리야가 다시 온다는 약속과 그것이 어떻게 세례 요한에게서 성취되었는지 예수님과 제자들의 대화를 통해서 확인해 봅시다. 마가복음 9장 11-13절입니다.

> **11** 그들이 예수께 묻기를 "어찌하여 율법학자들은 엘리야가 먼저 와야 한다고 합니까?" 하니, **12** 예수께서 그들에게 말씀하셨다. "확실히 엘리야가 먼저 와서, 모든 것을 회복한다. 그런데, 인자가 많은 고난을 받고 멸시를 당할 것이라고 기록한 것은, 어찌 된 일이냐? **13** 내가 너희에게 말한다. 엘리야는 이미 왔다. 그런데, 그를 두고 기록한 대로, 사람들은 그를 함부로 대하였다." (막 9:11-13절)

세례 요한은 엘리야가 다시 오리라고 예언한 말라기서의 성취인 것입니다. 그런데 생각해 보세요. 말라기 선지자는 엘리야가 언제 다시 온다고 그랬죠? 여호와의 크고 두려운 날이 이르기 전에 선지자 엘리야를 보낸다고 말했습니다(말 4:5절). 그렇다면 여호와의 크고 두려운 날이 언제입니까? 주의 날, 주의 심판의 날이 언제냐고요? 예수님의 오심이라고요. 우리가 지난주에 살펴보았듯이 예수님이 오셨다는 것은 복음인 동시에, 즉 축복과 은혜와 기쁨인 동시에 저주와 심판 그리고 진노와 두려움이라고 했습니다. 기억하시나요? 예수님의 오심이 구원 일변도가 아니라 구원과 심판의 양면성을 가지고 있는 거라고요. 그리고 말라기 선지자는 이 심판에 초점을 맞추고 있는 것이고요. 그런데 세례 요한이 예수님과 자신을 어떻게 비교하는지 한번 보십시다. 7절을 한번 읽어 보세요.

> **7** 그는 이렇게 선포하였다. "나보다 더 능력이 있는 이가 내 뒤에 오십니다. 나는 몸을 굽혀서 그의 신발 끈을 풀 자격조차 없습니다."(막 1:7절)

세례 요한은 예수님을 자신보다 능력이 많으신 분이라고 이야기합니다. 그리고 자기 뒤에 오시는 분이라고 합니다. 즉 여호와의 크고 두려운 날이 오기 전에 엘리야가 다시 온다는 말씀의 성취로서 세례 요한이 온 것이고, 여호와의 크고 두려운 날의 성취이신 예수님은 당연히 요한의 뒤에 오는 것이지요. 그리고 요한은 자기 뒤에 오시는 그분의 신발 끈을 풀 자격조차 없다고 합니다. 고대 근동지역에서 종들은 주인의 신발 끈을 풀어 주는 일들을 했습니다. 즉 세례 요한 자신은 자기 뒤에 오시는 예수님의 제자는커녕 종이 되는 것조차 감당하지 못한다는 것입니다. 그 정도로 차이가 있다는 것이죠. 그러면서 그 이유를 어떻게 설명하는가, 자신은 물로 세례를 주지만 예수님은 성령으로 세례를 주시는 분이라는 것입니다(8절).

"나는 예수님의 신발 끈을 푸는 것조차 감당 못 한다. 왜냐하면 나는 물로 세례를 주지만 그분은 성령으로 세례를 주시기 때문이다…." 이거 예요. 자신과 예수님의 사역의 본질적인 차이를 이렇게 설명하는 것입니다. 이것이 무슨 뜻일까요? 이것은 단순히 세례를 주는 방식의 차이가 아닙니다. 물과 성령으로 비교되는, 그러니까 도저히 비교할 수 없는 엄청난 차이가 있는 것입니다. 그 차이가 무엇인지 살펴보도록 합시다. 또 그 차이가 신자 된 우리와 어떤 관련이 있는지를 살펴보겠습니다.

앞서 세례 요한 자신은 물로 세례를 주지만, 예수 그리스도는 성령으로 세례를 주신다고 했습니다. 예수 그리스도가 성령으로 세례를 주신다는 것이 어떤 의미냐면 에스겔서 36장 22-28절, 예레미야서 31장 31-34절입니다.

> **22** 그러므로 너는 이스라엘 족속에게 전하여라. '나 주 하나님이 이렇게 말한다. 이스라엘 족속아, 내가 이렇게 하려고 하는 까닭은 너희들을 생각해서가 아니라, 너희가 여러 나라에 흩어져서, 가는 곳마다 더럽혀 놓은 내 거룩한 이름을 회복시키려고 해서다. **23** 너희가 여러 나라에 흩어져 살면서 내 이름을 더럽혀 놓았으므로, 거기에서 더럽혀진 내 큰 이름을 내가 다시 거룩하게 하겠다. 이방 사람들이 지켜보는 앞에서, 너희에게 내가 내 거룩함을 밝히 드러 내면, 그 때에야 비로소 그들도, 내가 주인 줄 알 것이다. 나 주 하나님의 말이다. **24** 내가 너희를 이방 민족들 가운데서 데리고 나아오며, 그 여러 나라에서 너희를 모아다가, 너희의 나라로 데리고 들어가겠다. **25** 그리고 내가 너희에게 맑은 물을 뿌려서 너희를 정결하게

하며, 너희의 온갖 더러움과 너희가 우상들을 섬긴 모든 더러움을 깨끗하게 씻어 주며, 26 너희에게 새로운 마음을 주고 너희 속에 새로운 영을 넣어 주며, 너희 몸에서 돌같이 굳은 마음을 없애고 살갗처럼 부드러운 마음을 주며, 27 너희 속에 내 영을 두어, 너희가 나의 모든 율례대로 행동하게 하겠다. 그러면 너희가 내 모든 규례를 지키고 실천할 것이다. 28 그 때에는 내가 너희 조상에게 준 땅에서 너희가 살아서, 너희는 내 백성이 되고, 나는 너희의 하나님이 될 것이다. (겔 36:22-28절)

31 그 때가 오면, 내가 이스라엘 가문과 유다 가문과 새 언약을 세우겠다. 나 주의 말이다. 32 이것은 내가 그들의 조상의 손을 붙잡고 이집트 땅에서 데리고 나오던 때에 세운 언약과는 다른 것이다. 내가 그들의 남편이 되었어도, 그들은 나의 언약을 깨뜨려 버렸다. 나 주의 말이다. 33 그러나 그 시절이 지난 뒤에, 내가 이스라엘 가문과 언약을 세울 것이니, 나는 나의 율법을 그들의 가슴 속에 넣어 주며, 그들의 마음 판에 새겨 기록하여, 나는 그들의 하나님이 되고, 그들은 나의 백성이 될 것이다. 나 주의 말이다. 34 그 때에는 이웃이나 동포끼리 서로 '너는 주를 알아라' 하지 않을 것이니, 이것은 작은 사람으로부터 큰 사람에 이르기까지, 그들이 모두 나를 알 것이기 때문이다. 내가 그들의 허물을 용서하고, 그들의 죄를 다시는 기억하지 않겠다. 나 주의 말이다.(렘 31:31-34절)

이 약속의 성취를 예수 그리스도께서 하시는 것입니다. 영을 부어 주는 것, 우리 안에 영을 심어 주어 다시는 죄를 범하지 않게 하는 것. 이 약속을 예수 그리스도가 이루시는 것입니다. 그래서 예수 그리스도를 성령으로 세례를 주시는 분으로 묘사하는 것이지요. 이것이 세례 요한과 예수님의 근본적 차이입니다. 누가복음 16장 16절에서는 세례 요한과 예수님의 사역의 차이를 이렇게 설명합니다.

> 율법과 예언자들의 글은 요한의 때까지다. 그 뒤로부터는 하나님의 나라
> 가 기쁜 소식으로 전파되는데, 모두 거기에 힘으로 밀고 들어가려고 애쓴
> 다. (눅 16:16절)

율법과 선지자는 요한의 때까지요, 그 후부터는, 즉 세례 요한 이후부
터는 하나님 나라의 복음이 전파되어 사람마다 그리로 침입한다고 합니
다. 율법과 선지자는 무엇을 의미합니까? 구약, 예수 그리스도가 오시기
전까지의 시대를 뜻합니다. 그리고 예수님은 세례 요한을 구약의 질서
속에 포함시킵니다. 즉 에스겔서와 예레미야서에서 약속하신 것의 성취
를 보지 못하고 기다리는 세대 속에 세례 요한을 포함시킵니다. 그리고
하나님 나라의 복음은, 달리 표현하면 에스겔서 36장, 예레미야서 31장
의 성취는 예수 그리스도로 말미암아 이루어졌다는 것을 이야기하는 것
입니다. 즉 요한 자신도 구약의 선지자들처럼 하나님 나라의 복음, 예수
그리스도, 주의 영으로 세례를 받는 것, 여호와의 크고 두려운 날을 예언
한 세대에 포함되는 것이지, 그것을 성취한 대열에 속한 것은 아니라는
것입니다. 누가복음 7장 24-28절을 읽어보시기 바랍니다.

> **24** 요한의 심부름꾼들이 떠난 뒤에, 예수께서 요한에 대하여 무리에게 말
> 씀하셨다. "너희는 무엇을 보러 광야에 나갔더냐? 바람에 흔들리는 갈대
> 냐? **25** 아니면, 무엇을 보러 나갔더냐? 비단 옷을 입은 사람이냐? 화려한
> 옷을 입고 호사스럽게 사는 사람은 왕궁에 있다. **26** 아니면, 무엇을 보러
> 나갔더냐? 예언자를 보려고 나갔더냐? 그렇다. 내가 너희에게 말한다. 그
> 는 예언자보다 더 위대한 인물이다. **27** 이 사람에 대하여 성경에 기록하

기를 '보아라, 내가 내 심부름꾼을 너보다 먼저 보낸다. 그가 네 앞에서 네 길을 닦을 것이다.' 하였다. 내가 너희에게 말한다. **28** 여자가 낳은 사람 가운데서, 세례자 요한보다 더 큰 인물이 없다. 그러나 하나님의 나라에서는 아무리 작은 이라도 요한보다 더 크다.(눅 7:24-28절)

여자가 낳은 자 중에 세례 요한보다 더 큰 이가 없다고 합니다. 선지자 중에서 가장 큰 이가 세례 요한이라고 합니다. 이사야, 엘리야, 모세보다 더 큰 인물이 세례 요한이라고 예수님이 이야기합니다. 왜 크다고 하는 것이죠? 모세, 엘리야, 이사야, 말라기 선지자 등 모든 구약의 선지자와 백성들이 기다리고, 소망하던 메시아의 임함을 바로 세례 요한이 목도하고 있기 때문에 가장 크다고 하는 것입니다. 그러면서 예수님이 하시는 말씀이 무엇이죠? 하나님 나라에서는 가장 작은 자도 세례 요한보다 더 크다(28절)고 하십니다. 이 말이 무슨 뜻이죠? 왜 하나님 나라에서는 가장 작은 자도 세례 요한보다 크다고 합니까? 16절과 연관을 지어서 생각해 보세요. 이것은 하나님 나라에서의 계급의 차이를 뜻하는 것이 아닙니다. 하나님 나라에서는 세례 요한과 우리는 별반 차이가 없습니다. "하나님의 나라에서는 아무리 작은 이라도 세례 요한보다 더 크다"라고 하는 것은 계급의 차이가 아닌 소망을 기다리고 있는 자와 그 소망을 맛본 자의 차이가 얼마나 큰지를 뜻하는 것입니다.

히브리서 11장을 보시면 좀 더 명확하게 알 수 있습니다. 히브리서 11장은 보통 믿음의 장이라고 합니다. "믿음은 바라는 것들의 바탕이요, 보이지 않는 것들의 증거입니다. 실상 옛 조상들은 믿음이 있었기에 좋은 증언을 받았습니다"로 시작되는 11장은 구약의 수많은 믿음의 조상들이 등장합니다. 히브리서 기자는 아벨부터 시작해서 에녹, 노아, 아브라함,

이삭, 야곱, 요셉, 모세, 출애굽 시의 이스라엘 백성들, 라합, 기드온, 바락, 입다, 다윗, 사무엘 등등의 사람들을 열거하면서 그들의 믿음을 이야기합니다. 단순히 보면 히브리서 11장은 이러한 믿음의 사람들을 칭찬하는 것에 그 초점을 맞춘 것 같지만 그렇지 않습니다. 히브리서 11장의 핵심 구절은 13절 39-40절입니다.

> **13** 이들은 모두 믿음으로 살다가 죽었습니다. 그들은 약속된 것을 받지는 못하였지만, 그것을 멀리 바라보고 즐거워하였으며, 땅 위에서는 손과 나그네로 있다는 것을 인정하였습니다.(히 11:13절)

> **39** 이 모든 사람들은 믿음으로 말미암아 좋은 증언을 받았지만, 약속된 것을 받지는 못하였습니다. **40** 하나님께서 우리를 위하여 더 좋은 계획을 미리 세워 두셨기 때문에, 그들은, 우리가 없이는 완성에 이르지 못할 것입니다. (히 11:39-40절)

히브리서 기자는 구약의 수많은 믿음의 사람들을 열거하면서 이들에 대해 어떻게 이야기를 하느냐면, 약속은 받았지만 그 약속의 성취는 당대에 받지 못하여서 그것을 기다리며 살았다고 말합니다. 온갖 박해를 받으면서도 큰 인내를 가지고, 하나님 약속의 성취를 바라보면서 믿음의 삶을 살았다는 것입니다. 이들은 모두 구약의 질서에 속한 사람들로서 세례 요한도 여기에 포함되지요. 믿음의 조상들이 히브리서 33절 이하에 나오는 고난과 박해 그리고 환란에도 불구하고 세상이 감당치 못할 믿음이라는 말까지 들을 정도로 그들이 용맹스러운 믿음의 생활을 했던 이유가 무엇입니까? 그들이 받은 증거, 그들이 받은 약속 때문이었습니다. 그런데 그 약속이 무엇이라고요? 바로 예수 그리스도입니다. 예수 그리스도로 인한 하나님 나라의 성취, 성령으로 세례를 주시는 것입니다. 구약의 백성들이, 구약의 선지자들이 그 수많은 어려움과 박해와 환난을 참고 신앙생활을 할 수 있었던 것은 바로 그리스도로 말미암은 하나님 나라에 대한 기대 때문이었던 것입니다. 그래서 세례 요한이 자신은 예수님의 신발 끈을 푸는 것조차 감당하기 힘들다고 이야기했던 것이고, 자신은 물로 세례를 주지만 예수 그리스도는 성령으로 세례를 주시는 분이라고 이야기한 것입니다. 그렇다면 이것이 우리와 무슨 상관이 있습니까? 히브리서 11장 40절을 다시 한번 읽어보시기 바랍니다.

> 하나님께서 우리를 위하여 더 좋은 계획을 미리 세워 두셨기 때문에, 그들은, 우리가 없이는 완성에 이르지 못할 것입니다.(히 11:40절)

40절에서 '그들'은 히브리서 11장에서 언급한 믿음의 사람들, 즉 구약의 질서에 속한 하나님의 백성들이고, '우리'는 예수 그리스도로 말미암아 하나님의 나라의 성취, 현존을 맛본 사람들, 즉 예수 그리스도로 말미암아 성령으로 세례를 받은 사람들을 뜻합니다. 정리하자면, 우리는 저들이―구약의 질서에 속했던 믿음의 사람들― 고대하고 기대하던 것들을 성취하는 대열에 속한 것입니다. 그런 의미에서 예수님이 하나님 나라에서는 가장 작은 자가 선지자 중에서 가장 위대한 선지자인 세례 요한보다 더 크다(눅 7:24)고 말씀하신 것입니다.

이것이 바로 우리가 누리는 복입니다. 여러분이 실감하지 못해서 그렇지, 이 위치, 이 신분, 예수 그리스도로 말미암아 성령으로 세례를 받았고 하나님 나라의 성취 대열에 참여했다는 것, 그리고 예수 그리스도로 인한 구속의 영광을 맛보고, 그것을 지금 우리가 누리고 있다는 것이 얼마나 엄청난 복인지를 아셔야 합니다. 더구나 구약의 질서에 속한 자들은 우리가 없이는 완성에 이르지 못한다고 했습니다(40절). 이것이 하나님의 계획입니다. 놀랍고 말로 다 할 수 없는 영광입니다. 우리가 감히 어떻게…. 우리가 없으면 아브라함, 이사야, 모세, 엘리야 등이 완성에 이르지 못할 것이라고 말할 수 있습니까? 그런데 히브리서 기자는 그렇다고 하는 것입니다. 우리가 없으면 그들이 당한 환난과 박해와 핍박과 나그네와 같은 삶이 헛것이 된다고 하는 것입니다. 이것이 그리스도 이후의 신자들이 누리는 놀라운 복이자 영광스러운 신분의 위치입니다. 우리는 저들이 기다리고 소망한 약속을 맛보고 성취하는 대열에 긴 자들입니다.

그렇다면 그리스도로 인해 성령으로 세례를 받고, 하나님 나라의 복된 영광을 누리는 우리가 갖는 그 책임 또한 얼마나 클까요? 믿음의 조상들이 증거를 받았지만 그 약속된 것을 받지 못했을 때에도 그 약속을 바라보며 수많은 환난과 박해와 핍박을 견디고 나그네와 같은 삶을 충분히 감당했습니다. 그렇다면 그 약속된 것을 받은 우리는 어떻게 살아야 합니까? 지금 우리에게 닥치는 환난과 어려움과 곤고함과 힘겨움을 어떻게 해야 합니까? 감당해야 하지 않겠습니까? 그것을 우리가 감당하지 못한다면 얼마나 부끄러운 일이겠습니까? 얼마나 약한 모습이겠습니까? 우리가 당하는 이 어려움과 환난이, 지금 여러분을 힘겹게 하는 삶의 고난이 히브리서 11장에 묘사된 믿음의 조상들이 겪었던 고난의 백분의 일이라도 되겠습니까? 오늘날 예수를 믿는데 여러분의 목숨을 바쳐야 하는 환경입니까? 누가 여러분을 예수 믿는다고, 주의 뜻대로 산다고 톱으로 켜서 죽인다고 합니까? 예수를 믿는다고 집에서 쫓겨나고 사회로부터 매장 당하고 가진 것을 모두 잃는 환경입니까? 그렇지 않습니다. 물론 우리가 당하는 환난과 어려움과 아픔은 클 것입니다. 그러나 믿음의 조상들이 겪었던 환난에 비한다면 우리의 어려움은 새 발의 피일 것입니다. 그럼에도 불구하고 이 환난과 어려움조차 못 견디겠다고 도망치고, 타협하고, 나자빠지는 것이 우리의 모습입니다.

우리에게 환난과 어려움은 무엇입니까? 우리의 신앙을 방해하는 것들입니다. 우리가 하나님의 뜻대로 살고, 하나님의 말씀을 듣는 데에 방해되는 모든 것이 다 환난이고 핍박이죠. 생활의 어려움이 우리의 신앙을 방해할 수 있고, 몸이 아픈 것이 우리의 신앙을 방해할 수 있습니다. 돈이 없는 것도 우리의 신앙을 방해할 수 있습니다. 이렇게 우리가 신자 생활을 제대로 못 하는 나름의 이유들을 다 가지고 있는데, 그런 것들이 다 환난이고 핍박일 것입니다. 그런데 그 핍박과 환난이 여러분의 목숨을 요구하나요? 여러분을 톱으로 켜서 죽이게 하나요? 그렇지 않습니다. 그런데도 우리는 그 환난과 어려움을 당하지 않으려고 적당히 타협합니다. 신자로서의 생활을 포기해버리는 것입니다. 그러므로 우리 모두 부끄러워해야 합니다. 아벨로부터 세례 요한까지 이 믿음의 조상들 앞에서 우리는 부끄러워해야 합니다. 아벨로부터 세례 요한까지 하나님의 백성들이 신실하게 지킨 믿음의 근원을 우리가 가지고, 누리고 있음에도 이렇게 믿음 없는 삶을 산다면 참으로 부끄러운 것입니다. 우리가 어떤 신분을 가지고 있고, 어떤 자리에 앉아 있는지, 또 지금 누리고 있는 이 위치가 얼마나 영광스러운지 우리는 너무도 모르는 것이지요. 세례 요한이 예수님에 대해 했던 말을 다시 한번 기억해 보십시오.

"나는 그 분의 신발 끈을 푸는 종이 되는 것조차도 감당할 수 없다. 왜냐하면 나는 물로 세례를 주고 그 분은 성령으로 세례를 주기 때문이다."

이 말을 기억하십시오. 여러분은 그분의 신발 끈을 푸는 종의 자격이 아닌—요한은 그것조차 감당할 수 없다고 했는데— 그분의 형제로 부름 받은 사람들입니다. 대단한 것 아닙니까? 이 위치가, 이 신분이 주는 영광스러움을 여러분은 마음껏 누리십시오. 그리고 그 신분이 주는 영광스러움을 마음껏 누리되 그 책임 또한 다 하셔야 합니다. 히브리서 11장에 나온 믿음의 조상들이 행한 믿음 생활보다 훨씬 수준 높은, 더 강한 믿음 생활을 하나님이 우리에게 요구하고 있다는 사실을 잊지 마셔야 합니다. 그러므로 지금의 믿음 생활에 만족하지 마십시오. 이렇게 교회에 겨우 나오는 것으로 만족하지 마십시오. 최선을 다해서, 열심을 다해서 신자로서의 삶을 제대로 사십시오. 오늘 말씀을 통해서 여러분이 얼마나 영광스러운 신분인지, 또 얼마나 놀라운 위치에 있는지를 확인하십시오. 그리고 이렇게 시시하게 보이는 신자로서의 삶이 사실은 아벨부터 세례 요한에 이르는 믿음의 조상들의 삶과 사역을 완성시키는 큰일이라는 것을 기억하시고, 여러분에게 주어진 신자로서의 삶을 최선을 다해서, 책임감 있게 사십시오.

세례 받으신 예수 그리스도 ——————— 1:9-11

9 그 무렵에 예수께서 갈릴리 나사렛에서 오셔서, 요단 강에서 요한에게 세례를 받으셨다. 10 예수께서 물 속에서 막 올라오시는데, 하늘이 갈라지고, 성령이 비둘기같이 자기에게 내려오는 것을 보셨다. 11 그리고 하늘로부터 소리가 났다. "너는 내 사랑하는 아들이다. 내가 너를 좋아한다."

세례 요한은 예수님에 대해 "나는 물로 세례를 주지만 내 뒤에 오시는 분은 성령으로 세례를 주시는 분이다"라고 소개합니다. 그런데 오늘 읽은 본문에서는 성령으로 세례를 주실 분이 오히려 세례를 받는 모습으로 나옵니다. 우리는 오늘 말씀을 통해서 예수님이 왜 세례를 받으셔야 했는가, 예수님이 받으신 세례의 의미는 무엇인가? 그리고 예수님이 받으신 세례와 우리는 어떤 관련이 있는지를 알아보려고 합니다. 마가는 예수님의 세례 사건을 아주 간략하게 기술하고 있는 데 반해, 마태는 좀 더 상세하게 언급하고 있습니다. 마태복음 3장 13-17절입니다.

13 그 때에 예수께서 요한에게 세례를 받으시려고, 갈릴리를 떠나 요단 강으로 요한을 찾아오셨다. 14 그러나 요한은 "내가 선생님께 세례를 받아야 할 터인데, 선생님께서 내게 오셨습니까?" 하고 말하면서 말렸다. 15

예수께서 대답하셨다. "지금은 그렇게 하도록 하여라. 이렇게 하여, 우리가 모든 의를 이루는 것이 옳다." 그제서야 요한이 허락하였다. **16** 예수께서 세례를 받으시고, 곧 물에서 올라오셨다. 그 때에 그에게 하늘이 열렸다. 그는 하나님의 영이 비둘기같이 내려와 자기 위에 오시는 것을 보셨다. **17** 그리고 하늘로부터 "이는 내 사랑하는 아들이다. 내가 그를 좋아한다" 하시는 소리가 들려왔다. (마 3:13-17절)

예수님께서 세례 요한에게 세례를 받으러 오시자 요한은 거부합니다. "제가 당신께 세례를 받아야 하는데, 어떻게 내가 당신께 세례를 줄 수 있겠습니까?"라는 것이 요한의 거부 이유입니다. 이에 예수님은 무슨 말씀을 하셨느냐면 "지금은 그렇게 하도록 하여라. 이렇게 하여, 우리가 모든 의를 이루는 것이 옳다"라고 답하십니다. 그 말을 듣고 그제야 세례 요한이 예수님에게 세례를 베풉니다. 여기에서 우리가 생각할 것은 예수님이 세례를 받는 것과 모든 의를 이루는 것이 무슨 관련이 있는가입니다. 예수님이 세례를 받으려고 했는데, 세례 요한이 거부합니다. 그러자 예수님이 하시는 말씀이 "아니다. 이렇게 하여, 즉 내가 세례를 받음으로 우리가 모든 의를 이루는 것이 옳다"라고 이야기하십니다. 그제야 요한이 세례를 주는 것입니다. 이것은 '예수님의 세례받으심'과 '모든 의를 이루는 것'이 서로 긴밀한 관련이 있음을 뜻합니다. 그렇다면 여기에서 '모든 의를 이루는 것'은 무엇을 뜻할까요? 이 구절에 대한 몇 가지 다른 번역들을 보면 그 뜻을 좀 더 명확히 알 수 있습니다.

- **새번역**: 예수께서 대답하셨습니다. '지금은 허락하라. 이렇게 하여 하나님이 옳게 여기시는 모든 일을 이루는 것이 우리의 할 일이다' 그제야 요한은 허락했습니다.

- **현대어성경:** 예수께서 대답하셨다. '지금은 내가 하자는 대로 하여라. 우리가 이렇게 하여야 하나님의 뜻을 따르는 것이다' 그래서 요한은 예수께 세례를 베풀었다.

'모든 의를 이루는 것'은 '하나님이 원하시는 것, 하나님의 뜻'을 의미합니다. 즉 예수님이 세례를 받는 것이 하나님이 원하시는 것, 하나님의 뜻, 모든 의를 이루는 것입니다. 다시 이야기하면 하나님이 예수님을 통해서 이루고자 하는 당신의 그 거룩한 뜻, 모든 의를 이루는 것의 상징적 표시로 예수님의 세례가 등장한 것입니다. 예수님이 받으신 세례, 예수님이 세례를 받았다는 것 등이 상징하는 바를 하나님이 옳게 여기시는 것입니다. 당신의 그 거룩한 뜻을 이루기 위한 시발점으로 삼은 셈이지요. 그래서 예수님이 세례를 받고 물에서 나오자 하늘에서 예수님을 인정하는 소리가 들리는 것입니다. 마가복음 1장 10-11절을 보면 예수께서 세례를 받으시고 물속에서 올라오자 하늘이 갈라지고 성령이 내려오시고 하늘에서 "너는 내 사랑하는 아들이다. 내가 너를 좋아한다"라는 음성이 들립니다. 세례 직후에 벌어진 일이지요. 이제 이런 내용들이 도대체 무엇을 의미하고, 우리 신자들에게 구체적으로 어떤 삶을 요구하는지를 살펴보려고 합니다.

세례 요한이 왜 세례를 주었죠? 무슨 표시로 세례를 주는 것입니까? 마가복음 1장 4절에 따르면 "죄를 용서받게 하는 회개의 세례"라고 합니다. 즉 세례는 '죄 사함을 받게 하는 회개'의 표현입니다. 세례를 받았다는 것은 자신이 회개하겠다는 것을 고백하고, 인정하고, 받아들인다는 의미입니다. 그래서 세례를 받는 것이지요. 그러면 세례가 상징하는 것은 무엇입니까? 또 세례의 핵심적 메시지가 무엇인가요? '죽음'입니다. 세례의 형식을 생각해 보십시오. 물속에 잠겼다가 나오는 것입니다. 세례 받는 자신의 죽음을 상징하는 것이지요. 그렇다면 왜 회개의 방편으로 죽음을 상징하는 세례가 주어졌을까요? 어떤 사람들은 흔히 세례를 물과 관련 지어 내 죄를 씻어 주는 것으로(물이 몸의 때를 씻는 것처럼) 세례와 회개를 연결합니다. 그런데 이것은 아주 유치한 생각입니다.

회개와 세례가 어떤 관련이 있는지를 알기 위해서는 회개가 무엇인지 정확히 알아야 합니다. 지난주 설교에 회개에 대한 이야기를 잠시 한 적이 있죠? 기억하나요? 회개가 무엇이라고 했죠? 지은 죄를 슬퍼하고 잘못했다고 고백하는 정도가 아니라 삶의 구체적인 변화, 가치관의 변화, 행동의 변화, 돌아서는 것을 회개라고 했습니다. 이 세상이 추구하는 가치관과는 전혀 다른 삶의 방식이 회개입니다. 누가복음 3장 10-14절을 보겠습니다.

> **10** 무리가 요한에게 물었다. "그러면 우리는 무엇을 해야 합니까?" **11** 요한이 그들에게 대답하였다. "옷을 두 벌 가진 사람은 없는 사람에게 나누어 주고, 먹을 것을 가진 사람도 그렇게 하여라." **12** 세리들도 세례를 받으러 와서, 그에게 말하였다. "선생님, 우리는 무엇을 해야 하겠습니까?" **13** 요한은 그들에게 말하였다. "너희에게 정해 준 것보다 더 받지 말아라." **14** 또 군인들도 그에게 물었다. "그러면 우리들은 무엇을 해야 하겠습니까?" 요한은 그들에게 말하였다. "남의 것을 강탈하거나 거짓 고발을 하지 말고, 너희의 봉급으로 만족해라." (눅 3:10-14절)

세례 요한이 요단강에서 세례를 베풀면서 하나님 나라의 도래를 알리고 회개를 촉구합니다. 그러자 많은 사람이 요한에게 몰려와 세례를 받으면서 자신들의 할 일을 묻습니다. 이에 세례 요한은 그들에게 삶의 여러 가지 지침들을 알려줍니다. 옷 두 벌 가진 사람은 없는 사람에게 나누어 주고, 세리들은 정해 준 것보다 더 받지 말고, 군인들은 남의 것을 강탈하지 말고 봉급으로 만족하라고 합니다. 그런데 세례 요한이 회개에 합당한 열매(눅 3:8절)를 맺을 것을 촉구하면서 앞서 백성들에게 요구한 삶의 방식은— 표면적인 행동 양식의 변화를 이야기하는 것이 아니라 — 근본적인 삶의 전환으로 가능한 것들입니다. 세상 나라의 가치관, 삶의 양식은 죽고 하나님 나라의 삶의 방식으로 새로 태어나야만 가능한 일입니다. 이것이 바로 회개입니다. 회개란, 혹은 회개에 합당한 열매를 맺는 삶이란 이 세상 나라에 속하여 추구했던 삶의 방향, 가치 등이 온전히 죽고 하나님 나라의 삶으로 다시 태어나는 것을 말합니다.

그렇다면 이러한 회개의 삶을 살기 위해서는 근본적으로 무엇이 있어야 합니까? 동정심? 사랑? 자기 것을 아까워하지 않는 마음? 아닙니다. 이런 마음으로는 일시적인 변화, 일시적인 돌이킴은 있을지언정 근본적 변화는 없습니다. 이 정도 가지고는 불가능합니다. 회개의 삶이 가능하려면 근본적으로 '자기 죽음'이 필요합니다. '자기 죽음, 자기 부정'의 삶입니다. 자신이 죽어야 가능한 삶이 바로 이 회개의 삶입니다. 그래서 회개와 세례가 연결되는 것입니다. 세례를 단순히 죄를 씻어 주는 정도로만 생각해서는 안 됩니다. 만약에 세례를 물과 관련을 지어 죄를 씻어 주는 죄 사함의 방편 정도로 여기게 되면 지금 세례 요한에게서 예수님이 세례를 받는 것은 말이 안 됩니다. 왜냐하면 예수님은 죄인이 아니기 때문입니다. 죄를 짓지 않은 분이 무엇하러 세례를 받습니까? 그러므로 세례를 받는다는 것은 죄 사함에 초점이 있기보다는, 곧 "내가 죽겠습니다" 또는 "나를 부인하는 삶을 살겠습니다"라는 고백의 상징입니다. 자기 죽음을, 자기 죽음의 삶을 받아들이는 상징적 행동으로 세례를 받는 것입니다. 예수님이 세례를 받으셨다는 것은 결국 자신의 죽음을 받아들인 것이라고 할 수 있습니다. 예수님이 이 땅에서 공생애의 삶을 시작하시면서 그 삶의 내용이 무엇이 될 것인가? 앞으로 예수님의 생애가 어떤 생애가 될 것인가? 바로 자기 죽음의 삶, 자기 부정의 삶이 될 것임을 이 세례 받는 행위를 통해서 드러내는 것입니다. 그리고 그러한 예수님의 자기 죽음의 삶이 바로 하나님의 모든 의를 이루는 것이 되는 것입니다. 그래서 예수님이 자기 죽음을 상징하는 세례를 받고 물에서 올라오시자마자 하늘에서 예수 그리스도의 아들 되심을 인정하는 음성이 들리는 것입니다. 회개의 삶, 다른 표현을 빌리자면 자기 죽음의 삶, 자기 부정의 삶, 자신을 부인하고 죽기까지 순종하는 것… 이것이 하나님이 기뻐하시는 삶의 방식이고, 또한 하나님이 인정하시고 의롭게 여기는 삶의 방식이라는 것이지요. 이제 살펴볼 내용은 이것입니다.

세례의 상징이 죽음이라고 했습니다. 예수님은 이 세례를 받으심으로 자기 죽음의 삶을 받아들입니다. 그런데 세례가 상징하는 이 죽음이 예수님의 삶 속에서 가장 극명하게 드러난 사건이 무엇이죠? 십자가에서의 죽음입니다. 즉 세례는 죽음의 상징이고, 십자가는 세례로 상징된 죽음이 실제로 성취된 것입니다. 예수님의 공생애는 죽음으로 상징되는 세례로 시작하여 마지막은 십자가에서 실제로 죽으심으로 끝납니다. 마가는 이러한 예수님의 처음과 마지막, 즉 세례와 십자가 사건을 서로 어떻게 연결합니까? 1장 10절입니다. 예수님이 세례를 받으시고 나서 어떤 일이 벌어지죠? 하늘이 '갈라지고' 성령이 내려오셨다고 합니다. 그리고 하늘의 음성이 들립니다. 여기에서 하늘이 '갈라졌다'는 표현은 구약적 배경을 가진 표현입니다. 구약에서 '하늘'은 하나님과 사람을 구별해 주는 상징적 단어입니다. 도저히 접근할 수 없고, 거룩함과 영광에 압도되어 도저히 곁눈질조차 할 수 없는 하나님의 처소, 하나님의 보좌, 하나님과 인간을 구별해 주는, 혹은 막는 역할을 하늘이 한 것입니다. 그런데 그 하늘이 '갈라졌다'고 합니다. 여기서 마가가 사용한 '갈라졌다'라는 단어는 매우 과격한 단어입니다. 직역하면 '찢어졌다'입니다. 마태는 동일한 사건을 '찢어졌다'라는 단어 대신에 '열렸다'라는 단어로 표현했습니다. 이는 마가가 '찢어졌다'라는 단어를 의도적으로 사용했음을 알 수 있습니다. 그 의도는 잠시 후에 살펴보도록 하겠습니다.

다시 본문으로 돌아와, 이 하늘이 찢어지고(갈라지고) 성령이 내려오셨다는 것은 그 거룩하시고 영광스러우신 하나님께서 인간들 속에 영원히 거하시겠다는 의미입니다. 그런데 어떻게 그 거룩하시고 영광스러우신 하나님이 죄인된 우리 인간들 속에 거하실까요? 바로 그것을 가능하게 하는 것이 세례인 것입니다. 즉 세례가 상징하는 죽음이 해결해 주는 것입니다. 그래서 예수님이 세례를 받고 나서 하늘이 갈라지고 성령이 내려오고 하늘의 음성이 들리는 것입니다. 그렇다면 이러한 세례 사건이 예수님의 십자가 사건에서 어떻게 반복되는지 살펴봅시다. 마가복음 15장 37-39절입니다.

> 37 예수께서는 큰 소리를 지르시고서 숨지셨다. 38 (그 때에 성전 휘장이 위에서 아래까지 두 폭으로 찢어졌다.) 39 예수를 마주 보고 서 있는 백부장이, 예수께서 이와 같이 숨을 거두시는 것을 보고서 "참으로 이분은 하나님의 아들이셨다" 하고 말하였다. (막 15:37-39절)

예수님이 십자가에서 죽습니다. 죽음 직후 성전에서 어떤 일이 벌어졌느냐면 휘장이 위에서 아래까지 두 폭으로 찢어졌습니다. 성전에서 휘장의 역할은 지성소와 성소를 구별하는 것입니다. 성전에서 지성소는 가장 거룩한 곳으로서 하나님이 임재하시는 장소입니다. 대제사장들이 일 년에 단 한 번만 들어갈 수 있었던 가장 거룩한 곳이지요. 그만큼 지성소는 하늘에 계신 하나님 보좌의 상징이라고도 할 수 있습니다. 즉 휘장은 하나님이 거하시는 지고지순하고 거룩한 장소와 우리 인간 세계를 나누는 하늘과 같은 역할을 하는 것이지요. 하나님이 하늘 저편 거룩한 곳에 계시듯 지성소는 휘장 저편에 있는 것입니다. 그런데 이 지성소와 성소를 가로막는 휘장이, 예수님이 십자가에서 돌아가시자 위에서 아래로 찢어진 것입니다(38절).

예수님의 세례 사건을 생각해 보십시오. 예수님이 세례(죽음으로 상징되는)를 받고 물에서 올라오셨을 때 하늘이 찢어졌습니다. 한편 예수님이 십자가에서 죽임을 당하셨을 때는 성전 휘장이 찢어졌습니다. 마가가 의도적으로 '찢어졌다'라는 단어를 사용한 이유가 여기에 있습니다. 그것은 예수님의 세례 받으심과 십자가에서의 죽음을 연결시키고자 위함입니다. 또 하나 확인할 것은 이것입니다. 예수님이 죽음으로 상징되는 세례를 받으시고 물에서 올라오자 하늘에서 음성이 들립니다. 어떤 음성이죠? "이는 내 사랑하는 아들이다. 내가 너를 좋아한다"입니다. 그런데 예수님이 세례 받으심 속에 담긴 죽음을 십자가에서 실제로 이루시며 숨을 거두시자 어떤 소리가 들립니까? 백부장이 이런 말을 합니다. "참으로 이분은 하나님의 아들이셨다." 다시 정리하죠. 지성소를 구별해 주는 휘장과 하나님의 보좌를 구별해 주는 하늘의 상징적 개념은 같습니다. 둘 다 하나님과 사람 사이를 막는 장벽이지요. 그런데 이 장벽이 '죽음'으로 인해 찢어집니다. 하나님은 자기 죽음을 받아들인 분을 당신의 아들로 인정하고 그에게 내려옵니다. 이것은 하나님이 우리와 거하시겠다는 의미입니다. 하늘이 찢어졌고, 휘장이 찢어졌습니다. '찢어졌다'란 표현은 마태의 '열렸다'라는 표현보다 더 강력한 것입니다. 취소할 수 없습니다. 원상 복구도 안 됩니다. 즉 세례 사건과 십자가 사건이 보여 주는 그 삶 속에, 다시 말해 자기 죽음의 삶 속에 하나님이 영원히 거하시겠다는 뜻입니다. 하나님이 하늘을 찢으시고, 지성소의 휘장을 위에서 아래로 찢으시고 이 죽음의 삶에 내려오시는 것입니다. 그렇다면 예수님의 시작이 세례로 상징되는 죽음이었고, 마지막도 십자가에서의 실제적 죽음이었다면 그 중간의 삶은 어떤 삶이었겠습니까? 죽음을 벗어나려고 몸부림치는 삶이었겠습니까? 아니죠. 시작도 죽음이었고, 마지막도 죽음의 삶이었다면 그 중간의 삶은 더더욱 죽음의 삶이었을 것입니다. 물론 예수님의 가르침 또한 죽음의 삶에 대한 가르침이었을 것입니다. 그러므로 복음서를 통해 예수님의 삶과 행적을 추적해 나갈 때는 어떤 방향, 혹은 어떤 목적으로 추적하느냐가 매우 중요합니다. 우리가 세상의 부와 권력, 그리고 승리를 쟁취하여 이름을 드높이는 식으로 예수 그리스도의 행적을 추적하면 복음서에 기록된 예수 그리스도의 행적이 전부 우리의 입맛대로 해석될 것입니다. 예수님이 병자를 고친 기사를 보면 예수님의 능력 과시로 해석하고, 우리도 기도하고 능력 받으면 예수님처럼 그런 병을 고치면서 능력을 행사할 수 있다고 적용합니다. 또한 오병이어로 수천 명을 먹이신 기적을 읽으면 예수님의 능력과 힘의 과시로 보고 우리도 예수님이 가지신 힘만 있으면 그 정도 일은 충분히 할 수 있다, 오히려 더 큰일도 할 수 있다고 해석해 버립니다. 마찬가지로 폭풍을 잠재우고 바다 위를 걸은 사건을 보면서 우리는 예수님이 가지신 힘만 얻으면, 예수님만 믿으면 세상을 정복하고 다스릴 수 있다고 해석하고 자신의 삶에 적용합니다. 그래서 '이 세상에서 얼마나 큰 영향력을 발휘할 수 있는가', '또 얼마나 큰 힘을 소유할 수 있는가', '큰 권력과 지식, 그리고 힘과 물질을 소유하여 나를 이 세상에서 얼마나 멋있게, 보란 듯이 드러낼 수 있는가?' 이것이 사람들의 신앙 목표입니다. 그래서 온갖 정성을 다하여 기도와 금식을 하고 또 봉사와 예배를 드리며 불철주야 주님만 찾는 것입니다.

과거 제자들도 마찬가지였습니다. 예수님을 따랐던 사람들도 예수 그리스도에 대한 잘못된 기대, 잘못된 신앙을 가지고 있었기 때문에 예수님의 기적(병자 고침, 바다를 잠잠케 하심, 오병이어 등의 기적)을 힘과 권력의 과시로 보았던 것입니다. 그래서 예수님을 따라다녔던 것이고요. 예수님을 따라다니면 무슨 콩고물이라도 얻어먹겠거니 하면서요. 그러나 예수님의 삶이 제자들이나 한국 교회의 많은 교인이 해석하듯이 그러한 승리와 힘을 가진 자로서의 삶이었습니까? 그렇지 않습니다. 마가가 예수님의 세례 사건과 십자가 사건을 통해 우리에게 가르치려는 예수님의 삶은 승리하고 힘을 쟁취하여 남을 억누르는 삶이 아닙니다. 마가가 우리에게 가르치고자 하는 예수님의 삶이란 '죽음의 삶'입니다. 자신이 성자 하나님이시고, 온 세상이 그분을 위하여 창조되었지만 정작 예수님은 "인자는 머리 둘 곳도 없다"라고 하셨습니다. 자신은 거할 곳도 없다고 하셨습니다. 예수님은 원수를 사랑하라고 가르쳤고, 오 리를 가자고 하면 십 리를 가라고 하셨고, 속옷을 달라고 하면 겉옷까지 주라고 하셨습니다. 예수님은 자신의 힘과 능력을 과시하려는 목적으로 기적을 베푸신 것이 아닙니다. 오히려 원수를 사랑하고, 오 리를 가자고 하면 십 리를 가는 것이 그분의 사랑 방식이었습니다. 십자가에서 죽으실 때는 자신을 조롱하는 자들에게 자신의 속옷까지 주는 사랑을 하신 것입니다. 자신을 조롱하고 업신여기는 자들에게 악을 악으로 갚지 않으시고 자신의 속옷까지 주시면서 그들을 위해 비셨던 분입니다.

제 목숨을 얻으려는 자는 목숨을 잃을 것이고, 나를 위하여 제 목숨을 잃는 자는 목숨을 얻을 것(마 10:39)이라고 하시면서 이 세상에서 자기 목숨을 구하기 위해 살지 말고 오히려 자신의 목숨을 잃을지라도 하나님의 뜻대로 살기를 요구하셨습니다. 당신 자신도 실제로 그렇게 사셨습니다. 그분은 섬김을 받으러 온 것이 아니라 섬기러 오셨다고 가르쳤고, 실제로 제자들의 발을 씻기는 종의 모습으로 내려가 온 세상을 섬기셨던 것입니다. 자신의 몸을 많은 사람을 위한 대속물로 내어줄 정도로 이 세상을 섬긴 것입니다. 이것이 예수님의 삶입니다. 예수님이 그렇게 가르쳤고, 몸소 그렇게 사셨습니다. 자기를 부인하고, 자기를 죽이는 순종하는 삶을 철저하게 사신 것입니다. 그리고 이러한 삶의 방식으로 하나님께서 예수 그리스도를 당신의 아들로 온 천하에 선포하시는 것입니다. 즉 하나님께서 당신의 아들로 인정하시고 받아들이는, 달리 표현하자면 구원을 완성해 나가고, 하나님의 성품에 참여하도록 만들어 가는 하나님의 방식이 바로 자기 죽음의 방식이라는 것입니다. 그렇다면 예수님의 죽음의 삶과 우리는 무슨 연관이 있을까요? 로마서 6장 3-5절을 보겠습니다.

> 3 여러분은, 그리스도 예수와 연합하는 세례를 받은 우리 모두가, 그분의 죽으심과 연합하는 세례를 받았다는 것을 알지 못합니까? 4 그러므로 우리는 그분의 죽으심과 연합하는 세례를 받음으로써, 그분과 함께 묻혔습니다. 이것은, 그리스도께서 죽은 사람들 가운데서 아버지의 영광으로 살리심을 받은 것과 같이, 우리도 새로운 생명 가운데서 살아가게 하려는 것입니다. 5 우리가 그의 죽으심과 같은 죽음으로 그와 연합하는 사람이 되었으면, 또한 분명히, 그의 부활하심과 같은 부활로 그와 연합하는 사람이 될 것입니다. (롬 6:3-5절)

바울이 무엇이라고 하죠? 세례와 무엇을 연결합니까? 죽음과 연결합니다. 그리고 그 세례와 죽음에 누가 같이 참여한 것입니까? 신자들입니다. 주의 백성들입니다. 하나님의 백성들이, 즉 우리가 그의 죽으심과 같은 죽음으로 그와 연합하는 사람이 되었다고 합니다. 예수님께서 세례를 받으셨는데 그것을 홀로 받으신 것이 아니라 우리와 같이 받으셨다고 합니다. 5절에는 "우리가 그의 죽으심과 같은 죽음으로 그와 연합하는 자가 되었다"고 합니다. 그리고 그의 부활하심과 같은 부활로 그와 연합하는 사람이 될 것이라고 합니다. 이 말씀의 의미는 세례가 상징하는 죽음, 예수님의 삶과 가르침을 통해 나타난 자기 죽음의 삶, 십자가에서 극명하게 드러난 죽음의 삶을 예수님만 홀로 감당하는 것이 아니라 그와 연합된 신자들과 같이 감당하겠다는 것입니다. 더 나아가, 세례 사건 후에, 그리고 십자가 죽음 사건 후에 어떤 일이 벌어졌죠? 하늘에서 음성이 들렸죠? "너는 내 사랑하는 아들이다." 그리고 십자가 사건 후에 백부장이 어떤 고백을 해요? "이 사람은 진실로 하나님의 아들이셨다"라고 고백한다고요. 바로 예수 그리스도와 연합하여 이 죽음의 삶을 산 그의 백성들에게도 이 하늘의 선언과 백부장의 고백이 해당되는 것입니다. 이 하늘의 음성과 백부장의 고백이 예수 그리스도에게만 해당되는 것이 아니라 예수 그리스도와 연합하여 그와 함께 죽음의 삶을 산 그의 백성들에게도 이 선언과 고백이 유효한 것입니다.

그렇다면 우리의 삶이 어떠해야 하겠습니까? 예수 그리스도를 믿는 우리의 신앙의 초점, 핵심이 무엇이어야 합니까? '자기 죽음'이어야 합니다. 예수 그리스도를 믿는다는 것은 이 세상의 힘을 더욱더 많이 소유하여 내가 멋있게 드러나는 것이 아닙니다. 이 세상 사람들 모두가 추구하는 힘과 권력을 하나님의 힘으로 얻어서 세상 사람들 위에 군림하는 것이 우리 신앙의 목표가 아닙니다. 절대로 아닙니다. 우리가 진정으로 예수 그리스도를 믿는 사람들이라면 우리의 삶도 예수님과 같은 삶이어야 합니다. 경쟁을 포기하고 지는 법을 배워야 하고, 억울한 일을 당해도 그것을 악으로 갚지 말아야 하며, 남을 이기기 위해서 온갖 수단 방법을 가리지 않는 세상의 처세술도 버려야 합니다. 그리고 죽음의 삶을 살아야 합니다. 욕심을 내지 말아야 하고, 남보다 더 가진 것을 자랑하지 말아야 합니다. 남을 누르고 이기는 것에서 희열을 느끼지 말아야 하고 남을 무너뜨리는 것에서 쾌감을 느끼지 말아야 합니다. 만약 그렇지 않다면 그는 신자가 아닐 것입니다.

요즘 여러분의 삶을 돌아보십시오. 진 적이 있습니까? 남들이 여러분을 잡아먹으려고 할 때 순순히 잡아먹힌 적이 있습니까? 남들이 여러분을 욕하고 비난할 때 혹시 같은 방법으로 그 사람을 대하지는 않습니까? 남들이 여러분을 업신여기고, 따돌리고 욕할 때 여러분도 동일한 방법으로 그 사람들을 대하지는 않습니까? 그렇게 하지 말아야 합니다. 이것이 신자가 세상을 사는 방법입니다. 어리석죠? 말도 안 되는 것이죠? 그렇게 해서 어떻게 세상을 사나 하는 마음이 들지요? 그래서 이 삶을 '죽음의 삶'이라고 하는 것입니다. 말이 안 되기에, 이런 말도 되지 않는 삶을 우리가 믿는 예수 그리스도가 사신 것이고, 그 길을 당신 홀로 가시는 것이 아니라 우리와 연합하여 같이 가겠다고 하시는 것입니다. 그런 의미에서 신자의 삶이란 세상의 시각으로 보면 무척 고달프고 어리석은 것입니다. 왜냐하면 갈등해야 하고, 이기적인 내 본성을 죽여야 하고, 내 성격과 전혀 어울리지 않는 남의 이익을 먼저 생각해야 하고, 다른 사람의 유익을 위해 내 유익을 포기해야 하는 삶을 살아야 하기에 고달픈 삶입니다. 그렇다고 절망할 필요는 없습니다. 물론 우리가 홀로 이 길을 걸어간다면 절망할 수밖에 없습니다. 그러나 예수님께서 우리와 연합하여—우리와 하나가 되어서— 자기 죽음의 삶을 사셨기 때문에, 이 삶이 고달파도 우리는 절망하지 않고 희망을 품을 수 있는 것입니다. 다시 말해 주님과 연합된 우리의 삶의 여정과 그 결과는 우리가 책임지지 않고 주님이 책임지신다는 뜻입니다. 그래서 절망하지 않습니다. 그래서 신자의 삶이란 고달프지만 행복한 것입니다.

신자의 행복은 이런 것입니다. 비유를 하자면요. 신자의 행복은 따뜻한 방에서 맛있는 음식을 쌓아 놓고 계속 먹어가며 의미 없이 티브이를 시청하고 뒹굴뒹굴하는 것이 아닙니다. 오히려 신자의 행복은 산을 오르는 사람들의 행복과 비슷할지도 모르겠습니다. 등산 맛을 모르는 사람들은 산을 오르는 사람들을 이해하지 못합니다. "아니, 어차피 내려올 것을 왜 그리 땀 삐질삐질 흘려가며 오르나?" 하고 말하지요. 도저히 납득이 안 되지요. 왜 그렇게 힘든 일을 하느냐는 겁니다. 그러나 산을 오르는 사람들은 편안하게 방구석에 누워 빈둥거리며 티브이 보고 짜장면 시켜 먹는 것이 고역이라고요. 산을 오르는 것이 힘겹고 땀 흘려야 하고 성가시기도 하지만, 그것이 행복이고 기쁨이라고요. 신자의 행복도 마찬가지입니다. 아니, 등산과는 비교할 수 없는 행복입니다. 왜요? 신자의 삶 자체가 바로 산을 오르는 것이기 때문이죠. 신자에게 산은 '인생', '삶' 자체입니다. 사는 것 자체가 산을 오르는 것이라고요. 하나님의 백성들에게 삶이란 방구석에서 아무 힘도 쓰지 않고 편안하게 누워 티브이 보는 것이 아니라 땀을 뻘뻘 흘리면서 산을 오르는 힘든 것입니다. 자기 죽음의 삶, 자기 부정의 삶이 힘든 삶이라고요. 그런데 그 힘든 삶에 기뻐하고 행복해 하는 것이 신자의 운명입니다. 우리는 이것을 벗어날 수 없습니다.

12 그리고 곧 성령이 예수를 광야로 내보내셨다. 13 예수께서 사십 일 동안 광야에 계셨는데, 거기에서 사탄에게 시험을 받으셨다. 예수께서 들짐승들과 함께 지내셨는데, 천사들이 그의 시중을 들었다.

예수님이 세례를 받으시고 곧바로 성령의 인도로 광야로 가셨습니다. 광야에서 40일간을 계시면서 사탄에게 시험을 받으셨다고 합니다. 그곳에서 들짐승들과 함께 지내셨고, 천사들이 예수님의 시중을 들었다고 합니다. 예수님께서 세례를 받으시고 광야로 들어가 시험을 받으신 사건은 구약의 출애굽 사건과 이스라엘 백성들의 광야 여행이 매우 밀접하게 연관되어 있음을 보여줍니다.

출애굽 사건이 무엇인지는 아시죠? 이스라엘 백성들이 이집트 땅에서 400여 년 정도 종살이를 하다가 모세의 인도로 이집트를 탈출합니다. 하나님은 10가지 재앙을 통해 이집트의 파라오와 그 백성들에게 하나님의 하나님 되심, 하나님의 절대성과 우월성, 하나님 이외에는 다른 신이 없다는 것을 보여 주시고 이스라엘 백성을 파라오의 억압에서 구원해 내십니다. 이때 이스라엘 백성들이 이집트 땅을 탈출할 때 어디를 건너느냐면 바로 홍해를 건넙니다. 하나님이 모세로 하여금 홍해를 가르시고 그 사이로 이스라엘 백성들을 지나가게 합니다. 그런데 신약에서 이스라엘 백성들이 홍해를 건넌 것을 어떻게 해석했느냐면 고린도전서 10장 1-4절입니다.

> **1** 형제자매 여러분, 나는 여러분이 이 사실을 알고 지내기를 바랍니다. 우리 조상들은 모두 구름의 보호 아래에 있었고, 바다 가운데를 지나갔습니다. **2** 이렇게 그들은 모두 구름과 바다 속에서 세례를 받아, 모세에게 속하게 되었습니다. **3** 그들은 모두 똑같은 신령한 음식을 먹고, **4** 그들은 모두 똑같은 신령한 물을 마셨습니다. 그들의 동반자인 신령한 바위로부터 물을 마신 것입니다. 그 바위는 그리스도였습니다.(고전 10:1-4절)

사도 바울은 이스라엘 백성들이 모세와 더불어 홍해를 건넌 것을 세례를 받은 것으로 설명합니다. 즉 이스라엘 백성들이 애굽을 탈출하여 홍해 바다를 건넌 것은 '세례의 모형'이라고 할 수 있는 것입니다. 홍해를 건넌 후, 이스라엘 백성들이 어디로 갑니까? 가나안 땅으로 곧바로 들어가는 것이 아니라 광야로 들어갑니다. 광야는 불모의 땅입니다. 식물이 성장할 수 없는 척박한 환경이며 저주의 땅으로 불리는 곳입니다. 마실 물도 없고 식물도 없는 황량한 벌판이 광야입니다. 그 광야에 도착한 이스라엘 백성들은 물과 식량이 없어 하나님과 모세를 원망합니다. 출애굽기 15장 22-24절을 보겠습니다.

> **22** 모세는 이스라엘을 홍해에서 인도하여 내어, 수르 광야로 들어갔다. 그들은 사흘 동안 걸어서 광야로 들어갔으나, 물을 찾지 못하였다. **23** 마침내 그들이 마라에 이르렀는데, 그 곳의 물이 써서 마실 수 없었으므로, 그

곳의 이름을 마라라고 하였다. 이스라엘 백성은 모세에게 "우리가 무엇을 마신단 말이오"하고 불평하였다. (출 15:22-24절)

마실 물이 없어 불평합니다. 또한 출애굽기 16장에서는 식량이 없어서 불평합니다. 출애굽기 16장 1-3절입니다.

1 이스라엘 자손의 온 회중이 엘림에서 떠나, 엘림과 시내 산 사이에 있는 신 광야에 이르렀다. 이집트 땅에서 나온 뒤, 둘째 달 보름이 되던 날이다. 2 이스라엘 자손의 온 회중이 그 광야에서 모세와 아론을 원망하였다. 3 이스라엘 자손이 그들에게 항의하였다. "차라리, 우리가 이집트 땅, 거기 고기 가마 곁에 앉아 배불리 음식을 먹던 그 때에, 누가 우리를 주의 손에 넘겨 주어서 죽게 했더라면 더 좋을 뻔하였다. 그런데 너희들은 지금, 우리를 이 광야로 끌고 나와서, 이 모든 회중을 다 굶어 죽게 하고 있다." (출 16:1-3절)

그런데 이스라엘 백성들이 이집트 땅에서 나와 가나안 땅으로 곧바로 가지 않고 광야로 가게 된 원인이 무엇이죠? 이스라엘이 불순종해서 광야로 들어간 것인가요? 그들이 순종했으면 곧바로 가나안 땅으로 갔을 텐데, 불순종해서 광야로 들어간 것인가요? 꼭 그렇지만은 않습니다. 출애굽기 13장 17-18절입니다.

17 바로는 마침내 이스라엘 백성을 내보냈다. 그러나 그들이 블레셋 사람의 땅을 거쳐서 가는 것이 가장 가까운데도, 하나님은 백성을 그길로 인도하지 않으셨다. 그것은 하나님이, 이 백성이 전쟁을 하게 되면, 마음을 바꾸어서 이집트로 되돌아가지나 않을까, 하고 염려하셨기 때문이다. 18

그래서 하나님은 이 백성을 홍해로 가는 광야 길로 돌아가게 하셨다. 이스라엘 자손은 대열을 지어 이집트 땅에서 올라왔다.(출 13:17-18절)

누가 그들을 광야로 인도합니까? 하나님은 이스라엘 백성들의 불평 때문에 광야로 인도하는 것이 아닙니다. 그들은 하나님의 자비로우심과 보살피심의 배려로 광야에 내몰리는 것입니다. 이스라엘 백성들의 목적지인 가나안 땅에 온전히 들어갈 수 있도록 하나님이 그들을 광야로 이끄시는 것입니다. 그들이 애굽으로 다시 돌아가 종노릇 하는 것을 막기 위해서 광야로 이끄시는 것입니다. 이스라엘 백성들이 온전하게, 오직 하나님의 말씀에 순종하며 살 수 있도록 연습과 훈련의 기회를 주시려고 광야로 인도하는 것입니다. 이것을 염두에 두고 다시 마가복음 1장 12절을 보도록 하겠습니다.

12 "그리고 곧 성령이 예수를 광야로 내보내셨다."(막 1:12절)

예수께서 세례를 받으신 후 어디로 가십니까? 광야로 가십니다. 그런데 예수님께서 자발적으로, 즉 예수님의 자의적인 결정으로 광야로 가십니까? 그렇지 않습니다. 성령께서, 하나님의 영께서 예수님을 광야로 인도하시는 것입니다. 마가는 '내보내셨다', '몰아내신지라(개역개정)'라는 과격한 단어를 사용함으로써 예수님이 광야로 가신 것이—예수님의 자의적인 결정이 아니라— 성령님의 강력한 이끄심 때문임을, 그리고 성령님의 이끄심에 순종하시는 예수님의 모습을 우리에게 보여 주고자 하였습니다. 그 후에 예수님이 광야에서 무슨 일을 당합니까? 40일간 사탄에게 시험을 받았습니다. 마태복음에 의하면 예수님이 40일을 주야로 금식했다고 합니다. 먹을 음식과 마실 물이 없는 광야에서 40일을 굶주리면서 사탄에게 시험을 받습니다. 이스라엘 백성들을 생각해 보십시오. 신약에서 세례로 해석되는 홍해를 모세와 함께 건넙니다. 그러고 나서 곧바로 그들은 광야로 들어갑니다. 그들이 광야로 들어간 것은 그들의 자의적인 결정이 아니었습니다. 하나님의 영이, 거룩한 성령이 그들을 광야로 인도한 것입니다. 그리고 그 광야에서 이스라엘 백성들이 무슨 일을 당합니까? 수많은 시험을 당합니다. 목마름과 배고픔, 더위와 추위, 들짐승과 전갈 등으로부터 목숨의 위협을 받으며 계속 옮겨 다녀야 하는 안정적이지 못한 삶 등의 시험을 당합니다. 그렇다고 해서 그들에게 시험 거리만 있는 것은 아닙니다. 하나님의 세심한 보호하심과 간섭하심 그리고 배려하심과 인도하심이 그들에게 충만했습니다. 바위에서 물이 나오게 하시고, 쓴 물을 단 물로 바꾸시고, 그들이 심지도 않고 가꾸지도 않았음에도 불구하고 만나를 풍족하게 주시고, 메추라기를 주시고, 낮에는 구름기둥으로 시원하게 하시고, 밤에는 불기둥으로 따뜻하게 해 주셨습니다.

그러나 이스라엘 백성들은 그러한 하나님의 인도하심과 보호하심, 은혜에도 불구하고 광야에서의 시험을 극복하지 못하여 하나님과 모세를 대적하고 원망합니다. 그들은 40일이면 들어갈 수 있는 가나안 땅을 들어가지 못하고 40년간 광야에서 방황하다가 출애굽 1세대가 다 죽은 후에야 겨우 가나안 땅으로 들어가게 됩니다. 그리고 40년간의 광야 생활을 끝내고 가나안 땅으로 들어가기 직전에, 모세가 이스라엘 백성들에게 이야기를 들려줍니다. 바로 신명기 내용입니다. 신명기 8장 1-3절입니다.

> 1 "너희는 오늘 내가 너희에게 명하는 모든 명령을 잘 지켜라. 그러면 너희가 살아서 번성할 것이며, 주께서 너희 조상에게 약속하신 땅에 들어가서 그 땅을 차지할 것이다. 2 너희가 광야를 지나온 사십 년 동안, 주 너희

의 하나님이 너희를 어떻게 인도하셨는지를 기억하여라. 그렇게 오랫동안 너희를 광야에 머물게 하신 것은, 너희를 단련시키고 시험하셔서, 너희가 하나님의 계명을 지키는지 안 지키는지, 너희의 마음 속을 알아보려는 것이었다. 3 주께서 너희를 낮추시고 굶기시다가, 너희도 알지 못하고 너희의 조상도 알지 못하는 만나를 먹이셨는데, 이것은 사람이 먹는 것으로만 사는 것이 아니라, 주의 입에서 나오는 모든 말씀으로 산다는 것을, 너희에게 알려 주시려는 것이었다." (신 8:1-3절)

광야 생활 40년 후에 모세가 이스라엘 백성들에게 그 40년간의 광야 생활의 의미가 무엇인지를 설명합니다. 그는 "사람이 먹는 것으로만 사는 것이 아니라 주의 입에서 나오는 모든 말씀으로 산다는 것"을 알려 주고자 하였습니다. 그러나 이스라엘 백성들은 사람이 먹는 것으로만 사는 것이 아니라 하나님의 입에서 나오는 모든 말씀으로 사는 삶에 실패합니다.

다시 예수님의 광야 생활을 생각해 보십시오. 예수님도 이스라엘 백성들과 마찬가지로 광야에서 시험을 당합니다. 며칠간 시험을 당하죠? 40일간 당합니다. 이 숫자는 이스라엘 백성들의 40년 광야 생활을 상징해 주는 숫자입니다. 마태복음에 의하면 예수님은 40일간 광야에서 아무것도 먹지도 마시지도 않았다고 합니다. 광야에서 먹을 것을 공급 받았던 이스라엘 백성과는 대조적인 모습이지요. 그리고 그 40일간의 시험에서 예수님이 어떻게 승리합니까? 하나님의 말씀으로 승리합니다. 예수님이 사탄의 시험을 이기면서 인용한 말씀은 모두 신명기 말씀입니다. 이는 이스라엘 백성들이 40년간의 광야 여정을 마치고 광야 생활의 경험을 반추하며 모세를 통해 들었던 하나님의 말씀입니다. 마태복음 4장 1-11절입니다.

1 그 즈음에 예수께서 성령에 이끌려, 광야로 가셔서, 악마에게 시험을 받으셨다. 2 예수께서 밤낮 사십 일을 금식하시니, 시장하셨다. 3 그런데, 시험하는 자가 와서, 예수께 말하였다. "네가 하나님의 아들이거든, 이 돌들에게 빵이 되라고 말해 보아라." 4 예수께서 대답하셨다. "성경에 기록하기를 '사람이 빵으로만 살 것이 아니라, 하나님의 입에서 나오는 모든 말씀으로 살 것이다' 하였다." 5 그 때에 악마는 예수를 그 거룩한 도성으로 데리고 가서, 성전 꼭대기에 세우고 6 말하였다. "네가 하나님의 아들이거든, 여기에서 뛰어내려 보아라. 성경에 기록하기를 '하나님이 너를 위하여 자기 천사들에게 명하실 것이다.' '그들이 손으로 너를 떠받쳐, 너의 발이 돌에 부딪치지 않게 할 것이다.' 하였다." 7 예수께서는 악마에게 말씀하셨다. "또 성경에 기록하기를 '주 너의 하나님을 시험하지 말아라' 하였다." 8 또다시 악마는 예수를 매우 높은 산으로 데리고 가서, 세상의 모든 나라와 그 영광을 보여 주며, 9 그에게 말하였다. "네가 나에게 엎드려서 절을 하면, 이 모든 것을 네게 주겠다." 10 그 때에 예수께서 말씀하셨다. "사탄아, 물러가라. 성경에 기록하기를 '주 너의 하나님께 경배하고, 그분만을 섬겨라' 하였다." 11 이 때에 악마는 떠나가고, 천사들이 와서 예수의 시중을 들었다. (마 4:1-11절)

이 시험이 보여 주는 것처럼 예수님은 광야에서의 삶을 통해 사람이 빵으로만 사는 것이 아니라 하나님의 말씀으로 산다는 것을 몸소 증거해 주십니다. 즉 예수 그리스도는 세상의 권세와 부, 지위를 가지고 이기는 것이 아니라 오직 하나님의 말씀으로 이기십니다. 철저하게 주의 말씀으로 광야에서 벌어진 악마의 시험을 이기십니다. 그렇다면 이러한 사실이 우리와 어떤 관련이 있습니까?

모세에게 속하여 홍해에서 세례를 받고, 광야에서 시험을 당한 이스라엘 백성들은 실패했습니다. 그러나 예수 그리스도는 승리하셨습니다. 그 시험을 이기셨습니다. 그리고 우리 신자들은 모세에게 속한 것이 아니라 예수 그리스도에게 속한 자들입니다. 고린도후서 3장 7-11절에서는 모세와 예수 그리스도의 차이를 이렇게 설명합니다.

> **7** 돌판에다가 문자로 새긴 율법을 선포할 때에도, 빛이 났습니다. 그래서 이스라엘 자손은, 비록 곧 사라질 광채이기는 하지만, 모세의 얼굴에 나타난 그 광채 때문에, 그의 얼굴을 똑바로 쳐다볼 수 없었습니다. 죽음에 이르게 하는 직분에도 이러한 영광이 따랐는데, **8** 하물며 성령의 직분에는, 더욱더 영광이 넘치지 않겠습니까? **9** 정죄를 선고하는 직분에도 영광이 있었으니, 의의 직분은 더욱더 영광이 넘칠 것입니다. **10** 참으로 이 경우에 이제까지 영광으로 빛나던 것이, 이제 훨씬 더 빛나는 영광이 나타났으므로, 그 빛을 잃게 되었다고 하겠습니다. **11** 잠시 있다가 사라져 버릴 것도 영광을 입었으면, 길이 남을 것은 더욱 영광 속에 있을 것입니다.(고후 3:7-11절)

우리가 지금 누구의 소유로 들어가 있습니까? 우리가 어디에 속하여 있습니까? 모세가 아니라 예수 그리스도에게 속하여 있습니다. 우리는 지난주 설교에서 예수 그리스도가 세례를 받으셨을 때 홀로 받으신 것이 아니라 우리와 연합하여 받으셨음을 확인했습니다. 예수 그리스도와 우리는 운명공동체입니다. 기억나시죠? 그렇다면 예수님이 세례를 받자마자 성령에 이끌려 광야로 들어가셨을 때, 예수님 홀로 광야에 들어가셨습니까? 그렇지 않죠. 우리와 같이 들어가신 것입니다. 그리고 승리하셨습니다. 우리도 승리한 것입니다. 이것이 신자의 존재론적 위치입니다.

그렇다면 우리가 세례로 말미암아 예수 그리스도와 연합되었고, 예수 그리스도께서 광야의 삶을 사셨다면 우리의 삶의 현장은 어디겠습니까? 광야입니다. 먹을 것과 마실 것이 없고, 곳곳에 위험이 도사리고 있으며, 어려움과 고난이 가득 차 있는 곳이 광야입니다. 우리가 예수 그리스도와 더불어 세례를 받자마자 이 고난이 가득한 광야로 들어가는 것입니다. 누가 이 광야로 인도합니까? 이 고난과 어려움의 현장으로 사탄이 내몹니까? 아니죠. 우리가 잘못한 대가로, 우리를 벌주기 위해서 이 광야로 내모는 것입니까? 그렇지 않습니다. 성령께서, 하나님께서 우리를 예수 그리스도와 더불어 이 광야로 인도하시는 것입니다. 왜 하나님이 광야로 인도하십니까? 애굽으로 돌아가지 못하게 하려고 광야로 인도하시는 것입니다. 우리를 보호하시고, 우리를 살리시고, 우리를 온전하게 하시려고 광야로 인도하시는 것입니다. 우리를 괴롭히고 벌주기 위해서 광야로 이끄시는 것이 아닙니다. 오히려 우리를 광야의 삶으로 내모는 것 자체가 하나님의 축복입니다.

신명기에서는 이러한 광야의 삶을 무엇이라고 하는 줄 아십니까? 우리를 훈련시키시려고 광야로 인도하신다고 하셨습니다. 하나님을 의지하는 것이 무엇인지, 또 하나님을 사랑하고 그분의 말씀으로 산다는 것이 무엇인지, 동시에 이 세상 사람들이 생존하기 위해 구하고, 집착하고, 얻으려고 애쓰는 것들이 정작 우리의 생존에 불필요하며, 오직 하나님의 말씀만이 우리를 존재케 한다는 것을 가르치시는 것입니다. 그러므로 신자의 삶은 광야의 삶입니다. 하나님이 예수 그리스도와 더불어 세례를 받은 우리들을 광야로 인도하는 것입니다. 이 광야의 삶을 통해서 하나님이 우리를 당신만 의지하게끔, 하나님 당신만 사랑하게끔, 하나님의 말씀으로만 살게끔 우리를 훈련시키시고 가르치시는 것입니다. 그러므로 신자들에게 어려움이 생기는 것은 너무도 당연한 것입니다. 예수를 믿으면 만사형통하지 않습니다. 오히려 예수를 믿으면 —즉 예수 그리스도와 더불어 세례를 받으면— 어려움이 더더욱 생기는 법입니다. 그리고 그러한 어려움과 고난을 통해서 우리는 하나님을 의지하게 되고, 하나님을 찾게 됩니다. 결국 그러한 고난과 어려움이 우리의 생존을 좌우하는 것이 아니라 하나님 말씀에 대한 순종만이 우리를 살게 한다는 것을 배우게 됩니다.

삶이 편안한 사람은 하나님을 결코 찾지 않습니다. 등 따뜻하고 배부르면 죄 지을 생각만 하지, 하나님을 찾는 경우는 거의 없습니다. 우리가 하나님을 찾을 때는 고난이 많고 삶이 어려울 때입니다. 간절한 기도가 나올 때는 삶이 편안할 때가 아닙니다. 어렵고 힘겨울 때 눈물 흘려 기도하는 법입니다. 힘들고 어려울 때 자신을 진지하게 돌아보고, 하나님께 부르짖고, 기도하게 됩니다. 여러분의 신앙을 한번 돌아보십시오. 언제 하나님께 간절하게 부르짖었는가? 어느 시절에 하나님을 찾았는가? 눈물을 흘리면서 간절하게 하나님을 찾을 때가 언제였는지를 생각해 보십시오. 어려울 때가 아닙니까? 고난 중에 있을 때, 환난 중에 있을 때입니다. 그러기에 하나님이 우리에게 어려움과 고난을, 이 광야의 삶을 적극적으로 허락하시고 그러한 삶으로 내모는 것입니다. 그렇다고 광야의 삶이 우리를 망하게 합니까? 우리를 애굽으로 다시 돌아가게 할 정도로 극심한 것입니까? 광야에서 당한 시험이 도저히 감당치 못할 시험입니까? 그렇지 않다고 합니다. 고린도전서 10장 1-13절입니다.

> 1 형제자매 여러분, 나는 여러분이 이 사실을 알고 지내기를 바랍니다. 우리 조상들은 모두 구름의 보호 아래에 있었고, 바다 가운데를 지나갔습니

다. **2** 이렇게 그들은 모두 구름과 바다 속에서 세례를 받아, 모세에게 속하게 되었습니다. **3** 그들은 모두 똑같은 신령한 음식을 먹고, **4** 그들은 모두 똑같은 신령한 물을 마셨습니다. 그들의 동반자인 신령한 바위로부터 물을 마신 것입니다. 그 바위는 그리스도였습니다. **5** 그러나 하나님께서는 그들 모두를 두고 기뻐하지 않으셨습니다. 그들은 광야에서 멸망하고 말았습니다. **6** 이 사건들은, 우리가 우리 조상들이 악을 좋아한 것과 같이 악을 좋아하는 사람이 되지 않게 하려고, 우리에게 본보기가 되었습니다. **7** 여러분은, 그들 가운데 어떤 이들과 같이, 우상 숭배자가 되지 마십시오. 성경에 기록하기를 "백성들이 앉아서 먹고 마셨으며, 일어서서 춤을 추었다." 하였습니다. **8** 우리는, 그들 가운데 어떤 이들이 간음한 것과 같이 간음하지 마십시다. 그들은 하루에 이만 삼천 명이나 죽어 넘어졌습니다. **9** 우리는, 그들 가운데 어떤 이들이 시험한 것과 같이 그리스도를 시험하지 마십시다. 그들은 뱀한테 물려서 죽었습니다. **10** 여러분은, 그들 가운데 어떤 이들이 불평한 것과 같이 불평하지 마십시오. 그들은 파멸시키는 이에게 멸망을 당하였습니다. **11** 이런 일들이 그들에게 일어난 것은, 본보기가 되게 하려는 것이며, 그것들이 기록된 것은 말세를 만난 우리에게 경고가 되게 하려는 것입니다. **12** 그러므로 서 있다고 생각하는 사람은 넘어지지 않도록 조심하십시오. **13** 사람이 흔히 겪는 시련 말고는, 여러분에게 덮친 시련이 없습니다. 하나님은 신실하십니다. 그분은, 여러분이 감당할 수 있는 능력 이상으로 시련을 겪는 것을 허락하지 않으십니다. 그분은 시련과 함께 벗어날 길도 마련하여 주셔서, 여러분이 그 시련을 견디어 낼 수 있게 하십니다. (고전 10:1-13절)

12-13절에 보면 "사람이 흔히 겪는 시련 말고는 우리에게 덮친 시련이 없다"고 합니다. 하나님은 신실하시기에 우리가 "감당할 수 있는 능

력 이상으로 시련을 겪는 것을 허락하지 않는다"고 합니다. 우리의 고통
을 즐기시는 분이 아닙니다. 더구나 하나님은 시련과 함께 벗어날 길도
마련하여 주시므로, 그 시련을 우리가 충분히 견뎌 내게 하신다고 합니
다. 이 구절은 이스라엘 백성들이 광야 생활 중에 시험 당하며 넘어진 것
을 이야기하면서 언급된 것입니다. 즉 이스라엘 백성들이 광야에서 당한
시험은 그들이 감당할 만한 시험이었으며, 그 또한 하나님이 피할 길도
주신 시험이라는 것이지요. 사도 바울은 광야에서 이스라엘 백성이 당한
시험을 고린도 교우들에게 적용하면서, 지금 당하는 고난과 환난, 그리고
어려움이 도저히 감당하지 못하여 쓰러지고, 넘어지고 망할 정도의 무게
를 지닌 것이 아니라고 이야기합니다.

현재 여러분에게 있는 어려움과 고난은 무엇입니까? 집안이 경제적
으로 궁핍하거나 가족이 화목하지 못하여 혹은 직장을 구하지 못한 것
이 고난일 수 있습니다. 장래에 대한 불안감에 시달리거나 가족 중에 아
픈 사람들이 있다면 이러저런 어려움으로 막막하고 답답하고 힘들 것입
니다. 저도 교회를 생각하면 답답하고 막막합니다. 하나님이 이 교회를
어찌 이끄실 것인가, 이 교회에 정말 소망이 있는가 등의 불안함이 있고,
저 자신에 대한 불안함도 상당합니다. 제가 여러분 앞에서 아무 표현을
하지 않아서 그렇지, 사실 복잡한 마음이 있고 교회의 지도자로서 불안
이 심한 것도 사실입니다. 그런데 이러한 어려움과 고난이 우리를 어디
로 몰고 갑니까? 이 막막함과 답답함, 해답이 보이지 않는 이 막연한 상
황이 우리를 어디로 인도합니까? 하나님께 무릎을 꿇게 하지 않습니까?
하나님을 찾지 않습니까? 결국 하나님 앞에 무릎을 꿇게 되더라는 것이
지요. 이런 과정을 통해서 우리는 드디어 '하나님 한 분만이 내 인생의 주
인이시구나, 내 삶의 책임자이시구나, 하나님이 나를 망하게 하지 않으시

구나'라는 것을 알게 되는 것입니다. 세상을 빵으로만 사는 것이 아니라 하나님의 입에서 나오는 말씀으로 산다는 것을 경험하게 되는 것입니다. 그 고난은 결단코 우리를 망하게 하지 않습니다.

마가는 광야에 거하시는 예수님을 묘사하면서 이런 표현을 합니다. 예수님이 '들짐승들'과 함께 계셨다고 말이지요. 광야에서 들짐승은 사람을 해치는 존재입니다. 그런데 그러한 들짐승이 예수님을 해하는 것이 아니라 오히려 예수와 함께 있습니다. 이것은 들짐승으로 상징되는, 즉 우리의 삶을 해치고, 파괴하고, 어지럽히는 고난과 어려움이 여전히 우리 곁에 있지만 이것이 우리를 해치지 못한다는 것이지요. 오히려 천사가 시중을 들면서 보호한다고 합니다. 세상에서도 사람은 고생한 만큼 자란다는 이야기를 합니다. 젊어 고생은 사서도 한다는 말도 있습니다. 괴테가 한 말을 기억하십니까? "눈물 젖은 빵을 먹어 보지 않은 자는 인생을 논하지 말라." 우리는 눈물 젖은 빵 정도이겠습니까? 사람에게 있어서 고생을 모른다는 것은 수치이며 모독입니다.

그렇다면 우리 신앙의 초점은 무엇이 되어야 합니까? 어떻게 해서든 이 광야 같은 삶을 탈출하여 어서 가나안으로 가야 하는 것이 우리 신앙의 초점입니까? 아니면 이 광야 생활을 하나님의 말씀으로 어떻게 살 것인지를 고민하고 실천하는 것이 우리 신앙의 모습이어야 합니까? 많은 신자는 광야의 삶을 어서 속히 탈출해야 할 것으로 알고 있습니다. 광야의 삶을 사탄이 이끈 것으로 여깁니다. 그래서 하나님께 기도하고 울부짖는 내용들 대부분이 이 광야의 삶에서 탈출하는 것 아닙니까? 사업의 번창, 가정의 화목, 안정된 직업, 물질적 풍요로움 등 이것이 우리의 목표가 되었습니다. 그러나 이것은 아닙니다. 우리의 신앙을 하나님이 주신 광야의 삶을 탈출하는 것에 두지 말아야 합니다.

예수를 믿으면 이 광야의 현장을 벗어날 수 있고, 예수를 믿으면 모든 것이 만사형통하고, 돈도 잘 벌고, 사회적 지위도 높아간다고 생각합니다. 아무 고난도 없고, 항상 건강하고, 아무 어려움도 없다는 가르침은 거짓된 가르침입니다. 그런 가르침에 속지 마셔야 합니다. 여러분이 하나님의 자녀이기 때문에, 하나님이 당신의 아들을 온전케 하기 위해서 이 광야의 삶으로 우리를 친히 내몰았다는 것을 잊지 말아야 합니다. 히브리서 5장 7-10절입니다.

> **7** 예수께서는 인간으로 세상에 계실 때에, 자기를 죽음에서 구원하실 수 있는 분께, 큰 부르짖음과 많은 눈물로써 기도와 탄원을 올리셨습니다. 하나님께서는 예수의 경외심을 보시고서, 그 간구를 들어주셨습니다. 그의 경외하는 마음 때문에, 하나님께서 그의 간구를 들어주심을 얻었습니다. **8** 그는 아드님이시지만 고난을 당하심으로써 복종을 배우셨습니다. **9** 그리고 완전하게 되신 뒤에, 자기에게 복종하는 모든 사람에게 영원한 구원의 근원이 되시고, **10** 하나님께로부터 멜기세덱의 서열을 따라서 대제사장으로 임명을 받으셨습니다.(히 5:7-10절)

예수 그리스도가 고난을 당하셨습니다. 그 고난으로 인해 예수 그리스도가 하나님께 부르짖었습니다. 자기를 죽음에서 구원할 수 있는 분께 큰 부르짖음과 많은 눈물로써 기도와 탄원을 올리셨다고 합니다. 그리고 예수님이 당하신 고난, 즉 광야의 삶을 통하여 복종을 배우시고, 완전하게 되셨다고 합니다. 이 광야의 삶을 통하여 예수 그리스도가 완전하게 되었다고 합니다.

예수 그리스도도 이러하셨는데, 하물며 우리는 어떻겠습니까? 여러분! 여러분이 당하는 고난과 어려움이 여러분을 하나님의 훌륭한 자녀로 만들 것입니다. 그러므로 지금 당하는 고난과 어려움을 불평하고 원망하지 마십시오. 그 고난에서 탈출하는 것으로 신앙의 목표를 삼지 마십시오. 그 고난이 예수 그리스도를 완전하게 하신 것처럼 고난을 통해서 복종하는 것을 배우십시오. 오직 하나님의 말씀으로 사는 것을 예수 그리스도가 배우신 것처럼 여러분도 그렇게 하셔야 합니다. 이것이 우리의 방향입니다.

하나님 나라이신 예수 그리스도 —————— 막 1:14-15

14 요한이 잡힌 뒤에, 예수께서 갈릴리에 오셔서, 하나님의 복음을 선포하셨다. 15 "때가 찼다. 하나님의 나라가 가까이 왔다. 회개하여라. 복음을 믿어라."

마가는 예수님 사역의 시작을 '요한이 잡힌 뒤'라고 이야기함으로써 예수님의 사역이 새로운 시대를 여는, 새로운 시대의 도래를 알리는 것임을 분명히 합니다. 세례 요한의 사역과 예수님의 사역은 근본적인 차이가 있습니다. 요한 자신은 그것을 어떻게 표현했느냐면 "나는 물로 세례를 주지만 내 뒤에 오시는 분은 성령으로 세례를 주실 것입니다. 나는 그의 종이라고 불리는 것조차 감당할 수 없습니다"라고 이야기했습니다. 세례 요한을 포함한 구약의 질서에 속하는 백성들, 선지자들이 기다린 것은 무엇입니까? 그것은 하나님의 통치가 이 땅에 가시적으로 드러나는 것이었습니다. 하나님이 이스라엘 백성을 친히 다스리시고, 그 통치가 이 땅에 가시적으로 드러나 하나님 나라가 도래하는 것, 이것이 세례 요한을 포함한 구약 백성들이 그토록 소망하던 신앙이었습니다. 이사야 선지자는 바벨론에 포로로 잡혀간 이스라엘의 회복을 언급하면서 하나님 나라에 대해 이렇게 이야기합니다. 이사야 52장 1-7절을 보겠습니다.

1 너 시온아, 깨어라, 깨어라! 힘을 내어라. 거룩한 성 예루살렘아, 아름다운 옷을 입어라. 이제 다시는 할례받지 않은 자와 부정한 자가 너에게로 들어와 끼지 못할 것이다. **2** 예루살렘아, 먼지를 털고 일어나서 보좌에 앉아라. 포로된 딸 시온아, 너의 목에서 사슬을 풀어 내어라. **3** 주께서 말씀하신다. "너희가 값없이 팔려 갔으니, 돈을 내지 않고 속량될 것이다." **4** 주 하나님께서 말씀하신다. "나의 백성이 일찍이 이집트로 내려가서, 거기에서 머물러 살려고 하였으나, 앗시리아가 까닭없이 그들을 억압하였다." **5** 주께서 말씀하신다. "여기 바빌로니아에서도 똑같은 일이 일어났다. 나의 백성이 까닭도 없이 여기로 사로잡혀 왔고, 지배자들은 그들을 조롱한다. 날마다 쉬지 않고 나의 이름을 모독하고 있으니, 지금 내가 무슨 일을 하여야 하겠느냐?" 주께서 하신 말씀이다. **6** "반드시 나의 백성이 나의 이름을 알게 될 것이다. 그 날이 오면, 반드시 나의 백성은 내가 하나님이라는 것과 내가 그들에게 말한 하나님이었다는 것을 알게 될 것이다." **7** 놀랍고도 반가워라. 희소식을 전하려고 산을 넘어 달려오는 저 발이여! 평화가 왔다고 외치며, 복된 희소식을 전하는구나. 구원이 이르렀다고 선포하면서, 시온을 보고 이르기를 "너의 하나님께서 통치하신다" 하는구나. (사 52:1-7절)

놀랍고도 반가운 소식, 구원의 복된 소식, 기쁨의 소식이 무엇입니까? "너의 하나님께서 통치하신다"입니다. 세례 요한은 이러한 하나님의 통치하심을 기다린 마지막 세대에 속한 인물입니다. 그리고 그 세대가 끝난 후에 그들이 기다리고 소망했던 일이 지금 성취되고 있습니다. 누구로 말미암아요? 예수 그리스도로 말미암아 그들의 소망과 기다림, 하나님이 그들에게 주셨던 약속들이 성취되는 것입니다. 즉 예수 그리스도로 말미암아 하나님의 통치하심, 하나님의 나라가 시작되는 것입니다. 그래서 마가는 예수 그리스도의 사역이 '요한이 잡힌 뒤에' 갈릴리에서 시작되었다고 이야기하는 것입니다. 예수 그리스도께서 요한이 잡힌 뒤에 갈릴리에 오셔서 하나님의 복음을 선포하셨습니다. 예수 그리스도가 선포한 복음은 "때가 찼다. 하나님의 나라가 가까이 왔다. 회개하여라. 복음을 믿어라"입니다. 마가는 네 개의 문장으로 예수 그리스도가 선포한 복음을 요약합니다. "때가 찼다", "하나님의 나라가 가까이 왔다", "회개하여라", "복음을 믿어라"입니다. "때가 찼다"는 것은 이제 하나님이 그동안 예비해 두신, 구약의 선지자들이 예언하고 구약의 백성들이 소망했던 약속이 드디어 이루어지는, 성취되는 때가 바로 지금이라는 것입니다. 그렇다면 그 약속, 그 성취가 무엇일까요? 갈라디아서 4장 3-5절입니다.

> **3** 이와 같이, 우리도 어릴 때에는, 세상의 유치한 교훈 아래서 종노릇을 하였습니다. **4** 그러나 기한이 찼을 때에, 하나님께서는 당신의 아들을 보내셔서, 여인에게서 나게 하시고, 또한 율법 아래 놓이게 하셨습니다. **5** 그 것은 율법 아래 있는 사람들을 속량하시고, 우리로 하여금 자녀의 자격을 얻게 하시려는 것이었습니다. (갈 4:3-5절)

바울은 하나님께서 예수 그리스도를 이 땅에 보내신 것에 대해 '기한이 찼을 때', 즉 '때가 찼을 때'에 보내신 것이라고 합니다. 그러므로 "때가 찼다"는 것은 하나님께서 예수 그리스도를 통해 하나님 당신의 통치하심을, 하나님 나라를 가시적으로 드러낼 시기가 되었음을 뜻합니다. 로마서 1장 2-5절입니다.

> **2** 이 복음은 하나님께서 예언자들을 시켜서 성경에 미리 약속하신 것으로 **3** 당신의 아들을 두고 하신 말씀입니다. 이 아들로 말하면, 육신으로는

다윗의 자손으로 나셨으며, **4** 거룩한 영으로는 죽은 사람들 가운데서 부활하심으로, 권능으로 하나님의 아들로 확정되셨으니, 곧 우리 주 예수 그리스도이십니다. **5** 우리는, 그 이름을 전하여 모든 이방 사람으로 하여금 믿어서 순종하게 하려고, 그를 통하여 은혜와 사도의 직분을 받았습니다. (롬 1:2-5절)

사도 바울은 복음을 '예수 그리스도'로 설명합니다. 그런데 이 예수 그리스도를 어떻게 설명하느냐면 하나님께서 예언자들을 시켜서 성경에 미리 약속하신 것이라고 이야기합니다. 그리고 5절에서는 예수 그리스도를 전파하여 모든 이방 사람으로 하여금 믿어서 순종하게 한다고 합니다. '순종'은 '통치', '다스림'과 한 쌍을 이루는 단어입니다. 즉 복음으로 말미암아 우리에게 이루어지는 것은 순종, 곧 하나님의 통치를 받는 것, 하나님의 다스리심을 받아들이게 된다는 것입니다. 그래서 "때가 찼다" 다음에 무엇이 자연스레 나오느냐면 '하나님의 나라'가 나오는 것입니다. "하나님의 나라가 가까이 왔다." 이것이 예수님이 전한 하나님 복음의 두 번째 내용입니다.

'하나님의 나라'에서 핵심이 무엇입니까? '통치'입니다. '하나님의 주권', '하나님의 다스리심', '하나님의 통치'가 하나님 나라의 핵심적 개념입니다. 그러니까 '하나님 나라'는 '하나님의 통치'로 바꾸어도 그 의미가 전혀 달라지지 않습니다. "하나님의 나라가 가까이 왔다"라는 말은 곧 '하나님의 통치가 가까이 왔다'라는 말이지요. 그렇다면 이 하나님의 나라, 하나님의 통치가 가까이 왔는데, 그 통치를 받아야 할 사람들이 마땅히 보여야 할 반응이 무엇입니까? '회개'해야 한다는 것입니다. 그래서 복음의 세 번째 내용이 "회개하여라"입니다. 왜 회개해야 하는가? 하나님 나라, 하나님의 통치를 받기 위해서 회개해야 한다는 것입니다. 즉 지금까지의 삶의 방식으로는 결단코 하나님의 통치를 받을 수 없다는 것, 하나님 나라를 받아들일 수 없다는 것이지요. 자기중심적이고, 이기적이고, 자신의 욕심과 야망, 그리고 꿈을 이루기 위해 하나님도 수단으로 이용하는 삶의 방식에서 벗어나야 합니다. 세상의 삶의 방식이 잘못되었음을 인정하고 그 삶에서 돌이키는 것을 회개라고 합니다. 회개는 단순히 후회하는 정도가 아닙니다. 내 죄에 대해 애통하는 정도가 아닙니다. 돌이키는 것입니다. '지금까지 살아 온 삶의 방식이 참으로 잘못되었구나!' 하고 인정하는 것, 그리고 그 길에서 돌이키는 것이 회개입니다. 그렇게 돌이킨 후에, 즉 회개한 후에 무엇을 해야 합니까? 여기서 '믿음'이 등장하는 것입니다. "복음을 믿어라" 이것이 예수 그리스도가 전한 하나님 복음의 네 번째 내용입니다.

돌이키는 것, 회개하는 것으로 그치는 것이 아니라 믿어야 합니다. 여기에서 '믿는다'는 것은 "내가 믿지요. 뭐 그 정도 못 믿겠어요?" 식의 지적인 동의만을 말하지 않습니다. 여기서 믿음은 '전적인 순종'을 이야기합니다. 하나님의 통치를 전적으로 받아들이는 것, 하나님의 다스림에 대해 전적으로 순복하는 것을 '믿음'이라고 표현하는 것입니다. 그러므로 믿음 이전에 반드시 선행되어야 하는 것이 무엇이냐 하면 '회개'입니다. 즉 믿고 나서 회개하는 것이 아니라고요. 우리가 '믿음'을 단순히 지적인 동의, 고백 정도로만 생각한다면 믿음이란 회개 전에 벌어지는 일일 것입니다. 그러나 지금 예수님의 말씀대로(막 1:15) 하나님 나라의 복음에서 '믿음'은 전적인 순종, 하나님의 통치를 받아들이고 하나님의 통치 방식, 가르침대로 사는 것입니다. 이것이 곧 복음을 믿는 것입니다.

이 논리적 순서가 이해가 되십니까? "때가 찼다, 하나님의 나라가 가까이 왔다, 회개하여라, 복음을 믿어라." 우리는 보통 믿고 나서 회개하고, 회개하고 나서 이 하나님 나라에 대해서 배우잖아요. 그렇지 않다는 것입니다. 우리가 회개하려면 사전에 무엇이 필요한 거죠? 우리의 삶이 얼마나 잘못되었는지를 인식해야 합니다. 그 인식은 "하나님의 나라가 가까이 왔다"라는 말씀을 통해 하게 됩니다. 말씀에 담긴 복음이 우리의 삶이 얼마나 잘못되었는지를 깨우쳐 주는 것입니다. 그러므로 회개하기 전에 무엇이 먼저 필요하냐면 '하나님 나라'에 대한, '하나님의 통치하심'에 대한 이해가 있어야 합니다. 그것을 제대로 알아야 현재의 우리 삶이 얼마나 잘못되었는지를 깨닫고, 그 잘못된 삶을 돌이키는 회개를 하게 되는 것이지요. 그렇게 회개하고 나서는—우리의 죄악된 삶을 돌이키고 나서는— 하나님의 통치를 받아야 하는 것입니다. 그게 믿음이고, 또 복음을 믿는 것입니다.

마가복음에서 복음을 받아들이는 과정은 예수님과 제자들의 관계에서 잘 드러납니다. 예수님은 제자들을 부르시고, 그들에게 하나님 나라를 가르치십니다. 그 가르침을 수용하고 따라야 할 제자들은 예수님과 갈등을 빚습니다. 제자들은 예수님의 가르침을 받아들이지 않고, 끝까지 자신들의 욕심을 관철하려 합니다. 그들은 예수님의 제자임에도, 하나님 나라를 배웠음에도 회개하지 않습니다. 그러나 이러한 완고함은 예수님이 십자가 죽음에 이르기까지 보여 주신 순종으로 즉 예수님이 하나님 나라의 정수를 십자가에서 보여 줌으로써 깨지고 맙니다. 비로소 제자들이 예수님이 가르친, 삶으로 보여 주신 하나님 나라를 희미하게나마 이해하고 받아들이기 시작합니다. 그제야 제자들은 자신들의 삶을 회개하고 하나님 나라를 믿습니다. 즉 하나님 나라의 가르침에 전적으로 순종하기 시작하는 것이지요.

이제 살펴볼 내용은 이것입니다. 예수님이 전한 하나님 복음의 핵심은 "하나님의 나라가 가까이 왔다"입니다. '하나님의 통치', '하나님의 다스리심'이 가까이 왔다.' 이것이 예수님이 전한 복음의 핵심 메시지입니다. 그럼 이 하나님 나라가 어떤 방식으로 왔습니까? 하나님의 통치, 하나님의 다스리심이 어떤 방식으로 가까이 왔을까요? 지금 예수님이 하나님의 복음을 전합니다. "하나님의 나라가 가까이 왔다." "그동안 너희들이 그토록 기다리던, 구약의 백성들과 예언자들이 소망했던 하나님의 통치, 하나님의 다스림, 하나님의 나라가 가까이 왔다." 그러므로 "회개하고 복음을 믿어라"라고 선포했습니다. 그렇다면 이 하나님의 나라, 통치가 가까이 왔음을 어떻게 알 수 있으며, 어떻게 경험할 수 있습니까? 보이지도 않는 하나님 나라, 하나님의 통치를 어떻게 알고 어떻게 느낄 수 있습니까? 바로 이 물음에 예수 그리스도가 계시는 것입니다. 하나님 나라, 하나님의 통치가 어떻게 가까이 왔느냐면 '예수 그리스도'를 통해서 가까이 온 것입니다. 하나님 나라, 하나님의 통치가 '예수 그리스도'를 통해서 드러나는 것입니다. 그러므로 예수 그리스도가 곧 하나님 나라입니다. 하나님 나라가 무엇인가? 하나님의 통치가 무엇인가? 예수 그리스도라는 것입니다.

우리는 하나님 나라가 어떤 방식으로 임하고, 또 하나님의 통치가 어떻게 이 땅에 이루어지는지 모릅니다. 그러나 예수 그리스도를 통해서 우리는 하나님 나라가 이 땅에 임하는 방식을 알 수 있고, 예수 그리스도의 사역과 삶을 통해서 하나님의 통치 방식을 알 수 있습니다. 예수 그리스도가 하나님의 다스리심과 통치하심을 온전하게, 순전하게 보여주는 것입니다. 그의 가르침과 삶을 통해서요. 당시 유대인들이 기다린 하나님 나라, 하나님의 통치 개념은 무엇입니까? 정치적·군사적인 왕의 통치였습니다. 물리적인 힘을 과시하고, 폭력적인 권세를 휘두르며 드러내는 다스림, 통치를 그들은 원했습니다. 그러나 예수님이 말씀과 삶을 통해서 우리에게 보여 주신 하나님의 다스리심, 통치하심은 정치적·군사적인 지배와 통치를 전적으로 배제하는 것입니다. 예수님은 섬기러 오셨고, 종이 되고자 하셨고, 원수를 사랑하셨고, 이웃을 내 몸처럼 사랑하라고 가르치셨습니다. 또한 목자가 없어 떠도는 백성들을 보며 슬퍼하시고, 굶주린 백성들을 외면하지 않으시며 이 세상의 권세, 악한 영의 세력에 짓눌린 사람들을 해방시키셨습니다. 세상의 종노릇한 그들을 참된 진리로 자유롭게 하셨습니다.

예수님은 세상 사람들이 원하는 으뜸이 되지 말라고 가르치셨습니다. 오히려 꼴찌가 되어 모든 사람을 섬기라고 가르치셨습니다. 세상 사람들은 모두 상석을 차지하기에 바쁘고, 칭찬 듣기에 바쁘고, 올라서기에 바쁘다, 그들 자신이 올라서기 위해서 남을 죽이는 것은 예사로 여긴다, 곧 없어질 재물을 자신의 영혼보다 소중하게 여긴다, 너희들은 그런 사람이 되어서는 안 된다고 가르치셨고, 몸소 그렇게 사셨습니다. 이것이 바로 하나님 나라입니다. 하나님의 통치 방식입니다. 하나님이 지금 우리를 어떻게 다스리는가? 정치적·군사적인 힘의 방식으로 다스리지 않습니다. 하나님 나라는 정치적·군사적인 힘을 가진 모양으로 임하지 않았습니다. 만약에 하나님 나라의 통치가 정치적·군사적 모양으로 우리에게 임했다면 지금 우리가 이렇게 무사하겠습니까? 아니죠. 이미 우리는 다 죽고, 세상은 다 지옥에 떨어졌을 것입니다. 우리가 얼마나 하나님의 뜻대로 살지 않습니까? 하나님의 심판을 받아 마땅한 자들입니다. 그럼에도 불구하고 우리가 이렇게 존속하는 이유는 바로 하나님 나라가 은혜와 자비, 원수까지 사랑하는 방식으로 임했기 때문입니다. 심판의 모습이 아닌 구원의 모습으로 임했기에 아직 우리에게 회개할 기회, 하나님 나라를 받아들일 기회가 남아 있는 것입니다. 그러므로 우리는 어떻게 해야 합니까? 예수 그리스도로 말미암은 이 하나님 나라를, 하나님의 통치를 이 구원의 날에, 이 은혜의 날에 받아들여야 하는 것입니다. 하나님과 화해해야 합니다. 하나님의 통치를 받아야 합니다.

또 하나 알아야 할 사실은 이것입니다. 예수 그리스도 자체가 하나님 나라라는 것, 예수 그리스도의 삶 자체가 하나님의 통치하심을 드러낸다는 사실, 이것이 우리에게 주는 또 하나의 교훈입니다. 하나님의 통치가 어느 특정 부분에서만 이루어지는 것이 아니라 우리 삶의 전 영역에 걸쳐서 드러나야 한다는 것입니다. 예수 그리스도의 존재 자체가 하나님 나라입니다. 즉 그분의 인격, 삶, 그분의 모든 것이 하나님 나라, 하나님의 통치하심을 드러내는 것입니다. 그러므로 우리가 하나님 나라, 하나님의 통치하심을 받아들인다는 것은 종교적인 영역, 우리의 힘이 미치지 못하는 초월적인 영역, 우리 능력 밖의 그 어떤 큰일에서만 하나님의 통치, 다스리심이 드러나는 것이 아니라 우리의 아주 작은 일상사에서 하나님의 통치하심이 드러나야 합니다. 교회 생활, 말씀 묵상, 기도 생활에서만 하나님의 통치, 하나님 나라가 나타나는 것이 아니라 모든 면에서 ― 돈, 성적, 친구, 직장, 가족, 진로― 하나님 나라, 통치하심이 드러나야 하는 것입니다. 때로 우리는 일상사를 통해서 하나님 나라가 드러나야 한다는 가르침을 이렇게 오해합니다. 예를 들어, 어떤 직업을 가질지, 어느 학교에 갈지, 어떤 남자와 혹은 어떤 여자와 결혼할지, 어느 나라로 여행할지 등의 선택의 기로에서 하나님의 뜻을 구하고 결정을 내리는 것입니다. 이렇게 함으로써, 하나님 나라를 우리 삶 속에서 구현한다고 여깁니다. 또한 우리는 하나님의 뜻을 구하려고, 삶 속에서 하나님 나라가 드러나게 하려고 무엇에 집착하느냐면 어떤 종류의 일, 어떤 부류의 사람, 어떤 학교, 어떤 직장 등 개인과 집단을 선택하는 데에만 정신을 쏟습니다. 그런 자세가 전적으로 틀렸다고는 할 수 없지만 하나님 나라의 핵심은 그것이 아닙니다. 다시 말해 어느 직장에 가든, 어떤 사람을 만나든, 어느 학교에 가든 상관없이 예수 그리스도가 보여 주시고 가르쳐 주신 이 하나님 나라의 삶의 방식, 하나님이 자신을 통치하신다는 것을 가시적으로 드러내는 것이 핵심입니다.

삶의 전 영역에 걸쳐서, 우리가 물리적인 힘, 군사적인 힘, 권력을 행사여 남을 지배하고 업신여기며 억누르지 않는지를 돌아보아야 합니다. 내 이익을 관철하는 데에 내가 가진 힘을 사용하지 않는가, 내 욕망과 욕심을 채우려고 애쓰지 않는가, 그리고 나는 이 땅에서 혹시 심판자의 모습은 아닌가, 이것을 모든 영역에서 살펴보아야 합니다. 우리는 예수 그리스도가 보여준 하나님의 통치 방식, 하나님 나라의 방식을 삶의 전 영역에서 드러내야 합니다. 이것이 바로 예수 그리스도로 말미암아 우리에게 가까이 온 하나님 나라, 하나님의 통치가 우리에게 요구하는 바입니다. 그리고 이러한 요구 앞에서 우리는 마땅히 회개하고 복음을 믿어야 합니다. 즉 예수 그리스도를 통해 나타난 하나님의 통치 방식, 하나님 나라의 모습을 우리 자신의 존재를 통해서 드러내야 합니다. 예수 그리스도가 그랬던 것처럼.

이것이 예수를 믿는 신자들이 마땅히 갖고 있어야 할 내용이며, 예수를 믿는 신자라면 마땅히 드러내야 할 존재 방식입니다.

제자 됨의 의미 ———————————— 막 1:16-20

16 예수께서 갈릴리 바닷가를 지나가시다가, 시몬과 그의 동생 안드레가 바다에서 그물을 던지고 있는 것을 보셨다. 그들은 어부였다. 17 예수께서 그들에게 "나를 따라오너라. 내가 너희를 사람을 낚는 어부가 되게 하겠다"하고 말씀하셨다. 18 그들은 곧 그물을 버리고 예수를 따라갔다. 19 예수께서 조금 더 가시다가, 세베대의 아들 야고보와 그의 동생 요한이 배에서 그물을 깁고 있는 것을 보시고, 20 곧바로 그들을 부르셨다. 그들은 아버지 세베대를 일꾼들과 함께 배에 남겨 두고, 곧 예수를 따라갔다.

예수님이 갈릴리 바닷가를 지나가시다가 시몬과 안드레, 그리고 야고보와 요한을 부릅니다. 그들은 예수님의 부르심에 순종하여 예수님을 따라갑니다. 예수님이 이들을 부르면서 하신 말씀이 무엇이냐 하면 "나를 따라오너라. 내가 너희를 사람을 낚는 어부가 되게 하겠다"입니다. 즉 예수님이 시몬 베드로와 그의 동생 안드레, 세베대의 아들 야고보와 그의 동생 요한을 부른 이유는 그들로 하여금 예수님 자신을 따라오게 하여 '사람을 낚는 어부'가 되게 하려는 것입니다.

여기서 "나를 따라오너라"라는 말은 예수님과 제자들의 관계를 보여 주는데, 단순히 가르침을 주고받는 선생과 학생의 관계로서의 부름이 아닌 예수님을 알고 예수님의 삶을 배우는 관계로의 부름을 뜻합니다. 즉 "나를 따르라, 나를 따라오너라"라는 말은 예수님의 삶에 동참하는 삶을 의미합니다. 그리고 예수님이 그들을 '사람을 낚는 어부'로 삼겠다고 하십니다. '사람을 낚는 어부'는 비유적 표현입니다. 일종의 이미지이자 그림인데요. 구약에서는 이 '사람을 낚는 어부' 이미지가 항상 하나님의 심판과 관련되어 사용되었습니다. 구약성경의 본문 몇 군데를 보겠습니다. 예레미야서 16장 16-18절, 에스겔서 29장 3-5절입니다.

> **16** "내가 많은 어부를 보내서, 이 백성을 고기 잡듯 잡아 내겠다. 나 주의 말이다. 그런 다음에, 많은 사냥꾼을 보내서, 모든 산과 모든 언덕과 바위 틈을 샅샅이 뒤져서, 그들을 사냥하듯 잡아내겠다. **17** 내가 그들의 모든 행실을 똑똑히 지켜보고 있기 때문에, 그들도 내 앞에서 숨을 수가 없고, 그들의 죄악도 내 눈 앞에서 감추어질 수가 없다. **18** 그들이 시체 같은 우상으로 내 땅을 더럽히고, 내가 그들에게 물려준 땅을 역겨운 우상들로 가득 채워 놓았으니, 나는 이렇게 우선 그들의 죄악과 허물을 갑절로 보복하겠다." (렘 16:16-18절)

하나님이 이스라엘 백성들의 죄악에 대해 심판하시겠다는 선언입니다. 그런데 그 심판에 대한 묘사를 '어부들이 고기를 잡는 것'으로 묘사합니다.

> **3** 너는 이렇게 말하여 전하여라. '나 주 하나님이 말한다. 이집트 왕 바로야, 내가 너를 치겠다. 나일 강 가운데 누운 거대한 악어야, 네가 나일 강을 네 것이라고 하고 네가 만든 것이라고 한다마는, **4** 내가 갈고리로 네 아가미를 꿰고, 네 강의 물고기들이 네 비늘에 달라붙게 해서, 네 비늘 속

에 달라붙은 강의 모든 물고기와 함께 너를 강 한복판에서 끌어내서, 5 너와 물고기를 다 함께 멀리 사막에다 던져 버릴 것이니, 너는 허허벌판에 나둥그러질 것이다. 내가 너를 들짐승과 공중의 새에게 먹이로 주었으니, 다시는 너를 주워 오거나 거두어 오는 사람이 없을 것이다.' (겔 29:3-5절)

이 말씀은 이집트와 이집트 왕 바로의 심판 선언인데, 물고기를 낚아서 멀리 사막에다 던져 버리는 것으로 심판을 묘사합니다. 여기서도 하나님의 심판은 물고기를 낚는 행위로 표현됩니다. 대체적으로 구약에서 어부가 물고기를 낚는 행위는 심판에 대한 선언입니다. 다시 본문으로 돌아와 예수님이 제자들을 불러 '사람을 낚는 어부'의 사명을 맡기셨을 때, 여기서 말하는 '사람을 낚는 어부'는 심판의 그림으로만 사용하는 것이 아니라 구원과 은혜의 그림으로도 사용합니다. 즉 제자들의 사역이 심판과 구원이라는 양면성 있는 사역이 될 것이라는 것이죠. 심판과 구원은 분리되지 않습니다. 하나님의 복음에 합당하게 반응을 보이는 자들은 구원받지만 복음에 부당하게 반응하는 자들은 심판을 면하지 못할 것입니다.

다음에 살펴볼 것은 예수님의 부르심을 받은 사람들의 반응입니다. 18절에 따르면 "그들은 곧 그물을 버리고 예수를 따라갔다"고 합니다. 또 20절에는 "아버지 세베대를 일꾼들과 함께 배에 남겨 두고 곧 예수를 따라갔다"고 합니다. 겉보기에는 제자들의 즉각적인 헌신이 아주 돋보입니다. 그들은 가난하지 않았습니다. 가진 것이 많아 포기하는 것이 어려웠습니다. 다시 말해 예수를 쉽게 따를 수 있는 환경이 아니었죠. 배도 있었고, 부리는 일꾼들도 있는 것으로 보아 제자들은 갈릴리 지역에서 어느 정도의 부를 소유한 중산층이었을 것입니다. 그런데 그들이 모든 것을 버려두고 예수를 따라갔습니다. 대부분 사람들이 그러한 제자들의 헌신에서 제자도의 원형, 제자도의 본질을 찾습니다. "예수님이 우리를 부르시면 우리는 모든 것을 버리고 예수님을 따라가야 합니다. 예수님을 위해 죽도록 충성해야 합니다. 이 제자들의 헌신을 우리는 본받아야 합니다"라는 식으로 이야기하지요.

그런데 이 본문이 그런 의도에서 기록되었는가? 그렇지 않다는 것입니다. 이 단락에서 제자들이 자기들의 모든 것을 버려두고 예수님을 따른 것은 그들 나름대로의 철저히 계산된 행동입니다. 우선 베드로와 안드레, 그리고 야고보와 요한은 유대인으로서, 그리고 갈릴리 지역에 사는 사람으로서 그 당시에 팽배했던 메시아의 오심에 대한 소망을 품고 있었습니다. 정치적·군사적인 메시아를 기다리고 있었고, 그 메시아가 오시면 새로운 세상이 도래할 것이라는 신앙을 품고 있었습니다. 대다수 사람들이 그러했지요. 그런 상황에서 제자들은 '예수'라는 사람을 가까이하게 됩니다. 오늘 읽은 마가복음 본문에는 예수님과 4명의 제자들이 처음 만난 것으로 기술되어 있지만 사실 이때 처음 만난 것이 아닙니다. 이미 이들은 예수님을 향한 소문을 들었고, 또한 예수님을 실제로 만나 그분의 범상치 않음을 경험했습니다. 그러한 경험을 거친 후에 이들은 예수님을 따랐던 것입니다. 누가복음 5장 1-11절을 보면 그 사실을 알 수 있습니다.

1 무리가 하나님의 말씀을 들으려고 예수께로 밀려왔을 때에 예수께서는 게네사렛 호숫가에 서 계셨다. 2 그가 보시니, 배 두 척이 호숫가에 대어 있고, 어부들은 배에서 내려서, 그물을 씻고 있었다. 3 예수께서 그 배 가운데 하나인 시몬의 배에 올라서, 그에게 배를 뭍에서 조금 떼어 놓으라

고 하신 다음에, 배에 앉으시어 무리를 가르치셨다. **4** 예수께서 말씀을 마치시고, 시몬에게 말씀하셨다. "너는 깊은 데로 나가거라. 너희는 그물을 내려, 고기를 잡아라." **5** 시몬이 대답하기를 "선생님, 우리가 밤새도록 애를 썼으나, 아무것도 잡지 못했습니다. 그러나 선생님의 말씀에 따라 그물을 내리겠습니다" 하였다. **6** 그런 다음에, 그대로 하니, 많은 고기 떼가 걸려들어서, 그물이 찢어질 지경이 되었다. **7** 그래서 그들은 다른 배에 있는 동료들에게 손짓하여, 와서, 자기들을 도와 달라고 하였다. 그들이 와서, 고기를 두 배에 가득히 채우니, 배가 가라앉을 지경이 되었다. **8** 시몬 베드로가 이것을 보고, 예수의 무릎 앞에 엎드려서, "주님, 나에게서 떠나 주십시오. 나는 죄인입니다" 하고 말하였다. **9** 베드로와 그와 함께 있는 모든 사람은, 자기들이 잡은 고기가 엄청나게 많은 것에 놀랐던 것이다. **10** 또한 세베대의 아들들로서 시몬의 동료인 야고보와 요한도 놀랐다. 예수께서 시몬에게 말씀하셨다. "두려워하지 말아라. 이제부터 너는 사람을 낚을 것이다." **11** 그들은 배를 뭍에 대고서, 모든 것을 버려 두고 예수를 따라갔다. (눅 5:1-11절)

베드로를 비롯한 제자들은 이미 예수님을 알고 있었습니다. 예수님이 제자들을 부르기도 전에 예수님에 대한 소문은 곳곳에 퍼졌고, 예수님의 가르침을 듣고자 많은 사람이 몰려왔습니다. 아마 병자를 고치고 귀신들을 내쫓았다는 소문이 베드로나 야고보, 요한 등에게도 전해졌을 것입니다. 그런 가운데 예수님이 이들을 제자로 부른 것이고, 이들은 예수님을 따라나선 것이지요. 누가복음 5장 27-28절을 보면 레위가 예수님을 따라나서는 기사가 나옵니다.

27 그 뒤에 예수께서 나가서서, 레위라는 세리가 세관에 앉아 있는 것을

보시고 "나를 따라오너라" 하고 말씀하셨다. **28** 레위는 모든 것을 버려 두고, 일어나서 예수를 따라갔다. (눅 5:27-28절)

상식적으로 생각하면 레위가 예수님에 대한 사전 지식이 없는 상태에서 순순히 따라가진 않았을 것입니다. 그 말인즉슨, 레위가 예수님의 부름을 받기 전에 이미 예수님에 대한 지식이 상당하여 그의 부름에 따라 나섰다는 것을 의미합니다. 이는 본문을 통해 유추해 볼 수 있습니다. 그렇다면 이들이 예수님의 소문을 듣고, 또 직접 목격함으로써 예수님에게 품은 기대는 무엇입니까? 자신의 모든 것을 버리고 예수님을 따를 정도로 그들을 사로잡은 소망은 무엇입니까? 그것은 그들이 그토록 기다리던 메시아, 정치적·군사적인 힘을 동원하여 로마 권력을 무너뜨리고 자기들을 이 세상의 왕으로 만들어 줄 메시아가 바로 이분이 아닐까 하는 기대입니다. 그들이 그동안 들은 예수님을 향한 소문, 병 고침과 귀신을 내쫓는 이적을 다룬 소문, 또한 평생을 어부로 산 베드로조차도 못 잡은 고기를 예수님의 간섭하심으로 무수하게 잡은 경험은 그들의 기대감을 더욱더 굳히게 했습니다.

더구나 예수님이 그들을 부르면서 무엇이라고 말씀하십니까? "내가 너희를 사람을 낚는 어부가 되게 하겠다"라고 말씀하셨습니다. 베드로를 비롯한 제자들은 어릴 때부터 회당에서 구약을 배워서 예수님의 말씀을 '심판'의 의미로 받아들였을 것입니다. 즉 자기들을 "세상을 심판하는 도구로, 메시아 되신 분이 부르는구나!"라고 생각하는 것이죠. 로마 권력을 심판하고, 자기들을 압제하고 억압한 헤롯 권력을 무너뜨려 새로운 세상을 가져올 도구로 예수님의 부름을 이해하는 것입니다. 그러한 배경에서 이들은 자신의 가진 것을 모두 버려두고 예수님을 따라갑니다. 제자들입장에서는 무모하고 손해 보는 결정도 아니고 또 위험천만한 결정도 아니었습니다. 자기들의 야망과 비전을 다 버리고 예수님을 따르는 순수한 헌신은 더더욱 아니었습니다. '10억 원을 벌기 위해 가진 돈 10만 원을 버리는' 헌신은 그 누구라도 할 수 있는 헌신입니다. 오히려 못 하는 것이 바보죠. 그들은 자신들의 야망을 확실하게 이루고자 예수 그리스도를 따릅니다.

이들이 예수님에게 기대하는 것은 현재 그들이 가지고 있는 것, 누리고 있는 것에 비하면 엄청난 것입니다. 도저히 비교할 수 없는 것입니다. 제자들은 그것을 얻으려고 지금 가지고 있고, 누리고 있는 것을 포기합니다. 철저한 계산속에서 예수 그리스도를 따르는 것입니다. 그렇다고 해서 베드로를 비롯한 제자들이 예수님을 이용해 먹으려고 예수님을 따르는 이야기는 아닙니다. 예수님을 이용하여 자기의 야망을 이루고자 거짓된 마음으로, 불순한 마음으로 예수 그리스도를 따르는 것은 아닙니다. 제자들은 자신들이 가진 지식과 가치관의 한계 내에서 예수 그리스도를 전적으로 따릅니다. 그들의 모든 것을 버리고 예수 그리스도를 따릅니다. 진지한 모습이고, 제자들 입장에서는 온전한 헌신의 모습입니다. 이 모순된 모습, 제자들의 진지한 신앙, 그리고 자기의 모든 것을 버리고 예수를 따르는 전적인 헌신, 더불어 자기의 야망을 이루어 줄 분으로서 예수 그리스도를 따르는 불협화음이 제자들의 모습 속에서 나타나는 것입니다.

이것은 우리도 마찬가지입니다. 우리 모두 여러 가지 이유로 교회에 나오고 예수 그리스도를 믿습니다. 우리 생활을 어느 정도 포기하기도 하고, 우리가 가진 물질을 희생하며 예수 그리스도를 믿고 따릅니다. 우리의 신앙은 거짓되지도 포장된 것도 아닌 진지한 신앙입니다. 즉 제자들의 모습인 '모든 것을 버리고 예수 그리스도를 따르는 신앙'이 우리에게도 있습니다. 물론 전적인 헌신과 진지한 신앙에도 불구하고 여전히 세속적인 가치관, 야망 등이 우리에게 있고, 또 그것을 이루고자 하는, 심하게 이야기하면 하나님을 수단으로 해서 개인의 야망을 이루고자 하는 모습이 우리에게 있습니다. 제자들이 그런 것처럼요. 교회에 나오고 예수 그리스도를 믿는 이유가 우리 안에 여러 가지로 복잡하게 얽혀 있습니다. 한편으로는 전적인 헌신, 내 모든 것을 버린 신앙인 것 같다가도 또 한편으로는 내 야망과 욕심을 이루려고 신앙을 수단화하는 이 모순된 존재가 바로 우리의 모습입니다.

저만 해도 그렇습니다. 제가 하나님의 종으로서 부름 받아 교회 사역을 하면서 여러분에게 말씀을 전합니다. 저는 제 신앙이 진지하고, 순수하다고 여겼습니다. 진실로 여러분에게 하나님의 말씀을 온전히 전하고 싶고 내가 전하는 것을 믿으며 그렇게 살기를 원합니다. 그렇다고 해서 '현재 내 삶의 모든 것을 포기하고, 목숨을 내걸면서까지 주님을 따르고 말씀대로 살 정도로 대단한 신앙인가?' 하면 또 그렇지도 않습니다. 이 교회를 통해서 제 이름을 드러내고 싶은 생각은 없지만, 또 한편으로는 그런 생각이 전혀 없다고도 말할 수 없습니다. 참 복잡합니다. 어쩌면 저의 마음 깊은 곳에서 예수 그리스도를 통해 이름을 드러내고, 야망과 비전을 채우려는 욕망이 가득 차 있을지도 모르겠습니다. 이것을 부인하지 못합니다.

그러나 바로 이러한 모습을 예수님이 아시고 제자로 부르십니다. 제자를 수단으로 쓰지 않고 당신의 성품을 닮아 가는 자로 고치고 만들기 위해— 이 사람들을 진정한 제자들로 만드는 것을 목표로 해서— 이들을 부르십니다. 그것도 오랜 세월에 걸쳐서 이 사람들을 제자로, 하나님의 백성으로 만듭니다. 예수님은 자신의 죽음조차도 제자를 가르치는 수단으로 사용하여 하나님의 온전한 백성으로 만들어 나가십니다. 딱 3년 동안만 만드시는 것이 아니라 제자의 평생에 걸쳐서 그들을 온전한 하나님의 사람으로 만드는 것입니다. 그러므로 우리가 예수 그리스도를 믿고 신앙생활을 하는 것의 핵심은 '일'을 하는 것에 있지 않습니다. 업적을 만들어 내는 것, 하나님의 영광을 위하여 큰일을 하는 것에 신앙의 목적이 있지 않습니다. 현재 내가 가지고 있는 가치관과 사고방식에서 '주님을 위해 내가 얼마나 열심히 일하는가?', '얼마나 죽도록 충성하는가?' 여기에 신앙의 목적이 있는 것이 아니라 '내가 얼마나 하나님의 뜻대로 변화되어 가고 있는가?', '내가 예수 그리스도로부터 얼마나 배우는가?', '예수 그리스도로부터 배운 것이, 이 말씀을 통해 배운 것이 어떻게 내 삶을 바꾸어 가고 있는가?'가 중요한 것입니다.

　제자의 경우를 빌려 이야기하자면, 자기의 모든 것을 버리고 예수 그리스도를 따르는 것, 즉 그들의 전적인 헌신과 충성이 제자도의 핵심이 아니라 그러한 충성과 헌신을 가지고 따르는 제자들을 예수 그리스도가 어떻게 변화시키고, 어떤 내용으로 그들을 변화시키느냐가 제자도의 핵심, 신앙의 핵심입니다. 그러므로 예수님의 부름에 자신의 모든 것을 버리고 예수 그리스도를 따른 것은 신앙의 완성이 아니라 '신앙의 시작'일 뿐입니다. 그런데 우리를 포함해서 오늘날 신자의 문제는 제자들의 모습 ― 부르시니 모든 것을 버려두고 예수 그리스도를 따른 것―을 신앙의 목표, 신자의 완성된 모습으로 만들어 버렸습니다. 이렇듯 헌신과 충성만 강조되는 분위기 속에서 일을 만들고, 업적을 내는 것이 신앙의 큰 목표처럼 되었습니다. 이러한 신앙을 가진 자들에게는 갈등이란 용납되지 않습니다. 신앙의 목표가 오로지 헌신과 충성이기에 그것을 방해하는 갈등 상황은 용납하지 못합니다.

그러나 신앙은 제자된 우리가 마땅히 지녀야 할 열심과 충성, 헌신이 다가 아닙니다. 처음 주를 따른 이유, 다시 말해 주께 충성과 헌신, 열심을 다짐한 이유와 그 당시 나의 가치관과 삶의 방향, 내용이 하나님 나라 사상에서 얼마나 동떨어졌는지를 알아야 합니다. 그리고 내가 기존에 가진 야망들과 삶의 방향, 내용을 고치고 하나님 나라 사상으로 채우는 것이 얼마나 힘든지 알고, 그 힘듦 속에서 주님의 끊임없는 간섭의 손길과 베푸시는 은혜와 말씀으로 나를 고치는 것, 그것이야말로 신앙입니다. 세상에서 제일 힘든 것이 무엇입니까? 바로 '나 자신'입니다. '나 자신'이란 존재가 제일 힘든 대상입니다. 그런데 신앙은 그 가장 힘든 '나 자신'을 고치는 것입니다. 누가 고치는 거예요? 내가 나 자신을 고치는 거예요? 아니죠. 하나님이, 예수 그리스도가 고친단 말이죠.

우리에게는 고작 헌신과 충성과 열심만 있을 뿐입니다. 그저 '충성'하는 구호만 있을 뿐이라고요. 지금 제자들이 모든 것을 버려두고 예수 그리스도를 따른 것처럼요. 그리고 그 헌신과 열심과 충성을 가지고 내 야망과 욕심, 그리고 꿈을 하나님을 수단으로 삼아 이루고자 합니다. 그런데 하나님은, 예수 그리스도는 우리의 충성과 헌신과 열심을 토대로 해서 우리의 꿈과 야망을 이루어 주시는 것이 아니라 우리를 고치려 하십니다. 그래서 하나님과 우리 사이에, 예수 그리스도와 우리 사이에 갈등이 생기는 것입니다. 우리는 "우리가 이렇게 충성하고 헌신하고 열심을 다해 기도했는데 왜 하나님은 안 들어 주십니까?"라고 아우성치고 하나님은 "너의 그 충성과 헌신과 열심은 인정한다. 그러나 너의 살길은 그 충성과 열심과 헌신이 아니라 내 뜻대로 사는 것이다. 그러기에 나는 너의 전 인생에 걸쳐 너를 고치고자 한다. 그러니 너의 그 열심만 너무 믿고 까불지 마라" 이것입니다. 아시겠어요? 그래서 신자의 삶, 인생이란 무엇입니까? 하나님과 나의 투쟁 현장입니다. 우리를 당신의 제자로 부르신 그리스도와 그의 제자로 부름에 응답한 우리의 투쟁, 싸움입니다. 부모가 자식을 키우는 것을 보통 무엇이라고 표현하죠? 전쟁이라고 하잖아요. 사람을 고친다는 것은 전쟁이고 싸움이라고요. 마가복음에서도 예수님과 제자들의 관계가 우호적인 관계였느냐 하면 사실 투쟁과 갈등의 연속이었다고요. 예수님이 계속해서 하나님 나라의 도를 밝히시니까 제자들이 그것을 감당치 못해요. 베드로의 경우는 예수님을 꾸짖었다고요. 전쟁이고 투쟁입니다. 마귀와의 전쟁이 아니라 예수님과 제자들의 전쟁이라고요. 그렇기 때문에 투쟁 현장에서는 당연히 '갈등'이 생기는 것입니다. 삶을 제대로 직시하면 내가 얼마나 모순된 삶을 살고 있는지 알게 됩니다. 예를 들어 교회를 다니는 목적이 스스로 석연치 않거나 죄를 안 짓겠다고 결심하면서 또 죄를 짓고, 아침에 다짐한 신앙의 결심은 점심도 안 되어 무너지는 등의 갈등이 있습니다. 하나님의 뜻대로, 말씀대로 살지 못하는 죄책감, 갈등, 아픔이 있습니다. 하나님의 뜻을 알면 알수록 이 갈등 상황은 더 심해질 수 있습니다.

그러나 건강한 신자라면 갈등은 당연한 것입니다. 자신의 모습을 제대로 직시하고 신앙의 길을 제대로 가기 때문에 갈등이 생기는 것입니다. 이러한 갈등 상황은 위선이 아닙니다. 갈등이 존재하는 모순된 삶일지라도 주님에 대한 우리의 사랑과 충성을 부인할 수 없습니다. 행동과 마음이 일치하지 않고 아는 것과 행하는 것이 같지 않은 것이 위선은 아닙니다. 오히려 전혀 그럴 마음이 없는데도 불구하고 자기를 도덕적으로 포장하는 것이 위선이죠. 이 갈등은 주님이 우리를 고치시기에 벌어지는 일입니다. 주님이 우리를 제자로 부르시고 당신의 죽음을 사용하면서까지 우리를 고치시기에 신자의 갈등이 벌어지는 것입니다. 세상 사람은 갈등할 것이 없지요. 그저 자기 욕심대로, 자기 마음대로, 자기 뜻대로 살면 되기 때문에 갈등할 필요가 없습니다. 저들도 물론 갈등하지만 우리가 신자로서 겪는 갈등의 내용과는 전혀 다른 것입니다. 우리의 갈등은 주님의 말씀, 주님의 뜻대로 살아야 하기에 일어나는 갈등입니다. 그러므로 여러분이 신앙생활을 하면서 여러분에게 일어나는 갈등을 이상하게 생각하지 마셔야 합니다. 갈등으로 인해 "난 신자가 아닌가 봐" 하고 결론을 내리지 마셔야 합니다. 우리의 갈등은 예수님이 우리를 고치는 작업을 하시기 때문에 벌어지는 것입니다. 의사가 상처를 치료하면 아프듯이 예수님이 우리의 병든 모습을 고치시는 것은 필연적으로 우리에게 갈등, 번민 등의 아픔을 동반합니다.

간혹 어떤 사람들은 갈등 상황을 주님의 말씀으로, 주님의 뜻에 계속 순종하는 것으로 극복하지 않고, 세상에서 해결하고 주님께로 돌아오겠다고 합니다. "세상에서 좀 정리할 것은 정리하고, 마음 다잡고 교회에 다니겠다, 예수를 믿겠다"라고 합니다. 이것은 참으로 어리석은 것입니다. 이러한 태도는 증세가 악화된 환자가 의사에게 "내가 집에 가서 치료하고 병의 증세가 완화된 다음에 당신에게 본격적으로 치료 받겠다"라고 하는 것과 다를 바 없습니다. 어리석고 참으로 한심한 일이죠. 그러므로 여러분이 신앙생활을 하면서 여러분의 나약함과 실수와 죄로 인해 심각한 갈등 상황이 왔을 때, 교회에 나오는 것을 포기하면 안 됩니다. 물론 부끄러운 마음이 있는 것은 당연합니다. 그리고 좀 정리하고 교회에 나오고 싶겠죠. 그런 사람 많죠? 어리석은 것입니다. 그럴수록 더욱더 말씀을 들어야 하고, 더욱더 치료를 받아야 하고, 더욱더 주님의 뜻을 찾아야 하고 더욱더 교회에 열심히 나와 말씀을 들어야 합니다.

저의 경우도 사실 이런 갈등이 상당합니다. 제가 짓는 여러 가지 죄악들로 인해 설교하기가 너무도 부끄러울 때가 많습니다. 제가 설교하는 내용대로 제가 살지 못하는 것에 따른 자책감이 상당합니다. 그럴 때 제가 어떻게 하겠습니까? 설교를 하지 말까요? 그냥 이 강단에서 내려올까요? 마음의 찔림이 더 이상 없을 정도로 제 수준을 완벽하게 만들어 놓고 나서 설교를 할까요? 아닙니다. 그렇게 못 합니다. 오히려 그것이 더 교만한 일임을 제가 압니다. 그런 갈등이 있을 때 더 열심히 설교하고 더 핏대를 올립니다. 그 설교는 회중에게 하는 것이기 이전에 저에게 하는 설교입니다. 제가 하는 설교로, 제가 고침을 받지요. 즉 저 같은 설교자도 교회 공동체를 떠나서는 결코 치료를 받을 수 없습니다. 이 갈등 상황을 해결할 수 없단 말입니다.

또 하나 생각해야 할 점은 예수님이 우리를 당신의 제자로 불러 우리를 고치고, 당신의 사람으로 만들기까지의 과정이 하루아침에 이루어지지 않는다는 점입니다. 1~2년에 걸쳐서 우리를 만들지 않습니다. 사람은 1~2년 안에 온전히 만들어지는 그리 만만한, 쉬운 존재가 아닙니다. 이 작업은 우리 평생에 걸쳐서 이루어집니다. 장기전인 것입니다. 그러므로 우리는 인생의 어느 순간에 벌어지는 일들로 일희일비할 필요가 없습니다. 어느 순간에 벌어진 일로 우리의 인생을 평가하지 마셔야 합니다. 주님은 우리 평생에 걸쳐 우리를 고치시고, 우리를 완성해 나가실 것입니다. 따라서 신앙의 담대함과 든든함은 우리가 얼마나 완벽한 삶을 사느냐에 있지 않습니다. 하나님이 우리를 평생에 걸쳐 고치신다는 사실과 그 사실을 믿는 믿음에 신앙의 담대함과 든든함이 있는 것입니다. 우리의 죄악된 모습을 보면, 모순된 삶을 직시하면 절망밖에 없고, 당장 뛰쳐나가고 싶지만 그 모습을 당신의 죽음으로 고치시는 주님의 열심과 간섭하심, 그리고 은혜가 있기에 우리는 담대하게 이 싸움, 이 신앙의 경주를 해 나갈 수 있는 것입니다.

이것을 포기하지 마십시오. 여러분이 주님을 처음 따랐을 때의 충성과 헌신과 열심에 만족하지 마시고 그 충성과 열심과 헌신이 무엇을 만들어 내는지를 세밀하게 살피십시오. 하나님이 우리를 부르시고, 가르치시고, 깨우치시고, 일깨우시고, 요구하시는 삶의 내용들을 잘 살펴보시고, 그것을 여러분의 삶에서 이루기 위해 열심을 다하시고, 충성을 다하시고, 최선의 노력을 다하십시오. 그리고 그러한 과정 중에서 벌어지는 갈등으로 신앙생활을 포기하는 어리석은 자들 되지 마시고, 그 갈등을 잘 풀어가는 성숙한 제자들이 되기를 부탁드립니다.

권위 있는 가르침 ——————————— 막 1:21-28

21 그들은 가버나움으로 들어갔다. 예수께서 안식일에 곧바로 회당에 들어가서 가르치셨는데, 22. 사람들은 그의 가르치심에 놀랐다. 예수께서 율법학자들과는 달리 권위 있게 가르치셨기 때문이다. 23. 그 때에 회당에 악한 귀신들린 사람이 하나 있었는데 그가 큰소리로 이렇게 말하였다. 24. "나사렛 사람 예수님, 왜 우리를 간섭하려 하십니까? 우리를 없애려고 오셨습니까? 나는 당신이 누구인지 압니다. 하나님께서 보내신 거룩한 분입니다." 25. 예수께서 그를 꾸짖어 말씀하시기를 "입을 다물고 이 사람에게서 나가거라" 하셨다. 26. 그러자 악한 귀신은 그에게 경련을 일으켜 놓고서 큰 소리를 지르며 떠나갔다. 27. 사람들이 모두 놀라서 "이게 어찌된 일이냐? 권위 있는 새로운 가르침이다! 그가 악한 귀신들에게 명하시니, 그들도 복종하는구나!" 하면서 서로 물었다. 28. 그리하여 예수의 소문이 곧 갈릴리 주위의 온 지역에 두루 퍼졌다.

예수님이 가버나움에 있는 회당에 들어가셔서 하나님 나라의 복음을 사람들에게 가르치셨고 사람들은 예수님의 가르침에 놀라운 반응을 보입니다. 왜냐하면 예수님의 가르침이 율법학자들의 가르침과는 달리 '권위가 있는 새로운 가르침'이었기 때문입니다. 이 단락은 사람들이 예수님의 가르침에 놀라면서, 권위가 있는 가르침으로 받아들였음을 강조합니다. 예수님의 가르침에 놀라워하는 반응, 그리고 권위 있는 가르침이라는 반응이 이 짧은 단락에서 두 번 반복되어 나옵니다. 22절을 보시죠. 사람들이 예수님의 가르침에 놀랐는데, 그 이유인즉슨, 예수님이 율법학자들과는 달리 권위 있게 가르치셨다는 것입니다. 27절에서도 예수님의 가르침이 악한 귀신들이 복종하는 권위 있는 새로운 가르침이라 하여 사람들이 놀라워했습니다. 즉 예수님의 가르침이 백성들이 듣기에도 권위 있는, 권세가 있는 가르침으로 여기게 된 것은 예수님의 가르침이 율법학자들과는 달리 악한 귀신을 복종시키는 권위가 있는 가르침이었기 때문입니다.

율법학자들의 가르침은 권위가 있는 가르침이 아니었고, 또한 귀신을 복종시키는 가르침도 아니었습니다. 물론 악한 영의 지배를 받는 사람을 구원해 낼 수 있는 가르침도 아니었습니다. 그들의 가르침은 권위와 권세가 전혀 없는 가르침이므로 아무런 영향력을 끼칠 수 없고, 그저 회당에서 공허하게 울려 퍼지는 소음에 불과했습니다. 오늘 우리가 살펴볼 내용은 권위 있는 가르침이 도대체 무엇을 의미하는가입니다. 귀신 들린 사람에게서 귀신을 내쫓는 것과 연관해서 살펴보겠습니다. 그래서 우리가 듣는 하나님의 말씀이 우리에게 진정으로 권위 있는 말씀으로 작용하는지, 아니면 율법학자들의 가르침처럼 공허한 가르침으로 전락하지 않았는지를 들여다보겠습니다.

사람들이 왜 회당에서 가르치는 예수님의 가르침에 놀랐느냐면 그 가르침이 악한 귀신들을 복종시키고 귀신에 사로잡힌 사람을 고쳤기 때문입니다. 예수님이 회당에서 하나님 나라의 복음을 가르치자 악한 귀신이 들린 자가 예수께 소리칩니다. "왜 우리를 간섭하려 하십니까? 우리를 없애려고 오셨습니까? 나는 당신이 누구인지 압니다. 하나님께서 보내신 거룩한 분입니다." 그자의 말을 통해서 우리가 알 수 있는 것은 예수님의 가르침이 악한 귀신을 멸하고자 했다는 것입니다. 악한 세력, 어두움의 권세, 더러운 영의 세력들의 가르침과 영향력을 없애는 것이 예수님의 가르침의 목적입니다. '하나님 나라의 복음'이란 '하나님의 통치'에 대한 복음입니다. 하나님의 통치는 당연히 그 이전의 통치자를 몰아내는 작업부터 해야 합니다. 그래서 예수님의 가르침을 듣고 악한 귀신이 "왜 우리를 간섭하려 하십니까? 우리를 없애려고 오셨습니까?"라고 소리치는 것입니다.

　그러고는 악한 귀신이 무엇이라고 말하느냐 하면 "나는 당신이 누구인지 압니다. 하나님께서 보내신 거룩한 분입니다"라고 소리칩니다. 귀신들의 이러한 고백은 신앙 고백이 아닙니다. 이것은 악한 귀신들의 강력한 저항입니다. 여기에서 "나는 당신이 누구인지 안다"라는 표현은 단순히 예수 그리스도를 안다는 뜻이 아닙니다. '안다'는 것은 지배하는 것과 밀접한 관련이 있습니다. 보통 사람들이 누군가와 싸우고자 할 때 상대방을 이길 수 있다는 자신감의 표현으로 "나는 저 인간을 잘 알아. 누군지 잘 알지"라고 하듯이 지금 악한 귀신이 들린 자도 자신을 멸하러 온 예수 그리스도에게 "나는 당신이 누구인지 압니다"라는 말로 예수님의 가르침을 무용지물로 만들려고 하는 것입니다. 그러자 예수님이 악한 귀신에게 "꾸짖어 말씀하시기를 '입을 다물고 이 사람에게서 나가거라'" 하십니다. 여기서 '꾸짖다'라는 표현에 쓰인 헬라어는 70인역(septuaginta) 구약성경에서 하나님이 악한 자들에게 하나님 당신의 위엄과 권세와 신적인 능력을 드러낼 때 사용된 단어입니다. 예수님이 악한 귀신들을 꾸짖는 것은 악한 귀신들이 예수님을 지배하고자 애쓰는 것, 즉 예수님을 안다고 함으로써 예수 그리스도를 지배하려는 것이 얼마나 허망한 일인지, 또 그것이 얼마나 부질없는지를 보여 주는 것입니다.

예수님을 지배하고자 한 악한 세력들은 예수님의 꾸짖음에 저항하지 못하고 자신들이 거하던 사람에게 경련을 일으키고는 큰 소리를 지르며 떠나갑니다. 그리고 이러한 일련의 사건을 목격한 사람들이 악한 귀신도 복종시키는 예수님의 가르침에 놀라운 반응을 보입니다. 여기서 우리가 좀 더 자세하게 살펴볼 것은 이것입니다. 우리는 악한 귀신과 악한 귀신의 지배를 받는 사람을 구별해야 합니다. 지금 예수님 앞에서 소리치고 떠드는 자는 표면적으로는 '사람'이지만, 예수님이 꾸짖고 쫓아내는 것은 '악한 귀신'입니다(25-26절). 악한 귀신이 들려 예수님 앞에서 소리치는 이 사람의 문제는 그가 귀신의 통제하에 있다는 것입니다. 자기가 자기를 통제하는 것이 아니라 귀신이 통제하여 귀신의 생각대로, 귀신의 뜻대로 말하고 행동하는 것입니다. 그래서 예수님은 귀신 들린 자와 대적하면서 그의 인격 자체를 공격하지 않고, 그 인격을 지배하는 악한 귀신을 공격하여 사람을 고칩니다. 즉 예수님은 악한 귀신과 이 악한 귀신이 기거하는 사람을 분리하여 다룹니다. 귀신 들린 사람에게 나타나는 '악함' 혹은 '죄'는 사람의 '인격'과 분리되어 있으므로 —물론 사람의 인격을 지배한 귀신이 그의 인격을 통해 악한 행동을 하게 합니다— 예수님은 사람의 인격을 공격하는 것이 아니라 귀신을 직접 공격하는 것입니다.

가령 예수님이 바리새인들을 책망하고 공격하실 때는 그들의 인격을 공격하셨습니다. 여기서 그들의 악함과 죄는 그들의 인격과 분리되지 않습니다. 오히려 그들의 인격이 그들의 악함과 죄를 드러내 줍니다. 그래서 예수님은 바리새인들을 향해 '마귀의 자녀'라고 공격했지만 그렇다고 그들에게서 귀신을 쫓아내어 문제를 해결하지는 않습니다. 예수님은 '회개'를 요구하는 것으로 그들의 죄악 문제를 해결하려 한 것입니다. 그런 점에서 예수님은 귀신 들린 자에게 회개하라고 요구하지 않습니다. 오히려 귀신을 내쫓아 귀신 들린 자를 해방시킵니다. 악한 귀신과 사람을 분리하여 귀신 들린 자의 문제를 해결해 주는 것입니다.

이런 이야기가 무슨 의미가 있는지 좀 더 자세하게 이야기하겠습니다. 우리는 '귀신 들린 자'를 단순히 현상적 측면만 보고 '귀신에 사로잡힌 사람' 혹은 '악한 영에 사로잡혀 제정신이 아닌 사람'으로 생각해서는 안 됩니다. 이 '귀신들린 자'의 핵심 의미는 "귀신이 들려 제정신이 아니다", "귀신이 들려 미쳤다"라는 현상적인 문제가 아니라 '누가 지배하는가?'가 문제입니다. 누가 이 사람을 지배하는가? 누가 이 사람의 인격과 생각과 사고방식과 행동을 지배하는가가 문제입니다. 누가 지배한다는 것이죠? 악한 영이, 더러운 귀신이, 어둠의 세력이 이 사람의 인격과 생각과 사고방식과 행동을 지배한다는 것입니다. 마가복음에 나오는 귀신 들린 자는 그러한 악한 영의 세력이 어떻게 사람의 인격과 사고방식과 행동을 지배하는지를 극단적으로, 원색적으로 보여 주는 것입니다.

이 세상은 누가 지배합니까? 누가 세상 사람들의 왕 노릇을 하고 있습니까? 하나님이십니까? 아닙니다. 어둠의 세력, 사탄의 세력이 이 세상을 지배합니다. 에베소서에 의하면 사탄의 세력이, 어둠의 세력이 공중 권세를 잡고 이 세상에서 한시적으로나마 왕 노릇을 하고 있습니다. 그리고 예수님이 우리에게 가르쳐 준 기도의 내용은 "나라가 임하옵시며"입니다. 즉 하나님의 통치가 이루어지게 해 달라는 것입니다. 그러므로 세상은 하나님이 지배하는 것이 아니라 어둠의 세력이 지배하는 것입니다. 그리고 세상에 속한 사람들은 모두 다 악한 영의 지배하에 놓여 있습니다. 악한 영이 뿜어내는 가르침과 사상과 메시지가 세상 사람들의 인격과 사고방식과 삶에 침투하여 그들의 가치관과 삶의 양태와 삶의 방향을 만들어 내는 것입니다. 그러므로 마가복음에 나오는 사람만 악한 영의 지배를 받는 것이 아니라 온 세상이 악한 영의 영향력으로부터 벗어나지 못하는 것입니다. 악한 영이 사람들의 인격과 양심과 사고방식을 지배하여 그들의 악마적 속성을 사람들을 통해 여지없이 드러내는 것입니다. 가버나움 회당에서 소리치는 이 사람만 악한 귀신의 노예가 된 것이 아니라 이 세상이 악한 세력의 노예가 되었습니다. 마가복음식 표현으로 하자면 다 더러운 귀신이 들린 것입니다.

이 시대의 주류적 가치관이 무엇입니까? 극단적 자본주의입니다. 적자생존의 법칙입니다. 모든 것이 돈으로 통하는 세상입니다. 경제적 효용가치로 모든 것을 판단하는 시대입니다. 부자 아빠는 존경스럽고 본받아야 하지만 가난한 아빠는 원망만 들어야 하는 시대입니다. 그런 것을 부추기는 책이 100만 권이 넘게 팔리는 세상입니다. 외모로 사람을 판단하고, 가진 것으로 사람을 차별 대우하는 것을 너무도 당연하게 여기는 사회입니다. 폭력적이고 물리적인 힘이 곳곳에 스며 있고, 가진 자는 가진 자대로, 없는 자는 없는 자대로 남을 지배하여 자신의 생존을 보장하려는 세상입니다. 어디서나 억압적인 권력관계가 존재하고, 자신들의 이익을 위해서라면 남의 인격을 발가벗기고 남의 가정이 파괴되고 망가져도 그것이 자기의 눈앞에서 벌어지지 않으면 정당하게 생각하는 사회입니다.

이것은 하나님 나라의 사상과는 너무나 동떨어진, 정반대의 사상입니다. 예수님이 이 땅에 와서 가르치신 하나님 나라의 복음은, 하나님 나라의 사상은 이러한 세상의 주류적 흐름과는 도저히 조화될래야 될 수 없는 것입니다. "너희가 재물과 하나님을 겸하여 섬기겠느냐?", "너희가 하나님과 맘몬을 겸하여 섬기겠느냐?", "절대로 그럴 수 없다. 이것 아니면 저것이다." 이것이 예수님의 가르침입니다.

이 세상의 악의 문제, 죄악의 문제는 그런 의미에서 개인적인 것 이전에 구조적인 것입니다. 세상의 시스템 자체가 악한 귀신의 영향하에 놓여 있기에 개인의 힘이란 참으로 미미합니다. 이것은 구조의 문제입니다. 이 사회의 거대한 흐름이고 도도하게 흘러가는 물결입니다. 사람들이 모두 이러한 흐름에서 자유롭지 못합니다. 즉 지배를 받고 있는 것입니다. 우리도 이러한 악한 영의 지배를 받고 있습니다. 저와 여러분이라고 해서 절대로 자유롭지 못합니다. 이 악한 영의 지배로부터 영향을 끊임없이 받고 있습니다. 그렇다면 어떻게 악한 영의 지배로부터 벗어날 수 있겠습니까? 어떻게 해야 악한 영의 지배를 벗어나서 하나님 나라의 백성으로서 제대로 살 수 있겠습니까? 바로 '권위 있는 가르침'이 필요한 것입니다. 예수님이 권위 있는 가르침으로 마귀의 일을 멸하고 악한 영의 세력들을 물리치고 그들의 지배를 받고 있는 사람들을 자유롭게 한 것처럼, 예수님의 권위 있는 가르침만이 이 악마적 속성의 영향으로부터 우리를 해방시킬 수 있습니다.

그렇다면 권위 있는 가르침이란 무엇일까요? 권위 있는 가르침이 무엇이냐 하면 하나님 말씀이 우리 삶에 아주 치열하게, 끈질기게, 세밀하게 적용되어 —우리를 감싸고, 지배하고, 우리를 끊임없이 가두고, 우리의 눈을 어둡게 하고, 이 세상의 주류적 흐름을 따라가게 하는— 악한 영의 가르침, 악한 세력의 영향력으로부터 벗어나게 하는 것입니다. 이 세상의 주류적 가르침이, 지배적 가치관이 우리의 양심을 지배하고, 우리의 인격을 사로잡고, 우리의 사고방식을 결정하고, 우리의 행동을 산출하는데, 권위 있는 하나님 말씀은 이것들을 하나하나 다 지적하고, 고치고, 치유하고 깨끗하게 해방시킵니다. 이것이 권위 있는 가르침입니다.

그러나 예수님의 권위 있는 가르침과 비교되는 율법학자들의 가르침은 그 권위가 없습니다. 그들은 악한 귀신의 지배를 받는 사람을 고치지 못합니다. 즉 율법학자들의 가르침은 세상을 지배하는 악한 영의 세력, 공중 권세 잡은 악한 세력의 사상과 메시지가 사람들의 인격과 사고방식과 행동을 지배하는 것을 전혀 지적하지 못하고 오히려 악한 영의 지배를 더욱더 굳건하게 합니다. 율법학자들의 가르침은, 입에서 쏟아내는 말과 삶이 겉돕니다. 자신들의 가르침을 믿지 않고, 그 언어가 자신들의 삶을 전혀 고치지 못하는, 즉 말과 삶이, 가르침과 삶이 따로 놉니다. 그래서 이들의 가르침과 말은 지적 유희와 만족에 불과하며 심리적 위안만줄 뿐입니다.

오늘날 교회는 어떻습니까? 한국 교회에서 쏟아져 나오는 가르침이 사람들에게 무엇을 요구하고, 무엇을 지적합니까? 악한 영의 세력들이 어떤 사상과 메시지로 사람들을 지배하는지 제대로 가르쳐 줍니까? 또 그 가르침이 사람들로 하여금 이 악마적 속성에서 나오는 사고방식과 행동에서 벗어나게 해줍니까? 자신들의 삶을 고치게 합니까? 약육강식의 원리, 강한 자를 추종하는 세상의 원리, 극단적 자본주의의 원리에서 사람들을 해방시킵니까? 경제적 효용성으로 모든 것을 판단하는 것에서 신자들을 벗어나게 합니까? 그렇지 못합니다. 교회에서 나오는 가르침들은 율법학자들의 가르침과 별 다를 바 없습니다. 오히려 교회에서의 가르침이란 무엇인가? (교회에서의 가르침은) 악한 영의 세력이 지배하는 세상에서 주류적 흐름을 쫓는 삶의 방식과 원리를 더욱더 견고하게 합니다. 또 그 세상에서 제일 가치 있다고 여기는 것들을 하나님의 힘으로 얻게 해 준다고 사기를 칩니다. 아주 나쁩니다.

다시 말하자면 교회 설교로 전파되는 하나님 말씀이 악한 영의 지배를 받는 사람들을 자유케 하는 것이 아니라— 이 세상의 거대한 주류적 흐름을 거스르는 삶을 살게 하는 것이 아니라— 오히려 악한 영의 지배를 더욱더 열심히 받게 만든다고요. 그래서 하나님 말씀이 율법학자들의 가르침으로 전락해 버렸다고요. 물론 율법학자들의 가르침이 신자 개인의 잘못 등을 지적해 주지만 그 지적이란 결코 이 세상의 주류적 흐름을 벗어나게 하는 것이 아니라 그 주류적 흐름에 충실하면서 좀 더 성실하게 살게 해 주는 정도입니다. 결코 악한 영의 지배에서 벗어나지 못하게 하는 것입니다. 이런 가르침은 권위가, 권세가 없는 가르침입니다. 악한 영을 전혀 건드리지 못하는 가르침입니다. 세상의 거대한 세력과 주류적 흐름이, 또 세상의 시스템과 구조에서 나오는 죄악들이 우리의 양심을 지배하고, 우리의 인격과 삶의 방식과 사고방식을 지배하는데 율법학자들의 가르침은 이것을 못 고치는 것입니다. 아무리 하나님의 말씀이라고 떠들어대고 강단에서 설교로 선포될지라도 이러한 근본적인 고침에 대한 지적이 없다면 그것은 율법학자들의 가르침과 다를 바 없습니다.

우리라고 별 다를 바 없습니다. 제가 2001년에 출판된 〈살림〉이라는 잡지를 보다가 이런 글을 읽었습니다. 강남순 교수가 쓴 글입니다. 이분이 지금 〈미국 텍사스 크리스천 대학교 브라이트 대학원〉에서 교수를 하고 있는데 영국 캠브리지 대학에서 가르치던 시기에, 영국에서 겪은 이야기입니다. 내용은 대략 이러합니다.

어느 날 강남순 교수는 런던에 학회가 있어서 기차를 타고 갔다가 저녁 늦게 기차로 돌아올 예정이었습니다. 모임이 끝나고 저녁 9시 30분에 런던의 중심가를 떠나 캠브리지로 가는 기차를 탔습니다. 그분이 탄 기차는 런던에서 캠브리지까지 가는 직행기차여서 목적지까지 45분 정도 걸릴 예정이었습니다. 적어도 10시 40분이면 숙소에 도착할 것을 예상하고 기차에 탄 것이지요. 그런데 약 20여 분을 달리던 기차가 별안간 멈추어 서더니, 안내방송이 흘러나왔습니다. 내용인즉슨, 어떤 사람이 철길을 지나가는 바람에 기차가 정차했다는 내용이었습니다. 곧이어 운전기사가 지나간 행인에 놀라서 충격으로 떨고 있으니 기차가 다시 출발하려면 좀 더 있어야 한다고 알렸습니다. 잠시 시간이 흐르고 안내방송이 다시 들려왔습니다. 충격에 떠는 운전기사를 돌려보내기 위해 출발지인 런던으로 되돌아간다는 내용이었습니다. 이후 기차는 출발역을 향해 거꾸로 가더랍니다.

여기서 강 교수가 놀란 점은 기차가 역방향으로 출발한 사실보다 기차 안에 있는 사람들의 반응이었습니다. 하루의 일을 끝내고 집에 돌아가는 길인 것으로 보이는 그 많은 사람들, 그들 가운데 아무도, 정말 아무도 이 돌연한 사건에 불평하거나 언성을 높이지 않았다고 합니다. 핸드폰을 가진 사람들이 아주 작은 목소리로 자신이 예정보다 늦어진다고 알리는 통화음만 간간이 들릴 뿐, 그들은 그러한 사태에 불만과 짜증을 표하는 것이 아니라 담담하게 받아들이더랍니다. 결국 강남순 교수가 탄 기차는 다음 시간대의 기차에 덧붙여져서 캠브리지를 향해 떠났습니다. 직행이었던 원래의 기차와는 달리 이 기차는 매 역마다 서는 기차여서 1시간 20분이 걸렸습니다. 또한 그전 기차의 종착역은 캠브리지를 지나는 곳인데 반해 이 기차는 종착역이 캠브리지이어서, 캠브리지를 거쳐서 내려야 하는 손님들은 다른 기차로 갈아타는 불편을 감수해야 했습니다. 그런데도 사람들은 안내 방송에 따라 아무런 불평 없이 안내된 다른 플랫폼으로 서둘러 갔습니다.

강남순 교수는 이 상황을 보면서 한국을 생각했다고 합니다. 만약 내가 한국에서 이러한 상황에 직면했다면 어떤 반응을 보였을까? 뻔하죠. 기차가 예정에도 없이 멈추어야 한다는 사실에 투덜거릴 테고, 웬 정신 없는 놈이 철길을 건너느냐며 육두문자를 써 가며 욕했을 것입니다. 또 기차는 잠깐 멈추고서는 아무 일 없었다는 듯이 가던 길을 부리나케 갔을 것입니다. 맞죠? 너무도 당연하죠. 우리 생각 속에는 운전기사의 감정과 불안한 마음은 전혀 들어올 자리가 없을 것입니다. 강 교수는 한국 상황과 비교하며 이렇게 이야기했습니다. 제가 읽어드리죠.

"사람을 칠 수도 있었다는 것에 운전 기사가 놀라서 떨고 있다는 것, 그러니 그 기사가 안정을 할 때까지 잠시 기다려야 한다는 안내방송, 뒤이어 잠시의 휴식에도 안정을 되찾기 어려운 운전기사를 다시 되돌리기 위해 출발역으로 되돌아가겠다는 안내방송, 그리고 그러한 예상치 않았던 불편함에 대하여 아무런 불평을 하지 않는 기차 안의 사람들, 아주 사소한 일일 수도 있는 이 날의 일이 나에게 한국에 있는 많은 얼굴들을 생각하게 하였다. 한 번의 삶을 살아갈 뿐인데, 한 사람의 인격적 존재로 취급 받고 있지 못하는 많은 얼굴들, 저임금뿐 아니라 다양한 양태로 비인간적 대우를 받으면서도 그것을 운명인 것처럼 수납하며 살아가는 이들, 교육의 이름으로 행하여지는 폭언과 폭력이 항시 존재하는 극도의 비교육적 교육현장에서 매일매일의 시간을 보내야 하는 한국의 아이들, 입시라는 제도가 가져오는 비인간적 상황들을 감수하며 '인간답게 사는 것이 무엇인가'라고 묻는 것조차 모르는 아이들, 또한 성 때문에, 직업의 종류 때문에, 성적 성향 때문에, 그리고 육체적 조건 등 다양한 외적 조건들 때문에 차별받는 이들, 이런 이들의 얼굴들이 떠올랐다. 또한 곳곳에서 비인격적 언행에 너무나 익숙해진 우리 모두들… 얼만큼 가야 우리의 사회 구석구석에서 일하고 있는 평범한 이들이 나이, 사회적 지위, 성별, 직업 등에 상관없이 이러한 세심한 인간적 배려를 받을 수 있을까.

나는 이들 영국 사람들 가운데는 아직도 자신들이 세계의 중심이라는 생각을 하고 있는 이들이 있다는 것을, 그리고 이 나라가 수없이 많은 나라들의 식민 종주국이었다는 것을 잊고 있는 것이 아니다. 또는 서구사회를 무비판적으로 찬양하려고 하는 것은 더더구나 아니다. 다만 기차 운전 기사와 같이 아주 평범한 이들이 받는 인간으로서의 배려, 그것이 우리 사회에 결여되어 있다는 것을 생각하는 것이다.

우리 사회는 '대를 위하여 소를 희생한다'는 명분 아래 한 개인에게 가해지는, 또한 힘과 사회적 지위를 지니지 못한 작은 이들에게 가해지는 비인간적 처사를 눈감아 왔다. 개인보다는 집단을 먼저 생각하는 가르침 속에서 '가장 작은 자에게 한 것이 나에게 한 것'이라는 예수님의 가르침, 그리고 아흔아홉 마리의 양을 떠나서 잃은 양 한 마리를 찾아 나서는 예수님의 가르침이 자리잡을 곳은 어디일까?

'대를 위해서 소를 희생한다'는 기준으로 볼 때는 기차에 타고 있던 수많은 사람들의 불편함을 감수하고서 기차 운전 기사 한 사람의 정서적 상태를 심각히 배려하는 것은 어리석은 일인지도 모른다. 그러나 나는 많은 승객들의 불편함을 감수하고라도, 충격에 떨고 있는 운전 기사에 대한 배려를 하는 것이 결국은 그 승객들의 안전함과 연결되어 있다는 것을 우리는 보아야 한다고 생각한다. 권력 없는 이들까지 세심히 배려할 줄 아는 사회, 이러한 사회에서 자라는 아이들, 이러한 사회에서 일하는 사람들이 있는 곳에서 그 개개인이 만들어 가는 가족, 공동체가 결국 건강하고 아름다운 집단을 이루지 않겠는가?"

저는 강남순 교수가 쓴 글을 읽고 어떤 생각이 들었느냐면, 마음이 답답했고, 씁쓸했고, 또한 짜증도 나고 화도 났습니다. 누구한테 화를 내고 짜증내고 답답했는가? 저 자신에게 그랬고, 또 이놈의 야만적 한국 사회에 대하여 그랬습니다. 제가 아무리 "가장 작은 자에게 한 것이 나에게 한 것이다", "99마리의 양을 놓아두고 잃어버린 한 마리의 양을 찾기 위해 다니는 목자"의 가르침을 설교하고 내 삶에 적용하고, 그렇게 살아야 한다고 가르치고 배우고 외쳐도 저는 이런 상황에 닥치면 막상 기차 안에 있던 영국 사람들처럼 행동하지 못할 것입니다. 저는 여지없이 불평하고, 그 운전기사를 욕하고, 이 수많은 승객의 불편보다 당신 운전기사의 마음이 더 중요하냐고 따질 것입니다. 정의의 이름으로, 다수의 이름으로, 소수의 이익보다는 다수의 이익이 우선이라는 명분을 가지고 거룩한(?) 화를 내면서 성질을 다 부렸을 것입니다.

우리가 그렇게 배우고 외치고 소리를 높이는 "잃어버린 한 마리 양의 중요성", "가장 작은 자를 섬기는 것"이 우리의 삶에 이렇게까지 녹아들지 않는 것입니다. 그로 인해 저 자신에게 무척 화가 났고 짜증도 났습니다. 저도 엔간히 타인을 위해 배려하며 사는 듯하지만 그들 수준만큼은 못 미치는 것입니다. 더구나 이것이 저의 노력만으로 해결될 문제가 아니라 이 사회의 지배적 흐름에서 나 자신도 자유로울 수 없는, 즉 이 사회의 주류적 가치관의 지배를 받을 수밖에 없는 한계임을 알고 나서는 무척 절망스러웠습니다.

어떻게 보면 우리가 배우는 것이 다 공허한 것입니다. 권위가 없는 것입니다. 우리가 배우는 것들이, 우리가 하나님 말씀이라고 배우는 내용들이 이 세상의 가치관, 악한 영이 지배하는 세상이 내뿜어대는 사상과 가르침과 교훈들과 삶의 양태들을 제대로 지적해 주고 거기에서 벗어나게 해 주어야 하는데, 전혀 그렇지 못하는 것입니다. 그래서 우리가 배우는 말씀은 악한 귀신의 지배를 끊어버리는, 악한 귀신을 멸하는 예수님의 권위 있는, 권세 있는 가르침이 아니라 그저 현재의 생활을 만족케 해주는 율법학자들의 가르침에 불과할지도 모릅니다.

그렇다면 어떻게 해야 하겠습니까? 현재의 삶을 뜯어 고치려는 우리는 하나님 말씀을 듣고 어떻게 해야 하겠습니까? 이 말씀을 붙잡고 고민해야 하지 않겠습니까? 아주 치열하게 하나님 말씀을 여러분의 삶에 적용해야 하지 않겠습니까? 아주 세밀하게, 끈질기게, 치열하게 하나님 말씀을 여러분의 삶에, 그리고 여러분이 겪는 사건들 속에서 해석해야 하지 않겠습니까? 그래서 그 말씀이 여러분을 변화시켜야 하지 않겠습니까? 그것이 없다면 우리가 배우는 이 말씀은 권위 있는 가르침이 아닙니다. 권세가 있는 가르침도 아닙니다. 행위가 말을 설명하고 '변화'가 ―자신이 들은 말, 자신이 가르침 받는 것, 또 자신이 공감하여 받아들인 것 ― 증거합니다. 그리고 그러한 삶이야말로 여러분이 배운 말씀이 예수님의 권위 있는 새로운 가르침이었음을 증명해 줄 것입니다. 우리 교회가 존재하는 이유가 여기에 있습니다. 마귀의 지배를 개인의 품성 문제로만 국한하여 해결할 수 없기에 작은 교회 공동체가 우리에게 필요합니다. 지금 악마적 세력이 우리를 어떻게 지배하고 있는가? 어떤 양태로 우리를 옥죄고 있는지를 교회 공동체 관점으로 점검하고, 어떻게 해야 그 지배를 끊고 하나님의 통치를 받을 수 있는가, 어떤 삶의 양태, 어떤 삶의 양식이 하나님의 통치를 받는 삶인지를 치열하고 끈질긴 성찰이 교회 공동체적으로 있어야 할 것입니다.

이길 수 없다는 것을 알지만 ——————— 막 1:29-34

29 그들은 회당에서 나와서, 곧바로 야고보와 요한과 함께 시몬과 안드레의 집으로 갔다. 30. 마침 시몬의 장모가 열병으로 누워 있었는데, 사람들은 그 사정을 예수께 말씀드렸다. 31. 예수께서 그 여자에게 다가가셔서 그 손을 잡아 일으키시니, 열병이 떠나고, 그 여자는 그들의 시중을 들었다. 32. 해가 져서 날이 저물 때에, 사람들이 모든 병자와 귀신 들린 사람을 예수께로 데리고 왔다. 33. 그리고 온 동네 사람이 문 앞에 모여들었다. 34. 그는 온갖 병에 걸린 사람들을 고쳐 주시고, 많은 귀신을 내쫓으셨다. 예수께서는 귀신들이 말하는 것을 허락하지 않으셨다. 그들이 예수가 누구인지를 알았기 때문이다.

예수님이 안식일에 가버나움 회당에서 하나님 나라의 복음을 가르치셨습니다. 그곳에서 악한 귀신이 들린 사람을 만났는데, 그에게서 악한 귀신을 내어 쫓습니다. 회당을 나온 예수님은 제자들과 함께 시몬 베드로의 집에 가서 열병으로 누워 있는 시몬의 장모를 치료해 줍니다. 해가 져서 날이 저물자 사람들이 모든 병자와 귀신 들린 사람을 예수께로 데리고 옵니다. 안식일에는 환자를 고치거나 데리고 다닐 수 없기 때문에 안식일이 끝나자마자 이 환자들을 예수님께 데리고 온 것입니다. 그리고 예수님은 온갖 병에 걸린 사람들을 고쳐 주시고 많은 귀신을 내쫓으셨습니다.

예수님이 이 땅에서 가르치신 것은 '하나님 나라'였습니다. 예수님이 전한 복음의 내용은 "때가 찼다. 하나님의 나라가 가까이 왔다. 회개하여라. 복음을 믿어라"입니다. 즉 예수님이 전한 핵심 메시지는 '하나님의 나라'입니다. 지금 이 땅에 가까이 온 하나님 나라에 대한 선포였고 가르침이었습니다. 그렇다면 그 하나님 나라가 무엇을 뜻합니까?

여러분은 '나라' 하면 무엇부터 연상됩니까? 국가의 3대 구성 요소는 국민, 주권, 영토입니다. 이중에서 나라를 형성하는 데에 가장 중요한 것은 '주권'입니다. 다시 말해 통치권, 지배권입니다. "나라를 잃어버렸다"라는 말을 할 때, 그것은 영토와 국민이 사라졌다는 것을 뜻하지 않습니다. '주권', 지배권을 다른 나라에 빼앗겼을 때 보통 "나라를 잃어버렸다"라고 하지요. "하나님 나라가 가까이 왔다"라는 말은 하나님의 통치, 하나님의 다스림이 가까이 왔음을 의미합니다. 예수님이 가르쳐 주신 기도에도 이런 표현이 있습니다. "하늘에 계신 우리 아버지시여, 이름이 거룩히 여김을 받으시오며 나라가 임하옵시며, 뜻이 하늘에서 이룬 것 같이 땅에서도 이루어지이다" 여기 "나라가 임하옵시며"라는 구절은 하나님의 다스리심, 지배하심, 통치하심이 이 땅에 임하도록 해 달라는 뜻입니다.

그렇다면 하나님 나라, 하나님의 통치가 가까이 왔다, 지금 하나님의 나라가 임하고 있다는 것은 그 이전까지는 하나님의 통치가, 하나님의 다스리심이 아닌 상태임을 의미합니다. 그렇죠? "나라가 임하옵시며"라고 기도하는 것은 그 나라가 임하지 않은 상태이기 때문에, 하나님의 통치하심과 다스리심이 이루어지지 않았으므로 이러한 기도를 드리는 것입니다. 그렇다면 하나님 나라, 하나님의 통치가 임하기 전에 이 세상은 누구의 나라였으며 누구의 통치를 받고 있었습니까? 사탄의 통치, 사탄의 지배를 받고 있었습니다. 마태복음 4장 8-9절을 봅시다.

> **8** 또다시 악마는 예수를 매우 높은 산으로 데리고 가서, 세상의 모든 나라
> 와 그 영광을 보여주며, 그에게 말하였다. "네가 나에게 엎드려서 절을 하
> 면, 이 모든 것을 네게 주겠다." (마 4:8-9절)

악마가 예수님을 시험하는 마지막 장면입니다. 악마는 예수님을 매우
높은 산으로 데리고 가서 "세상의 모든 나라와 그 영광"을 보여 주면서
자신에게 경배하면 이 모든 것을 예수에게 주겠다고 유혹합니다. 악마는
"세상의 모든 나라와 그 영광"에 대한 소유권이 자신에게 있음을 이야기
합니다. 예수님은 그러한 악마의 주장이 거짓된 것이라고 이야기하지 않
고 오히려 그를 쫓아내는 것으로, 오직 하나님께만 경배하고 그분만을
섬겨야 된다는 말씀으로 이 유혹을 이깁니다. 즉 예수님은 "이 세상의 모
든 나라와 그 영광"이 악마의 지배, 악마의 소유하에 있음을 부정하지 않
습니다. 사도 바울은 에베소서에서 이러한 사실을 이렇게 표현합니다. 에
베소서 6장 11-12절입니다.

> **11** 악마의 간계에 맞설 수 있도록 하나님께서 주시는 장비로 완전무장을
> 하십시오. **12** 우리의 싸움은 피와 살을 가진 사람들을 상대로 하는 것이
> 아니라, 통치자와 권세자들과 이 어두운 세계의 지배자들과 하늘에 있는
> 악한 영들을 상대로 하는 것입니다. (엡 6:11-12절)

사도 바울은 우리의 싸움이 눈에 보이는 사람들을 대상으로 하는 것이
아니라 보이지 않는 악한 세력들—통치자와 권세자, 그리고 어두운 세계
의 지배자들과 하늘에 있는 악한 영—을 대상으로 한다고 합니다. 즉 사

도 바울은 우리의 싸움이 겉보기에는 피와 살이 있는 사람들을 상대로 하는 것 같지만 사실은 혈과 육이 있는 사람들을 지배하는, 이 어두운 세계의 지배자들, 하늘에 있는 악한 영들을 대상으로 싸운다고 합니다. 그러므로 지금 누가 이 어두운 세계를 지배하고 있는가? 바로 이러한 악한 세력들입니다. 물론 이것이 하나님의 절대적 주권, 세상을 향한 하나님의 변함없는 간섭하심과 경영하심을 부정하는 것이 아닙니다. 하나님이 이 땅을 다스리지 않는다는 의미가 아닙니다. 저 공중의 새 한 마리도 하나님의 허락 없이는 떨어지지 않으며 들의 이름 없는 꽃도 입히시고 새들의 먹이도 챙겨 주시는 분이 하나님이십니다. 이 세계가 이렇게 움직여 가고 있는 것 자체가 하나님의 다스리심의 증거입니다.

또한 이것이 하나님과 악마를 대등한 세력으로 놓고 서로 싸우는 그런 이원론적인 주장을 하는 것이 아닙니다. 악마는 하나님을 대적한 자이지만 결코 하나님을 이길 수 없습니다. 하나님은 여전히 악마를 제어하고, 하나님의 비밀한 경륜을 위하여 이 악마를 사용하시기도 합니다. 그럼에도 불구하고 아담과 하와의 범죄 이후 잠깐 동안 사탄이 세상의 지배자로 등장합니다. 하나님이 당신의 주권을 포기하지 않았음에도 불구하고 한시적으로나마 사탄이 세상의 지배자로 허락됩니다. 사탄이 이 세상을 통치하는 것입니다. 그리고 하나님은 사탄이 통치하는 이 세상에서 하나님의 통치, 다스리심을 받는 그의 백성들을 만들어 가는 것입니다. 이 부분에 대해서는 나중에 상세하게 이야기하도록 하겠습니다.

어쨌든 악마가 세상을 지배하고 있습니다. 그렇다면 악마가 이 세상을 지배한다면, 어둠 세력이 세상을 다스린다면 그로 인한 결과가 있지 않겠습니까? 바로 그 결과가 무엇이냐 하면 '온갖 병들', '자연의 파괴', '인간 심성의 악해짐', '귀신이 들려서 미치는 것', '부조화', '인격의 파괴', '가정의 파괴', '살인과 다툼', '자연과 인간의 대립', '고난과 슬픔', '죽음' 등입니다. 바로 사탄이 세상을 지배하여 나타나는 것이지요. 더불어 사탄이 세상을 지배하기 위해 사용한 수단이 바로 이것들입니다. 누가복음 13장 10-17절을 보도록 하겠습니다.

> **10** 예수께서 안식일에 한 회당에서 가르치고 계셨다. **11** 그런데 거기에 열여덟 해 동안이나 병마에 시달리고 있는 여자가 있었는데, 그는 허리가 굽어 있어서 몸을 조금도 펼 수 없었다. **12** 예수께서는 이 여자를 보시고, 가까이 불러서 말씀하시기를 "여인이여, 그대는 병에서 풀려 났소" 하시고, **13** 그 여자에게 손을 얹으셨다. 그러자 그 여인은 곧 허리를 펴고 하나님께 영광을 돌렸다. **14** 그런데 회당장은, 예수께서 안식일에 병을 고치셨으므로, 분개하여 무리에게 말하였다. "일해야 하는 날이 엿새가 있으니, 엿새 가운데서 어느 날에든지 와서, 고침을 받으시오. 그러나 안식일에는 그러지 마시오." **15** 주께서 그에게 대답하셨다. "너희 위선자들아, 너희는 저마다 안식일에도 소나 나귀를 외양간에서 풀어 내어 끌고 나가서 물을 먹이지 않느냐? **16** 그렇다면, 아브라함의 딸인 이 여자가 열여덟 해 동안이나, 사탄에게 매여 있었으니, 안식일에라도 이 매임에서 풀어 주어야 하지 않겠느냐?" **17** 예수께서 이 말씀을 하시니, 그를 반대하던 사람들은 모두 부끄러워하였고, 무리는 모두 예수께서 하신 모든 영광스러운 일을 두고 기뻐하였다. (눅 13장 10-17절)

예수님이 18년 동안이나 허리가 굽어져 몸을 조금도 펼 수 없는 여인을 고칩니다. 그런데 예수님이 이 여인의 병을 어떻게 이야기하시느냐면 "아브라함의 딸인 이 여자가 열여덟 해 동안이나 사탄에게 매여 있었으니"(16절)라고 합니다. 즉 여인의 병을 사탄에게 매인 것으로 이야기하는 것이죠. 그러므로 우리는 병으로 고생하는 사람들이나 어떤 고난을 당하여 괴로움을 당하고 있을 때 그것을 너무 쉽게 "하나님의 섭리예요. 아마 지금은 모르지만 언젠가는 하나님의 뜻이 드러날 거예요. 아마 하나님이 하시려는 일이 있으시겠죠. 그러하니 그냥 받아들여야 합니다"라고 이야기하면 안 됩니다. 예수님은 18년이나 병마에 시달린 여인에게 하나님의 섭리라고 이야기하지 않고 단호하게 18년 동안이나 사탄에게 매여 있었다, 사탄의 지배를 받고 있었다고 이야기합니다. 여자의 병은 하나님이 주신 것이 아니라 악마가 주는 것입니다. 즉 세상에 나타나는 온갖 더러움, 온갖 질병, 고통, 자연의 재난들, 폭풍우와 홍수와 지진들로 인한 파괴적 현상은 하나님의 역사가 아니라 —하나님의 다스리심의 결과가 아니라— 사탄이 공중 권세를 잡고 세상을 다스리어 나타나는 것입니다. 이 세상을 사탄이 지배하고 있다, 이 세상이 사탄의 지배하에 놓여 있다는 것의 강력한 증거들이 바로 '병', '귀신 들림', '자연의 재난들', '죽음'입니다. 이것이 사탄의 무기들입니다.

우리는 신약 성서에 나오는 귀신 들린 자들을 특별히 더 악한 자들로 보면 안 됩니다. 귀신 들린 자들은 어떤 특별한 죄악들이 있어서, 보통 사람들과는 차원이 다른 죄를 저질러서 귀신이 들린 것이 아닙니다. 또한 귀신과 연합하여, 단합하여 귀신이 들린 것도 아닙니다. 그들은 보통 사람들보다 특별히 더 악한 자들이 아니라 특별히 더 불운한 자들입니다. 이 귀신 들린 자들은 귀신과 연합한 것이 아니라 귀신에게 붙잡힌 것입니다. 귀신에 매인 노예가 되어 귀신의 지배를 극명하게, 극단적으로 받고 있는 것입니다. 다시 이야기하면 사탄이 공중 권세를 잡고 세상을 다스리고 있기 때문에, 사람의 허락 없이도, 혹은 그의 반대에도 불구하고 그 사람에게로 들어가 그 사람의 인격을 사로잡을 수 있다는 것입니다. 그러므로 귀신 들린 자를 볼 때 그들이 특별히 죄가 더 많아서 그렇게 된 것이라고 생각하면 안 됩니다. 그들은 불운한 것입니다. 우리가 길을 가다가 교통사고를 당할 수 있습니다. 우리가 특별히 나빠서, 잘못해서 교통사고를 당하나요? 아니죠. '재수'가 없어서 당하는 거라고요. 모두 다 교통사고를 당할 수 있는데, 어쩌다가 나에게 일어난 거예요. 아시겠어요? 귀신이 들려 병에 들리는 것이 그것이라고요. 이 세상을 악마가, 어둠의 세력이 지배하기 때문이에요. '귀신 들림', '미치는 것', '병 걸림', '교통사고', '슬픈 일', '죽음', '자연 재해' 이런 것이 모두에게 일어날 수 있어요. 이 세상에서 사는 모든 사람에게 일어날 수 있다고요. 그 누구도 벗어날 수 없고 빠져나갈 수 없습니다. 왜요? 강력한 세력인 사탄의 지배하에 있기 때문입니다. "왜 하필 이 사람에게 일어났나요?" 이것은 모릅니다. 여러 가지 이유가 있겠지요. 그러나 근본적인 것은 사탄의 지배하에 있다는 것입니다.

　그래서 하나님 나라는 어떻게 임하는가? 바로 이 귀신, 사탄의 지배를 끊는 것으로, 이 사탄의 지배를 없애는 것으로 임하는 것입니다. 하나님의 나라는 하나님의 통치, 다스림이라고요. 그렇다면 하나님의 통치가 임하기 위해서는 먼저 다스리고 있는 세력을 물리쳐야 하지 않겠습니까? 그리고 사탄이 세상을 지배하고 있다는 가시적인 증거들이 무엇이에요? '온갖 병들', '귀신 들림', '자연의 재난들'입니다. 그리고 예수 그리스도가 "하나님 나라가 가까이 왔다"고 하면서 하신 일들이 무엇이냐면 귀신을 내쫓고 병자를 고치는 것입니다. 귀신을 쫓고 병자를 고침으로써 하나님 나라가 임했다는, 하나님의 통치가 임했다는 것을 가시적으로 보여 주는 것입니다. 대표적으로 몇 구절을 찾아보겠습니다. 마가복음 1장 25절, 누가복음 4장 39절, 마가복음 4장 39절입니다.

> 예수께서 그를 꾸짖어 말씀하시기를 "입을 다물고 이 사람에게서 나가거
> 라" 하셨다.(막 1:25절)

> 예수께서 그 여자에게 다가서서 굽어 보시고, 열병을 꾸짖으셨다. 그러자
> 열병이 물러가고, 그 여자는 곧 일어나서 그들의 시중을 들었다.(눅 4:39절)

> 예수께서 깨어나셔서 바람을 꾸짖으시고, 바다더러 "고요하고, 잠잠해져
> 라" 하고 말씀하시니, 바람이 그치고 아주 고요해졌다.(막 4:39절)

귀신 들린 사람이 나오고, 열병에 걸린 사람이 나오고, 바람과 바다의
파도가 나옵니다. 마귀의 지배를 드러내는 가시적인 증거들입니다. 그런
데 예수님이 이것들을 꾸짖는단 말이죠. '꾸짖다'라는 말은 인격을 대상
으로 말할 때 사용하는 표현으로, 이것은 곧 마귀를 꾸짖음을 의미합니
다. 예수님이 귀신 들린 사람, 열병에 걸린 사람, 풍랑을 일으키는 바다에
대한 마귀의 지배권을, 통치권을 박탈하는 것입니다. 그리고 하나님 나라
의 임함, 하나님의 통치권이 시작되는 것입니다. 마태복음 12장 28절에
서 이렇게 이야기합니다.

> 그러나 내가 하나님의 영을 힘입어 귀신을 내쫓는 것이면, 하나님의 나라
> 가 너희에게 왔다.(마 12:28절)

예수님은 귀신을 쫓아내는 것이 곧 하나님의 나라가 임했음을 증거한
다고 합니다. 하나님의 통치가 임했으니까 사탄의 통치가 끝나는 것이지

요. 하나님의 주권, 하나님의 다스리심이 회복되는 만큼 사탄은 패배하여 쫓겨나가는 것입니다. 그래서 복음서에 묘사된 것처럼 예수님이 하나님 나라를 전할 때는 항상 귀신을 쫓아내는 일과 병을 고치는 일이 따랐던 것입니다. 그런데 문제는 이것입니다. 지금까지 한 설교를 들으면 이런 의문이 들지 않습니까? 그렇다면 예수를 믿으면 무조건 병이 들지 말아야 하고 건강해야 하지 않는가? 예수를 믿는데도 여전히 병이 들고 아프고 사고를 당한다면 그것은 하나님 나라가 임한 것이 아니지 않는가? 하는 의문이 들 수 있습니다. 이제 이 부분에서 우리가 정리를 제대로 해야 합니다.

마귀의 목적은 사람을 파괴하고 망하게 하는 것입니다. 마귀는 그가 가진 죄악된 것, 더러운 것, 온갖 부정적인 것, 최후에는 죽음까지 동원하여 사람을 사로잡고 사람을 파괴하고 망하게 합니다. 그 누구도 이러한 마귀의 지배하에서 벗어날 수 없습니다. 왜요? 세상은 이 마귀가 다스리고 있기 때문입니다. 그런데 하나님 나라가 예수 그리스도로 말미암아 왔습니다. 하나님 나라는 마귀의 지배를 끊고 하나님의 통치를 회복하는 것입니다. 예수 그리스도는 하나님 나라가 이 땅에 임했다는 가시적이고 상징적인 증거로서 사탄이 세상을 지배하고 있다는 가시적이고 상징적인 증거들인 귀신 들린 사람, 병에 걸린 사람, 바다에 이는 풍랑을 효과적으로 다스리십니다. 그들을 꾸짖어 없애는 것입니다. 즉 예수님 사역의 목적은 귀신 들린 사람을 고치고, 병에 걸린 사람을 고치고, 바다를 잔잔케 하는 것 자체에 있지 않습니다. 그것을 토대로 해서 하나님 나라가 임했다는 것을 보여 주고자 합니다. 하나님의 나라가 임했다는 가시적 증거로서 그 일을 행한 것이지, 그것 자체가 주된 목표는 아니라는 것입니다.

어둠 세력이 세상을 지배하고 있다는 가장 강력한 증거는 무엇입니까? 사람들이 하나님을 안 믿는 것입니다. 그렇다면 하나님 나라가 임했다는 가장 강력한 증거는 무엇이에요? 사람들이 하나님을 믿고 하나님께 의존한다는 것입니다. 사탄은 세상에 대한 자신의 지배력을, 귀신을 들리게 하고, 병에 걸리게 하고, 바다에 풍랑을 일으키는 것으로 항상 표현하지는 않습니다. 그것은 아주 상징적인 제스처죠. 사탄의 궁극적 목적, 목표는 사람들로 하여금 하나님을 떠나게 하여 제멋대로 살게 하는 것, 결국 사탄 자신의 뜻대로 살게 하는 것입니다. 이것을 위해서 그는 자신이 가진 온갖 무기들을 동원하는 것입니다. 그런데 하나님 나라가 그러한 사탄의 온갖 무기들을 무용지물로 만듭니다. 이 세상은 아직도 사탄이 권세를 휘두르는 무대이고, 그가 가진 무기로 사람들을 노예로 삼는 등 세상의 질서가 사탄의 영향력 아래에서 움직이기 때문에 우리 신자들도 그러한 사탄의 영향력에서 벗어날 수 없습니다. 신실한 신자들이라고 해서 마귀가 지배하는 이 세상의 악한 영향력으로부터 벗어나지 못한다는 것입니다.

신자들도 불의의 사고로 죽을 수 있고, 병에 걸리고, 어느 날 교통사고를 당할 수도 있고, 새벽 기도를 가다가 강도를 만날 수도 있습니다. 이 생태계가 사탄의 지배로 나날이 파괴되어 가는데, 그래서 공해라든가, 오염이 심해져서 우리도 알게 모르게 병에 걸리고, 암에도 걸릴 수 있습니다. 그러다가 죽습니다. 사탄이 이런 방법으로 사람들을 지배하는 목적은 하나님을 떠나게 하고, 하나님의 통치를 받지 않게 하는 것인데, 정작 신자들은 사탄의 영향력으로 하나님을 떠나는 것이 아니라 오히려 하나님을 가까이 하게 되고, 하나님을 찾게 되고, 하나님의 다스리심을 더욱더 굳건히 합니다. 사탄이 우리를 망하게 하려고 사용하는 수단들이 우리를 망하게 하는 것이 아니라 도리어 하나님께 더 다가가게 합니다. '죽음'이 그런 것 아닙니까? 사탄의 지배하에서 죽음이란 저주이며 망하는 것이며 끝없는 절망입니다. 사탄의 가장 강력한 무기가 죽음입니다. 그러나 예수 그리스도 안에서 죽음은 더 이상 저주도 아니고, 절망도 아니고, 오히려 부활의 영광에 이르는 첫걸음이 되는 것입니다.

우리는 사탄이 다스리는 세상의 질서로부터 벗어나지 못해도 망하지 않습니다. 세상의 영향력이 우리에게 아무런 권세를 행사할 수 없습니다. 왜요? 우리는 사탄이 지배하는 이 세상의 질서에 속한 것이 아니라 하나님 나라에, 하나님의 통치 질서에 속한 자들이기 때문입니다. 사탄은 우리를 어떻게 공격합니까? 그가 가지고 있는 무기가 무엇이에요? 병과 고통과 죽음과 귀신 들림 등의 파괴적이고 부정적인 것들입니다. 사람들을 고통과 병마로 괴롭힙니다. 그것을 통해서 자신을 경배하게 하고, 섬기게 하고 사탄의 방법대로 세상을 살게 합니다. 고통과 병마에서 벗어나려면 자신의 방법대로 살아야 한다고 사탄은 사람들을 속입니다. 그러므로 사탄의 질서 아래 살고 있는 여러분에게 닥치는 고통과 병과 어려움과 고난의 해결책으로 사탄이 제시하는 방법에 여러분 자신을 맡기면 안 됩니다. 즉 남을 해치는 방법으로, 남의 것을 빼앗는 방법으로, 남을 괴롭히고 또한 하나님이 주신 선한 것들을 파괴하는 방법으로 우리가 당하는 고난에서 빠져나오고자 한다면 그것이야말로 사탄의 지배에 넘어가는 것입니다.

더 나아가 우리는 질병에 걸리지 않도록 최선을 다해 운동하고, 음식도 가려 먹고, 열심히 살아야 하지만 그것에 목숨을 걸지 말아야 합니다. 건강한 몸과 행복하고 안락한 삶이 나쁜 것은 아닙니다. 좋습니다. 그러나 거기에 우리의 목숨을 걸고, 신앙의 초점을 둔다면 우리의 삶은 이 사탄적 질서의 영향력으로부터 결코 벗어날 수 없습니다. 우리가 아무리 조심하고, 우리가 아무리 음식을 가려 먹고, 우리가 아무리 노력을 해도 어느 날 갑자기 병에 걸리고, 어느 날 갑자기 교통사고를 당하고, 어느 날 갑자기 물에 빠져 죽고, 어느 날 갑자기 강도를 만납니다. 우리의 잘못으로 벌어지는 일이 아니라 이 세상의 질서가 그렇기 때문입니다.

그래서 우리 신앙의 초점을 아무 어려움 없이 세상을 행복하게 사는 것 자체에 둔다면 곧바로 사탄의 지배에 충실할 수밖에 없는 상황이 되고 맙니다. 우리가 가지고 있는 신앙의 담대함이라든가 감사함은 질병에서 놓임을 받고, 건강한 몸으로 행복한 삶을 사는 데에 있지 않습니다. 오히려 우리가 갑자기 당하는 질병과 아픔과 약한 몸과 고난들 그리고 어느 날 갑자기 나에게 찾아온 불운한 일이 나를 망하게 하지 않는다는 데에 있습니다. 왜요? 이제 나를 다스리고, 나를 통치하시는 자가 사탄이 아니라 하나님이시기 때문입니다. 더 이상 우리가 사탄적 질서의 영향력으로 떠안는 고통과 아픔들이 우리를 퇴보시키거나 신앙을 퇴색시키는 것이 아니라 반대로 우리를 더욱더 하나님께 가까이 가게 하고, 하나님의 능력이 온전히 드러나는 선한 수단으로 사용됩니다. 신자에게 일어나는 그 어떤 일도 무의미하거나 가치 없는 일은 없습니다. 사탄이 우리를 아무리 공격하고, 망하게 하고, 죽이고자 달려들지라도 결코 우리를 망하게 하지 못합니다. 도리어 그것이 우리를 흥하게 할 것입니다. 우리를 더욱더 성숙시킬 것입니다. 이것이 하나님 나라에 속한, 하나님의 다스림을 받는 신자의 운명이자 모습입니다. 하나님 나라는 사탄의 세력과는 도저히 비교할래야 비교할 수 없는 엄청난 것입니다. 사탄의 영향을 끊임없이 받을지라도 결코 무너지지 않는 나라가 바로 하나님 나라입니다. 우리는 예수 그리스도의 은혜로 말미암아 이 나라에 속했습니다. 바로 이 것이 이 땅에 사는 신자의 정체성, 존재입니다. 그리고 이러한 확인하에 이 세상에서의 신자의 삶을 보아야 합니다. 신자로서 이 악마적 속성으로 움직여 가는 세상을 살아야 하며, 싸워야 하며, 투쟁해야 합니다.

그렇다면 이 투쟁이 이기는 게임인가요? 아닙니다. 지는 게임입니다. 여기에 신자의 딜레마가 있습니다. 우리는 세상에 대해 그리 낙관적이지 않습니다. 우리가 가진 이 미미한 힘이 세상을 변화시키리라 생각하지 않습니다. 우리의 선함이 세상의 악함을 이기지 못합니다. 지는 싸움인 줄 앎에도 불구하고 싸우는 것입니다. 이 땅에서 하나님 나라의 최고의 삶의 방식이 무엇이에요? 죽음 아닙니까? 왜 죽어야 해요? 지는 게임이기 때문입니다. 이길 수 없기 때문에 죽는 거예요. 그래서 다시 원점으로 돌아가도 결국 우리의 소망은 하나님 이외에 없는 것입니다. 하나님이 우리를 다스리고 계시다는 믿음, 지금 눈앞에서 지는 게임 자체를 보는 것이 아니라 보이지 않는 하나님에 대한 믿음…. 그래서 지는 게임임에도 불구하고, 바위에 계란을 치는 싸움임에도 불구하고, 결국 내가 비참하게 죽어야 하는 싸움임을 앎에도 불구하고 하나님의 통치, 다스리심을 믿기 때문에 이 신앙의 싸움을 해 나갈 수 있습니다. 누가 여러분의 주인인지, 누가 여러분을 통치하고 있는지 깊이 생각해 보십시오. 여러분 각자의 삶 속에서 벌어지는 그 어렵고 고통스럽고 힘겨운 일 자체만 보고 그것을 해결하기 위해 세상의 옳지 않은 방법까지 동원하면서 안달복달하지 마십시오. 지금 누가 여러분을 다스리고 있는지, 또 지금 여러분이 어느 나라에 속했는지를 확인하십시오.

32 해가 져서 날이 저물 때에, 사람들이 모든 병자와 귀신 들린 사람을 예수께로 데리고 왔다. 33. 그리고 온 동네 사람이 문 앞에 모여들었다. 34. 그는 온갖 병에 걸린 사람들을 고쳐 주시고, 많은 귀신을 내쫓으셨다. 예수께서는 귀신들이 말하는 것을 허락하지 않으셨다. 그들이 예수가 누구인지를 알았기 때문이다.

예수께서 온갖 병에 걸린 사람들을 고치시고 많은 귀신을 내쫓으셨습니다. 그런데 예수님이 귀신들이 말하는 것을 허락하지 않으셨다고 했는데, 그 이유는 그 귀신들이 예수가 누구인지를 알았기 때문이라고 합니다. 마가복음에는 이러한 예수님의 침묵 명령이 자주 나옵니다. 몇 구절을 찾아보도록 하겠습니다. 마가복음 1장 24-25절입니다.

24 "나사렛 사람 예수님, 왜 우리를 간섭하려 하십니까? 우리를 없애려고 오셨습니까? 나는 당신이 누구인지 압니다. 하나님께서 보내신 거룩한 분입니다." **25** 예수께서 그를 꾸짖어 말씀하시기를 "입을 다물고 이 사람에게서 나가거라" 하셨다.

귀신이 예수님에게 "나는 당신이 누구인지 압니다. 당신은 하나님이 보내신 거룩한 분입니다"라고 소리치자 예수님이 그 귀신을 꾸짖으면서 입을 다물라고 하십니다. 마가복음 1장 40-44절입니다.

> **40** 나병 환자 한 사람이 예수께로 와서, 그 앞에 무릎을 꿇고 "선생님께서 하고자 하시면, 나를 깨끗하게 해주실 수 있습니다" 하고 간청하였다. **41** 예수께서 그를 불쌍히 여기시고, 손을 내밀어 그에게 대시고 "그렇게 해주마. 깨끗하게 되어라" 하고 말씀하시니, **42** 곧 나병이 그에게서 떠나고, 그는 깨끗하게 되었다. **43** 예수께서 단단히 이르시고, 곧 그를 보내셨다. **44** 예수께서 그에게 말씀하셨다. "아무에게도 아무 말도 하지 말아라. 가서, 제사장에게 네 몸을 보이고, 네가 깨끗하게 된 것에 대하여 모세가 명령한 것을 바쳐서, 사람들에게 증거로 삼도록 하여라." (막 1:40-44)

예수님이 한 나병 환자를 고치셨습니다. 그리고 그 나병 환자에게 단단히 이르시기를 "아무에게도 아무 말도 하지 말라"고 하십니다. 즉 환자 자신이 어떻게 병을 고치게 되었는지, 누가 자기의 병을 고쳤는지, 누가 이러한 놀라운 기적을 베풀었는지를, 예수님이 아무 말도 하지 말라고 하시는 것입니다. 마가복음 3장 10-12절입니다.

> **10** 그가 많은 사람을 고쳐 주셨으므로, 온갖 병으로 고통받는 사람들은, 누구나 그에게 손을 대려고 밀려들었기 때문이다. **11** 또 악한 귀신들은 예수를 보기만 하면, 그 앞에 엎드려서 "당신은 하나님의 아들입니다" 하고 외쳤다. **12** 그러면 예수께서는 "나를 세상에 드러내지 말아라" 하고, 그들을 엄하게 꾸짖으셨다. (막 3:10-12)

악한 귀신들이 예수님만 보면 "당신은 하나님의 아들입니다" 하고 소리칩니다. 그러자 예수님께서 자신을 세상에 드러내지 말라고 하시면서 귀신들을 엄하게 꾸짖었다고 합니다. 마가복음 8장 27-30절입니다.

> **27** 예수께서 제자들과 함께 빌립보의 가이사랴에 있는 여러 마을로 길을 나서셨는데, 도중에 제자들에게 물으시기를 "사람들이 나를 누구라고 하느냐?" 하셨다. **28** 제자들이 예수께 대답하였다. "세례자 요한이라고 합니다. 엘리야라고 하는 사람들도 있고, 또 예언자 가운데 한 분이라고 하는 사람들도 있습니다." **29** 예수께서 그들에게 물으셨다. "그러면, 너희는 나를 누구라고 하느냐?" 베드로가 대답하였다. "선생님은 그리스도이십니다." **30** 예수께서 그들에게 엄중히 경고하시기를, 자기에 관하여 아무에게도 말하지 말라고 하셨다. (막 8:27-30)

베드로가 예수님을 '그리스도', '메시아'라고 고백합니다. 그러자 예수님이 베드로에게 엄중히 경고하시기를 자기에 관하여 아무에게도 말하지 말라 하십니다. 오늘 설교는 이러한 침묵 명령이 무엇을 의미하는지 살펴보려고 합니다. 메시아로 이 땅에 오신 예수님이 자신을 메시아로, 하나님의 거룩한 자로 드러내려는 자들의 시도를 왜 엄중하게 꾸짖고 침묵을 명했는지를 살펴보려고 합니다. 본문을 보면 예수님께서 귀신들이 말하는 것을 허락하지 않았는데, 그 이유는 귀신들이 예수님이 누구인지를 알았기 때문이라는 것입니다. 귀신들이 예수님을 알았다는 내용은 이미 1장 21-28절 단락에 자세하게 나와 있습니다. 1장 23-25절을 읽어 보시기 바랍니다.

> **23** 그 때에 회당에 악한 귀신 들린 사람이 하나 있었는데 그가 큰소리로

이렇게 말하였다. **24** "나사렛 사람 예수님, 왜 우리를 간섭하려 하십니까? 우리를 없애려고 오셨습니까? 나는 당신이 누구인지 압니다. 하나님께서 보내신 거룩한 분입니다." **25** 예수께서 그를 꾸짖어 말씀하시기를 "입을 다물고 이 사람에게서 나가거라" 하셨다. (막 1:23-25절)

귀신은 예수님을 안다고 이야기합니다. 하나님께서 보내신 거룩한 분이라는 것입니다. 여기서 귀신이 예수님을 '안다'는 것은 구원과 관련되어 사용되는 '아는 것'과는 상관없습니다. 요한복음에 의하면 "영생이란 하나님과 그의 아들을 아는 것"이라고 합니다. 요한복음에서의 '앎'은 지식적인 차원에서의 아는 것이 아니라 '관계'라는 차원에서의 아는 것입니다. 영생이란 하나님과 그의 아들을 아는 것인데, 이것을 다른 말로 표현하면 "영생이란 하나님과 그의 아들 예수 그리스도와 인격적인 사귐의 관계, 의존의 관계, 순종의 관계에 있는 것"입니다.

귀신이 예수 그리스도를 안다고 해서 영생을 소유했다고 하지 않습니다. 귀신이 예수님을 안다고 이야기하고, 또한 귀신이 가진 예수님에 대한 지식, 즉 하나님께서 보내신 거룩한 분이라는 지식이 정확하다고 하여 귀신을 하나님의 백성이라고 하지 않습니다. 이 귀신의 지식은 영생 혹은 구원과는 상관없는 지식입니다. 예수가 메시아이며, 하나님의 아들이며 하나님께서 보내신 거룩한 분이라는 것을 귀신이 정확하게 알고 있지만 그 알고 있는 사실이 그를 영생으로 인도하지 않습니다. 왜 그렇죠? 귀신이 가진 정확한 지식이 왜 그를 영생으로 인도하지 못할까요? 그것은 귀신이 가진 예수 그리스도에 대한 지식이 예수 그리스도와 아무런 관계가 없기 때문입니다. 즉 지식을 가졌지만 예수 그리스도를 모르기 때문입니다. 귀신은 그가 소유한 예수에 대한 지식을 예수 그리스도와의 인격적인 사귐의 관계, 순종과 의존의 관계를 만드는 데 사용하는 것이 아니라 오히려 예수 그리스도를 지배하고 자기의 욕심과 탐욕, 더러움을 이루는 데에 사용합니다.

"나는 당신이 누구인지 압니다. 하나님께서 보내신 거룩한 분입니다"라는 귀신의 발언은 예수 그리스도에 대한 항복이 아니라―예수 그리스도와 인격적 사귐의 관계를 맺기 위한 지식의 확인이 아니라―"나는 당신이 누구인지 안다. 그러니 나를 공격할 생각은 하지 마라"식의 항거가 담긴 발언입니다. 다시 말해 귀신은 자신이 가진 예수 그리스도에 대한 지식을 어떻게 사용하느냐면 예수 그리스도를 적대하는 데에, 예수 그리스도를 공격하는 데에 사용하는 것입니다. 참으로 무서운 사실입니다. 예수 그리스도를 몰라서, 예수 그리스도를 적대하는 것이 아니라 예수 그리스도를 알고 있음에도 불구하고 적대합니다. 예수 그리스도에 대한 정확한 지식을 통하여 예수 그리스도께 항복하는 것이 아니라 오히려 그 지식을 예수 그리스도의 사역을 방해하고, 거역하고, 훼방하는 데에 사용합니다.

예수 그리스도에 대한 바른 지식이 우리로 하여금 자동적으로 예수 그리스도와 인격적 관계를 맺도록 해 주지 않습니다. 자칫 잘못하면 바른 지식이 예수 그리스도를 거역하는 데 사용될 수 있습니다. 그러므로 예수 그리스도에 대한 지식이, 우리의 욕심과 야망을 이루고자 하면 잘못된 수단으로 사용될 수 있음을 한시도 잊지 마셔야 합니다. 자기중심적이고 이기적인 마음으로 자기의 야망을 이루기 위해 신앙이 동원되는 한 우리가 아무리 바른 지식을 가지고 있다 할지라도 그 바른 지식은 제대로 쓰일 수가 없습니다. 여러분이 가진 하나님에 대한 바른 지식들이 지금 어떻게 쓰이고 있는지, 또 여러분 안에서 무엇을 산출해 내는지를 살펴보셔야 합니다. 하나님과 예수 그리스도와의 인격적인 사귐의 관계, 순종과 의존의 관계를 만드는지, 아니면 그 바른 지식, 많은 지식이 오히려 예수 그리스도로부터 독립하게 하는지를 살펴보셔야 합니다.

이제 살펴볼 것은 이것입니다. 지금 귀신이 예수님에 대한 지식을 가지고 예수님께 항거하고 있습니다. 이 귀신의 항거는 예수님의 사역을 방해하고 훼방하는 것입니다. 그러기에 예수님이 이 귀신에게 침묵을 명령하는 것이지요. 그런데 귀신의 이러한 발언이 어찌하여 —"나는 당신이 누구인지 압니다. 하나님께서 보내신 거룩한 분입니다"— 예수님의 사역을 방해하는 것일까요? "오히려 예수님의 사역을 더 드러내 주고 도움이 되면 되었지, 어떻게 방해가 된단 말인가? 하나님 나라가 사탄의 지배를 끊고 하나님의 통치하심을 회복하는 것이라면 이러한 귀신의 발언은 오히려 하나님 나라를 증명해 주는 것이 아닌가? 그러하니 귀신의 발언이 어떻게 예수님의 사역을 방해하는 것이라고 할 수 있는가?"라는 의문이 들 수 있습니다. 예수님은 왜 귀신의 발언을 침묵시켰을까요? 한편 귀신은 자신의 발언을 통해 얻고자 한 것은 무엇일까요?

예수님은 지금 십자가의 길, 죽음의 길을 가는 중입니다. 예수님의 사역과 가르침 자체가 죽음의 내용을 담고 있습니다. 그분은 세례를 받으셨을 때 이미 죽음을 맛보셨습니다. 그분은 죽음으로 이 땅에 하나님 나라를 가져오십니다. 예수님은 당신의 능력을 드러내고, 과시하고, 힘과 권력을 자랑하고, 내세우는 것으로 당신의 메시아 됨을 증명하는 것이 아니라 죽기까지 순종하는 모습으로 그 메시아 됨을 드러냅니다.

광야에서 사탄이 예수님을 시험했을 때 그 시험의 내용은 예수의 능력을 보여 달라는 것이었습니다. "네가 하나님의 아들이거든 … 한번 해 봐라…. 하나님의 아들이라고 하면서 고작 이것도 못 하냐?" 이것이 사탄의 시험이었습니다. 이러한 시험에 예수님은 사탄이 요구하는 방식대로 당신이 하나님의 아들임을 증명하지 않습니다. 오히려 하나님의 말씀으로 사탄의 시험을 이기십니다. 예수님이 십자가에 달려 돌아가실 때 사람들의 요구가 무엇이었습니까? 광야에서 사탄이 예수님을 유혹한 내용과 똑같은 것입니다. "네가 하나님의 아들이거든 내려와 봐라. 그가 남은 구원하였으되 자기는 구원할 수 없도다", "네가 하나님의 아들이거든 한번 증명해 봐라. 그 십자가에서 비참하게 죽어가면서 무슨 하나님의 아들이라고 하느냐? 네가 하나님의 아들이라고 믿을 수 있게 한번 내려와 봐라." 이것이 십자가에 달리신 예수 그리스도를 향해 사람들이 시험하고 욕한 내용입니다. 그러나 예수님은 이들의 요구대로 당신의 메시아 됨, 하나님의 아들 됨을 증명하는 것이 아니라 오히려 그 십자가를 지는 것으로, 즉 죽음의 삶을 순종하여 받아들이는 것으로 당신의 메시아 됨, 하나님의 아들 됨을 드러내십니다.

그래서 예수님이 귀신의 발언을 침묵시키는 것입니다. 귀신은 예수 그리스도에 대한 발언을 사람들 앞에서 공개적으로 함으로써 —죽음의 길을 가는 메시아, 당신의 하나님의 아들 됨을 힘과 권력과 이 세상의 권세로 증명하지 않고 오직 죽기까지 순종하는 것으로 드러내고자 한—예수 그리스도의 사역을 훼방합니다. 이 귀신의 외침은 메시아, 하나님의 아들에 대한 그릇된 환상, 즉 정치적·군사적인 힘, 그리고 권력과 권세를 가지고 세상을 힘으로 평정하는 메시아에 대한 환상을 한층 더 부추깁니다. 귀신은 예수님의 이러한 놀라운 사역을 사람들에게 알림으로써 십자가의 삶, 죽음의 삶을 지기 위해 오신 예수 그리스도를 사람들로 하여금 군사적 · 물리적인 힘, 권세와 총, 그리고 칼과 돈을 가지고 자신들의 정치적 야망을 이루어 주는 분으로 이용하게 만듭니다. 즉 예수 그리스도에 대한 심각한 오해와 곡해를 사람들에게 심어 주려는 것이 귀신의 발언에 담긴 목적입니다. 그래서 예수님이 이 귀신의 발언을 중지시키는 것입니다.

그런데 문제는 이것이 이 귀신에게만 해당되는 문제인가, 즉 이러한 발언이 담고 있는 마인드, 메시지, 내용이 이 귀신에게만 해당되는 것인가? 그렇지 않다는 것입니다. 마가복음 1장 40-45절입니다.

> **40** 나병 환자 한 사람이 예수께로 와서, 그 앞에 무릎을 꿇고 "선생님께서 하고자 하시면, 나를 깨끗하게 해주실 수 있습니다" 하고 간청하였다. **41** 예수께서 그를 불쌍히 여기시고, 손을 내밀어 그에게 대시고 "그렇게 해주마. 깨끗하게 되어라" 하고 말씀하시니, **42** 곧 나병이 그에게서 떠나고, 그는 깨끗하게 되었다. **43** 예수께서 단단히 이르시고, 곧 그를 보내셨다. **44** 예수께서 그에게 말씀하셨다. "아무에게도 아무 말도 하지 말아라. 가서, 제사장에게 네 몸을 보이고, 네가 깨끗하게 된 것에 대하여 모세가 명령한 것을 바쳐서, 사람들에게 증거로 삼도록 하여라." **45** 그러나 그는 나가서, 모든 일을 널리 알리고, 그 이야기를 퍼뜨렸다. 그러므로 예수께서는 드러나게 동네로 들어가지 못하시고, 바깥 외딴 곳에 머물러 계셨다. 그래도 사람들이 사방에서 예수께로 모여들었다. (막 1:40-45절)

예수님이 나병 환자를 고치시고 나서 그에게 단단히 이르시기를 아무에게도 아무 말도 하지 말라고 하십니다. 그런데 그 사람이 예수님의 침묵 명령을 어기고 온 동네에 전합니다. 그러자 예수님이 드러나게 동네로 들어가지 못했습니다. 예수님이 왜 나병 환자에게 침묵을 명하는 것이죠? 나병 환자가 자신의 병이 예수에게서 고침 받았다고 선전하고 다니는 것은 곧 예수 그리스도의 죽음의 삶에 대한 심각한 방해입니다. 사람들은 예수의 죽음, 죽기까지 순종하시는 모습을 통해서 메시아 됨, 하나님의 아들 됨을 아는 것이 아니라 기적과 신기한 능력 그리고 정치적·군사적 힘을 통해 메시아 됨을 확인하려고 합니다. 더욱이 그 힘에서 나오는 이익을 얻으려고 예수 그리스도를 따라다니는 잘못된 일이 발생하게 됩니다. 그래서 그것을 방지하기 위해서 예수님이 이 나병 환자에게 엄중하게 침묵을 명령하십니다. 그런데 이 사람은 자신이 예수에게서 치료를 받았기에 고침 받은 사실을, 즉 바른 지식을 가지고 사람들에게 알립니다. 결국 그것은 오히려 예수 그리스도의 사역을 방해하는 결과를 가져옵니다.

제자들도 마찬가지였습니다. 마가복음 8장 27-30절을 보시면 예수님이 제자들에게 "너희는 나를 누구라고 하느냐"라고 묻습니다. 그러자 베드로가 "선생님은 그리스도이십니다"라고 고백합니다. 그러자 예수께서 베드로를 비롯한 제자들에게 엄중히 경고하시면서 자기에 관해 아무에게도 말하지 말라고 하십니다. 여기서도 침묵을 명하십니다.

그렇다면 마가복음 8장의 베드로의 고백과 마가복음 1장이나 3장에 나오는 귀신의 발언은 어떤 차이가 있나요? 또한 나병 환자의 선전과는 어떤 차이가 있을까요? 내용상 아무런 차이가 없습니다. 같은 마인드에서 나오는 발언입니다. 그것을 증거하는 것은 이러한 발언들에 대한 예수님의 반응입니다. (아래의 구절 참조)

1장 43절	단단히 이르시고
3장 11-12절	엄하게 꾸짖으시고
8장 30절	엄중히 경고하시고

귀신의 발언과 나병 고침을 받은 사람의 선전, 그리고 베드로의 고백은 같은 마인드에서 나오는 발언입니다. 이들은 예수 그리스도에게 정치적·군사적 메시아, 힘과 권력을 가지고 세상에 모습을 드러내는 메시아, 하나님의 아들 됨을 요구합니다. 또한 이들은 예수님을 정치적·군사적·메시아, 그리고 하나님의 아들로 이해하고 있습니다. 귀신은 계속해서 예수님에게 정치적·군사적인 하나님의 아들 됨의 증거를 요구하고, 제자들과 군중들은 예수님에게서 정치적·군사적인 성공과 영광의 하나님의 아들 됨, 그리고 메시아 됨을 보고 있습니다. 그래서 예수님이 베드로의 "선생님은 그리스도이십니다"라는 고백, 귀신들의 "당신은 하나님이 보내신 거룩한 분이십니다"라는 발언, 나병 환자의 "예수라는 분이 내 병을 고쳤습니다. 저 분이 메시아입니다"라는 선전을 막는 것입니다. 못하게 하는 것입니다. 그러한 정치적·군사적인 마인드로 자기를 드러내지 말라고 하십니다. 그들의 그러한 고백, 발언, 선전 자체가 틀린 것은 아닙니다. 베드로의 고백처럼 예수님은 그리스도이시며, 귀신들의 발언처럼 예수님은 하나님이 보내신 거룩한 분이시며, 나병 환자의 선전처럼 예수님이 그의 병을 고쳐 주셨습니다. 사실이고 진리입니다. 그러나 그러한 사실과 진리가 어떤 마인드에서 나오느냐에 따라서 그것은 예수님의 삶에 동참하는 한편 예수님의 사역을 심각하게 방해하는, 훼방하는 것이기도 합니다.

이것은 사탄의 짓입니다. 예수 그리스도의 구속 사역을 방해하는 귀신

147

의 전략이고 책동입니다. 예수님을 정치적·군사적인 메시아로 보게 하는 것, 예수님을 세상에서의 성공과 권력과 명예와 돈을 가져다주는 분으로 믿고 소망하게 만드는 것이 다 사탄의 짓입니다. 아주 나쁜 짓입니다. 저의 말이 과격하게 들리십니까? 그러나 이것은 저의 말이 아니라 예수님의 말씀입니다. 마가복음 8장 31-33절을 봅시다.

> **31** 그리고 예수께서는, 인자가 반드시 많은 고난을 받고, 장로들과 대제사장들과 율법학자들에게 배척을 받아, 죽임을 당하고서, 사흘 뒤에 살아나야 한다는 것을 그들에게 가르치기 시작하셨다. **32** 예수께서 드러내 놓고 이 말씀을 하시니, 베드로가 예수를 꼭 붙들고, 예수께 항의하였다. **33** 그러나 예수께서는 돌아서서, 제자들을 보시고, 베드로를 꾸짖어 말씀하시기를 "사탄아, 내 뒤로 물러가라. 너는 하나님의 일을 생각하지 않고, 사람의 일만 생각하는구나!" 하셨다. (막 8:31-33절)

이제 드디어 예수님이 당신의 그리스도 되심, 하나님의 아들 되심이 갖는 의미를 설명합니다. 다시 말해 '죽음'을 가르치시는 것입니다. 본문에서 '항의'라는 표현은 완곡하게 번역한 것입니다. 원문은 '꾸짖다'입니다. 즉 베드로가 예수님을 꾸짖는 거라고요. 왜 꾸짖죠? 예수님이 이야기하는 인자의 죽음이 그동안 베드로 자신이 생각한 메시아관과는 너무 다르기 때문입니다. 정치적·군사적 메시아를 고대했는데 기대와는 달리 예수님이 엉뚱한 이야기를 하니까 화가 나서 꾸짖는 겁니다. 그러자 예수님이 "사탄아, 내 뒤로 물러가라"라고 말씀하십니다. 그러므로 예수님의 그리스도 되심, 예수님의 구원자 되심, 하나님의 아들 되심은 그의 죽으심과 십자가의 삶을 떼어놓을 수 없습니다. 더구나 그의 죽음에 대한 이해 없이, 예수 그리스도의 죽음의 삶에 동참 없이는 무의미한 것입니다.

예수 그리스도의 죽음의 삶을 빼 놓고, 또한 그 죽음의 삶에 동참 없이 예수 그리스도에 대한 신앙을 고백하는 것은 '사탄의 짓'입니다. 제 말이 과격하나요? 예수님이 하신 말씀입니다.

하나님 나라는 사람들이 요구하고 기대하는 것처럼 힘과 권세, 그리고 성공, 눈에 보이는 표적과 기적을 통하여 증명되지 않습니다. 예수님이 메시아라는 증거, 예수님이 하나님의 아들이라는 표적은 병을 고치고, 귀신을 내쫓고, 사업이 성공하고, 높은 지위에 올라가는 것이 아닙니다. 외적으로는 패배의 모습이고, 좌절의 모습이고, 지는 모습이고, 죽음의 모습이지만 십자가에 달리신 예수야말로 바로 진정 하나님의 아들이고 메시아라는 유일한 표적입니다. 사도 바울은 이러한 사실을 이렇게 표현합니다. 고린도전서 1장 22-25절입니다.

> **22** 유대 사람들은 표적을 구하고, 그리스 사람은 지혜를 찾으나, **23** 우리는 그리스도를 전하되, 십자가에 달리신 분으로 전합니다. 이것은 유대 사람에게는 거리낌이고, 이방 사람에게는 어리석음이지만, **24** 부르심을 받은 사람에게는, 유대 사람에게나 그리스 사람에게나 그리스도는 하나님의 능력이요, 하나님의 지혜입니다. **25** 하나님의 어리석음이 사람의 지혜보다 더 지혜롭고 하나님의 약함이 사람의 강함보다 더 강하기 때문입니다. (고전 1:22-25절)

유대 사람은 표적을 구하고 그리스 사람은 지혜를 찾지만 우리는 그리스도를 전하되, 십자가에 달리신 분으로 전한다고 합니다. 이것이 유대인에게는 거리끼는 일이고 그리스인들에게는 어리석은 일이지만 십자가에 달리신 예수 그리스도가 하나님의 능력이고 하나님의 지혜라고 합니다.

이러한 방법으로 우리는 하나님의 자녀가 된 것입니다. 그렇다면 우리에게, 예수를 믿는 신자들에게 무엇이 표적이고, 무엇이 지혜인가? 예수 그리스도의 십자가, 십자가에 달려 죽으신 예수 그리스도 자체가, 그의 삶 자체가 바로 기적이고, 표적이고 지혜입니다.

그러나 우리는 세상을 살면서 하나님께 무엇을 요구합니까? 그리고 세상 사람들은 예수 믿는 우리들에게 무엇을 요구합니까? "네가 하나님의 자녀이거든 그 증거를 한번 보여 봐라. 예수 믿으면서 어찌 그렇게 사느냐. 그렇게 기도하면서 하나님이 너에게 도대체 무엇을 해주던? 네가 예수 믿어서 된 일이 뭐가 있느냐?" 이토록 세상은 우리를 끊임없이 유혹합니다. 더구나 이 세상에 하도 가짜 신자가 많아서 그 신자들과 그러한 신자들을 가르치는 교회들은 어떤 말로 유혹합니까? "예수 믿으면 세상일이 다 잘 된다. 만사형통한다. 네가 예수를 믿으면서도 그 모양 그 꼴인 것은 기도하지 않아서이다. 잘못 믿어서이다"라는 식으로 사람들을 유혹합니다. 소위 '간증'이라고 하고 다니는 자들이 고백하는 내용도 무엇이에요? 세상에서의 성공이라고요. 세상에서 일등이 되고 최고가 된 것이 간증의 주요 내용입니다. 세상에서의 성공에 '하나님, 기도, 은혜' 등의 종교적인 용어가 몇 개 보탠 것에 불과하다고요. 여러분들도 그 정도 간증은 할 수 있어요. 지금 여러분의 삶이 얼마나 힘겹습니까? 이제 세상적으로 성공만 하면 지금의 힘겨운 삶과 연결되어서 한 편의 멋있는 간증 거리를 만들 수 있다고요. 그토록 엄청난 것처럼 부풀린 간증들은 별 것 아닙니다.

그런데 문제는 우리도 하나님의 자녀 됨을 무엇으로 확인하느냐 하면 이 세상에서의 만사형통, 정치적·군사적인 힘을 소유하는 것, 세상의 재물을 많이 갖는 것으로 하나님의 자녀 됨을 확인하려 합니다. 그래서 우리의 기도 제목도 다 그런 식이 되어 버렸습니다. 이 세상에서 신자의 표적이 더 이상 '죽음의 삶'이 아니라 '성공의 삶'이 되어 버린 것입니다. 그러니까 성공하기 전까지는 신자도 신자가 아닌 거예요. 성공하기 전까지는, 어느 정도 세상에서, 교회에서 뽐낼 수 있는 위치에 서기까지는 신자도 신자가 아닌 거예요. 이런 망할 짓이 어디에 있습니까? 만약에 그렇다면 우리 중에 신자 노릇할 사람들이 누가 있어요? 신자로서 표적을 드러낼 사람들이 누가 있겠어요?

우리는 십자가를 지는 것으로, 죽음의 삶을 사는 것으로 신자의 신자 됨을, 신자의 표적을 세상에 충분하게, 너끈하게 드러낼 수 있습니다. 여러분의 삶 자체가 세상에서 기적이 되어야 합니다. 정치적·군사적인 힘을 소유하는 그러한 기적이 아니라 예수 그리스도가 사신 삶을 따라 사는 것이 표적이 되어야 합니다. 여러분이 있는 현장에서 남들과는 다른 삶의 자세와 언행들을 보여야 합니다. 남들이 다 자기 이익을 쫓아 살고 있을 때 여러분은 여러분의 것을 가지고 이웃의 이익을 돌보아야 합니다. 여러분이 있는 현장에서 여러분으로 인해 경쟁이 유발되면 안 됩니다. 여러분으로 인해 주변 사람들이 시기하고 다투고 좌절감을 갖는다면 여러분은 잘못 사는 것입니다. 그것이 아무리 거룩한 내용을 가졌다 할지라도, 즉 기도한다거나 전도한다거나 혹은 성경 공부를 한다고 할지라도 그것이 여러분의 주변 사람들을 경쟁시키고 싸우게 하고 좌절감을 갖게 한다면 잘못된 것입니다. 그것은 죽음의 삶이 아닙니다. 공동체 내에서 내가 얼마나 일을 잘 해내는지, 내가 얼마나 성공적으로 일을 수행하는지, 내가 얼마나 큰 업적을 만들어 내는지가 신자의 표적이 아닙니다. 기도를 얼마나 열심히 하는지, 교회 일을 얼마나 크게 하는지가 신자의 신자 된 표적이 아닙니다.

여러분 직장에서, 교회에서 그리고 가정과 학교에서 여러분의 신자 됨이 어떻게 드러납니까? 매사 날카롭고, 잘난 척하고, 사납고, 다른 사람들에게 상처를 주는 것으로 드러나지는 않습니까? 신자의 신자 됨이 힘과 권력을 마음껏 자랑하는 것으로 드러나지는 않습니까? 아닙니다. 우리는 바보입니다. 세상의 시각으로 보면 우리는 어리석은 자들처럼 살아야 합니다. 유대인들에게 십자가는 거리끼는 것이고 그리스 사람들은 십자가를 어리석다고 하지 않습니까? 그리스 사람들은 당대의 현인이고 지혜자입니다. 세상의 가장 출중한 지혜자인 그들의 눈에 십자가는, 십자가의 삶은 어리석고 바보 같은 것입니다.

그 바보 같은 삶을, 그 어리석은 삶을 여러분이 살아야 합니다. 여러분이 세상에서 신자로 살면서 한번도 "넌 왜 그렇게 바보 같니?", "왜 그렇게 손해 보고 사냐?", "그렇게 살다가는 세상 못 산다. 너도 좀 챙겨가면서 살아라"라는 말을 한 번도 못 들어 봤으면 한번 심각하게 자신의 신자 됨을 돌아보아야 할 것입니다. 약은 사람이 되면 안 돼요. 자기 것 다 챙기고 남의 것도 빼앗으면서 교회에서 하나님 찾으면 그것은 사탄의 짓이라고요. 그리고 그런 식으로 성공해서 간증하는 것…. 참으로 고약한 짓입니다.

기도

35 아주 이른 새벽에, 예수께서 일어나서 외딴 곳으로 나가셔서, 거기에서 기도하고 계셨다. 36. 그 때에 시몬과 그의 일행이 예수를 찾아 나섰다. 37. 그들은 예수를 만나자 "모두 선생님을 찾고 있습니다" 하고 말하였다. 38. 예수께서 그들에게 말씀하셨다. "가까운 여러 고을로 가자. 거기에서도 내가 말씀을 선포해야 하겠다. 나는 이 일을 하러 왔다." 39. 예수께서 온 갈릴리와 여러 회당을 두루 찾아가셔서 말씀을 전하고, 귀신들을 내쫓으셨다.

오늘 읽은 본문을 보면 예수께서 이른 새벽에 외딴 곳으로 가서 기도하셨는데 제자들이 예수님을 찾으러 다닙니다. 왜냐하면 예수님이 가버나움에서 행한 이적들로 갈릴리 주위의 온 지역에 소문이 퍼졌고, 그 소문을 들은 많은 사람이 예수께로 몰려왔기 때문입니다. 예수님을 만난 그들은 모두가 예수님을 찾는다고 전하고, 예수님은 제자들에게 자신의 사명을 다시금 되새깁니다. "가까운 여러 고을로 가자. 거기에서도 내가 말씀을 선포해야 하겠다. 나는 이 일을 하러 왔다."

본문을 자세하게 살펴보겠습니다. 예수님이 아주 이른 새벽에 일어나시어 외딴 곳에서 기도하셨다고 합니다. 제자들이 예수님을 찾아다닌 것을 보면 예수님이 제자들과 함께 머문 곳에서 어느 정도 거리가 떨어진, 인적이 아주 드문 곳에서 기도하셨음을 알 수 있습니다. 갈릴리는 인구가 매우 많았고, 마을들이 서로 인접해 있는 데다가 길이 좁았습니다. 대부분의 마을은 네 채의 집(방)이 한 구역으로 이루어졌는데, 그 집들은 공동으로 사용하는 안뜰을 바라보는 형태로 지어졌습니다. 당시 방 한 개짜리 집에 열 명 혹은 스무 명 정도가 같이 살았습니다. 이러한 시대에 혼자 있을 장소를 찾는 것은 거의 불가능했습니다. 그래서 예수님이 홀로 기도하시려고 이른 새벽에 일어나시어 외딴 곳으로 가신 것입니다.

예수님의 삶은 많은 일과 많은 사람들로 분주한 일상이었기 때문에 홀로 조용한 시간을 갖는 것은 무척 어려운 일이었습니다. 그러나 예수님은 그러한 분주한 일상에 자신을 맡기기보다 홀로 하나님께 기도하는 시간을 갖습니다. 왜냐하면 그 분주한 일상에 그대로 자신을 맡기는 것은 자신의 정체성, 사명, 이 땅에 오신 목적을 잃어버리는 것이기 때문입니다. 예수님은 그 분주한 일상과 전혀 어울리지 않는 '기도'를 통하여 당신의 존재, 정체성, 사명을 계속 확인하시며 감당해 나가십니다.

우리가 살고 있는 이 시대도 무척 분주한 시대입니다. 아주 바쁘게 살아갑니다. 직장 일도 바쁘고, 친구도 만나야 하고, 집안도 돌보아야 하고, 옷도 사야 하고, 공부도 해야 하고, 영화도 봐야 하고, 쇼핑도 해야 하고…. 요즘은 한 사람이 많은 일을, 여러 가지 일을 동시에 해내야 하므로 도저히 쉴 틈이 없습니다. 이러한 쉴 틈이 없는 일상사를 우리가 적극적으로 만든 것은 아닐 것입니다. 내가 나를 바쁘게 굴렸다기보다는 세상이 나를 가만히 놓아두지 않는 것이지요. 계속해서 세상은 일을 만들어 내고, 우리를 분주하게 움직이게 하고, 정신없이 이리저리 굴립니다.

그렇죠? 그런데 문제는 쉴 틈 없이 바쁘면 생각할 시간도 없다는 것입니다. 자신의 삶과 자신의 신앙을 돌아볼 시간이 없습니다. 그냥 허겁지겁 살아가는 것입니다. 그 일상을 자신이 다스리는 것이 아니라 그 일상사의 지배를 받으면서, 일상사가 요구하는 대로 살아가게 됩니다.

지금 예수님이 처한 처지가 그렇습니다. 예수님이 가버나움에서 많은 기적을 베풀었습니다. 귀신을 쫓아내고 병자를 고치셨습니다. 예수님은 자신의 이러한 사역이 알려지는 것을 원하지 않았습니다. 왜냐하면 그러한 소문은 결국 예수님의 사역을 방해할 것이기 때문입니다. 그러나 예수님의 뜻과는 달리 예수님에 대한 소문이 갈릴리 전역에 퍼졌고 많은 사람이 예수님께 나아옵니다. 수많은 사람이 자신의 문제를 해결하기 위해 예수님을 찾았고, 예수님은 그들의 문제를 해결해 줍니다. 귀신을 쫓아내고 병에 걸린 사람들을 고쳐 주십니다. 계속해서 예수님에 대한 소문은 퍼져 나갑니다. 그 소문과 더불어 수많은 사람이 예수님을 찾아오고, 예수님의 제자들은 이러한 상황들을 보며 무척 흥분해 있었습니다.

군중은 그동안 그들이 기다린 정치적 · 군사적 메시아의 모습을 예수님에게서 기대했고, 제자들 또한 자신의 모든 것을 버리고 예수님을 추종한 끝에 결실을 드디어 맺게 된다고 여겼습니다. "우리의 선생님을 찾는 이 많은 군중을 보아라. 얼마나 놀라운가? 우리의 결정이 옳았다." 이것이 제자들의 마인드입니다. 그래서 군중과 제자들은 자신들의 그러한 소원, 소망을 예수님이 계속해서 들어주기를 기대하고 요구하는 것입니다. 그래서 예수님이 아주 분주해지는 것입니다. 바빠지는 것입니다. 제자들의 태도를 한번 봅시다.

예수님이 아주 이른 새벽에 외딴 곳에서 홀로 기도하십니다. 그런데 그때 제자들이 예수님을 찾습니다. 왜 찾았죠? 아침 일찍부터 많은 사람이 예수님을 찾았기 때문입니다. 예수님에게서 정치적·군사적 메시아의 모습을 발견한 수많은 군중이 예수님을 찾고, 제자들은 그러한 현상에 고무되어 예수님을 찾습니다. 36-37절을 다시 한번 읽어 보시기 바랍니다.

> **36** 그 때에 시몬과 그의 일행이 예수를 찾아 나섰다. **37** 그들은 예수를 만나자 "모두 선생님을 찾고 있습니다" 하고 말하였다.(막 1:36-37절)

여기서 '찾아 나섰다'(36절), '찾고 있습니다'(37절)라는 표현은 중립적이지만 긍정적인 표현이 아닙니다. 이 표현은 어느 정도의 적대감이나 책망이 담긴 표현입니다. "모든 사람이 선생님을 찾고 있습니다"라는 말 속에는 "지금 왜 여기에 있습니까? 지금 군중이 얼마나 당신을 찾는 줄 아십니까? 지금 저 군중의 환호 소리가 안 들립니까? 근데 왜 쓸데없이 이 한적한 곳에 있습니까? 여기에서 도대체 무엇을 하십니까? 쓸데없이 시간 낭비하지 말고 군중속으로 빨리 갑시다"라는 의미가 담겨 있는 것입니다. 나중에 시간이 되시면 예수님의 친척들이 예수님을 찾아 나설 때의 당시 상황(막 3:23절), 그리고 군중이 예수님을 찾아 나선 이유(요 6:24절 이하) 등을 살펴보십시오. 그러면 이 단락에서 제자들이 예수님을 찾아 나선 분위기를 명확하게 알 수 있습니다.

어쨌든 군중이나 제자들이 예수님을 찾는 것은 예수님의 사역을 방해하는 것입니다. 예수님은 자신이 하나님의 아들 됨, 메시아 됨을 물리적·폭력적인 힘을 자랑하고, 남을 억누르는 방식으로 드러내지 않습니다. 한편 사람들은 예수님에게서 그러한 모습을 기대하고, 요구하고, 바랍니다. 이에 예수님을 찾아나서고 예수님을 무척 분주하게 만들지만 정작 예수님은 그들의 요구에 자신을 맡기지 않습니다. 오히려 예수님은 그들의 요구와 달리 하나님께 죽기까지 순종하는 것으로 자신이 하나님의 아들 됨, 메시아 됨을 드러낼 것입니다. 그래서 예수님이 아주 이른 새벽에 외딴 곳으로 나가셔서 기도하시는 것입니다. 군중과 제자들의 이러한 요구, 혹은 유혹을 '기도'하는 것으로 물리칩니다. 예수님을 세상의 권세자, 왕으로 삼기 위해 아주 바쁘게 만들려는 세상의 유혹을 어떻게 이기시는가? '기도'하는 것으로 이기십니다.

이런 맥락에서 우리는 예수님의 기도가 무엇을 의미하는지를 살펴보아야 합니다. '기도'란 무엇입니까? 우리나라 신자들은 대체로 기도를 '힘'으로 인식합니다. 신자가 가질 수 있는 최고의 힘, 능력을 기도라고 여깁니다. 그래서 기도할 때 보통 시끄럽게 소리치고 자신의 목소리를 과시하며 기도합니다. 기도자의 열심, 끈질김, 무엇을 이루려는 강력한 소망 등이 기도의 핵심 내용으로 자리 잡고 있습니다. "하늘 보좌를 움직이자." 이것이 열심을 다해 기도하는 사람들의 표어입니다. 물론 이것이 전적으로 틀린 것은 아닙니다. 그러나 기도의 본질, 기도의 정수는 그러한 열심과 힘의 과시가 아닙니다.

'기도'란 하나님의 백성들이 하나님에게 얼마나 절대적으로 의존하는지를 보여 주는 신앙적 행위입니다. 옛적부터 내려온 기도 방식이 여러 가지가 있습니다. 손을 들고 기도하기도 하고, 엎드려서 기도하기도 하고, 걸어 다니면서 기도하기도 합니다. 그럼 그 다양한 기도 방식 중에서 대표적인 본보기, 이를테면 유치부 아이들에게 가르치는 기도 방식은 무엇입니까? 두 손을 맞잡고, 머리를 숙이고, 무릎을 꿇고, 눈을 감는 것입니다. 우리는 유초등부 아이들에게 기도 자세를 이렇게 가르칩니다. 이러한 동작 하나하나에는 깊은 의미가 담겨 있으며 또 기도가 무엇인지를 아주 잘 나타내 줍니다.

　먼저 두 손을 맞잡은 의미는 이러합니다. '손'은 우리 신체 중에서 공격과 방어 수단입니다. 적이 나를 공격할 때 또는 내가 적을 공격할 때 손을 사용합니다. 그런데 두 손을 맞잡았다는 것은 '손'이 갖는 방어 혹은 공격 수단을 포기했거나 그 수단이 없음을 뜻합니다. 두 번째로 머리를 숙인 의미는 이러합니다. 적들이 나를 공격할 때 그 적을 어떻게 물리칠지를 생각해야 합니다. 그러한 사고를 담당하는 머리를 숙였다는 것은 그러한 기능을 포기했거나 아예 없음을 뜻합니다. 그 다음에 무릎을 꿇습니다. 적들이 나를 공격할 때 이기지 못하면 도망이라도 쳐야 합니다. 피해야 합니다. 다리는 그런 기능을 상징합니다. 그런데 무릎을 꿇었다는 것은 도망갈 능력을 포기했거나 없음을 뜻합니다. 마지막으로 눈을 감습니다. 눈은 적들이 나를 공격할 때 그것을 감지합니다. 적이 어디쯤 왔는지, 어디서 공격하는지를 살펴서 대처하는 것이 눈의 기능입니다. 그런데 눈을 감았다는 것은 그러한 감지 능력이 없거나 포기했음을 뜻합니다. 다시 말해 이 자세는 —두 손을 모으고 무릎을 꿇고 눈을 감고 고개를 숙이고— 인간이 취한 가장 무력하고도 연약한, 가장 힘이 없는 자세입니다.

　이것이 기도입니다. 이렇게 아무것도 할 수 없는 상태에서 그저 "하나님, 도와주십시오. 하나님 구원해 주십시오. 하나님 자비를 베풀어 주십시오"라는 말밖에 나오지 않습니다. 이것이 기도입니다. 기도는 내가 가진, 신자가 가진 힘이 아닙니다. 어떻게 기도가 힘이 되고, 권세가 되고,

능력이 될 수 있습니까? 감히 우리가 어찌 "나는 기도함으로 다 할 수 있어"라고 말할 수 있습니까? 기도는 그저 내가 너무나 무력하며, 내가 너무나 힘이 없으며, 내가 너무나 인생에 무지하며, 지혜가 없으며 그러하기에 하나님만을 의존할 수밖에 없다는 신앙의 표현입니다. 그러므로 기도는 일차적으로 '기도'라는 것을 함으로써 무엇을 이루는 것이 아니라 '기도'를 함으로써 내가 얼마나 무력한 존재인지를 뼈저리게 인식해야 합니다.

그런데 대부분의 신자들은 이 기도조차도 자신이 가진 힘이나 능력으로 소유하고 문제를 해결하는 강력한 수단으로 여깁니다. 그렇지 않습니다. 기도는 하나님을 절대적으로 의존하는 신앙의 표현입니다. 그러므로 기도에서 중요한 것은 내가 얼마나 많이, 멋있는 방식과 내용으로, 정성과 노력을 기울이는지에 달려 있지 않습니다. 기도의 핵심은 '내 삶이 얼마나 하나님 의존적인가?'입니다. 내 삶이 전혀 하나님 의존적이지 않으면서도 열심히 기도하고 정성을 다해 부르짖을 수 있습니다. 기도를 내가 가진 힘으로 소유하여 큰 소리를 치며 금식하고 울며불며 기도할 수 있습니다. 하나님 의존적인 삶이 아니면서도 내가 소원하는 그 무엇을 이루기 위해서 기도할 수 있습니다. 그러나 그러한 기도는 이방인의 기도에 다름 아닙니다. 그러한 태도는 하나님을 '마법 램프의 거인'으로 여기는 것입니다. 지금 예수님을 찾아 나선 군중과 제자들의 마인드가 바로 그러한 마인드입니다. 이들이 예수님을 찾지만, 이들이 예수님께 대한 절대 의존적인 신앙을 가져서 예수님을 찾는 것이 아닙니다. 오히려 그들은 예수님을 이용하여—예수님이 가진 힘을 이용하여— 자신들의 욕심을 이루고자 합니다. 그래서 예수님을 찾는 것입니다.

그러나 예수님은 당신의 사역을 어떻게 이루십니까? '기도'하는 것으로 이루십니다. 하나님께 죽도록 순종하는 예수님의 삶 자체가 예수님 자신의 뜻을 구현하는 것이 아닙니다. 하나님의 뜻을 자신 안에서, 그리고 이 땅에서 이루는 것이기에 예수님은 기도하시는 것입니다. 즉 예수님 자신이 온전히 무력해지시는 것입니다. 가장 연약한 상태로 내려가시는 것입니다. 가장 힘이 없는 상태로 내려가서 당신의 사역을 이루시는 것입니다. 마가복음 14장에 보면 예수님이 기도하시는 모습이 나옵니다. 32-42절입니다.

32 그들은 겟세마네라고 하는 곳에 이르렀다. 예수께서 제자들에게 이르시기를 "내가 기도하는 동안에, 너희는 여기에 앉아 있어라" 하시고, **33** 베드로와 야고보와 요한을 데리고 가셨다. 예수께서는 두려워하며, 괴로워하셨다. **34** 그래서 그들에게 말씀하셨다. "내 마음이 괴로워 죽을 지경이다. 너희는 여기에 머물러서 깨어 있어라." **35** 그러고서 조금 나아가서 땅에 엎드려서, 될 수만 있으면 이 시간이 자기에게서 비껴가게 해 달라고 기도하셨다. **36** 예수께서는 이렇게 말씀하셨다. "아바, 아버지, 아버지께서는 모든 일을 하실 수 있으시니, 내게서 이 잔을 거두어 주십시오. 그러나 내 뜻대로 하지 마시고, 아버지의 뜻대로 하십시오." **37** 그런 다음에 돌아와서 보시니, 제자들은 자고 있었다. 그래서 베드로에게 말씀하셨다. "시몬아, 자고 있느냐? 한 시간도 깨어 있을 수 없느냐? **38** 너희는 유혹에 빠지지 않도록, 깨어서 기도하여라. 마음은 원하지만, 육신이 약하구나!" **39** 예수께서 다시 떠나가서, 같은 말씀으로 기도하시고, **40** 다시 와서 보시니, 그들은 자고 있었다. 그들은 졸려서 눈을 뜰 수 없었던 것이다. 그들은 예수께 무슨 말로 대답해야 할지를 몰랐다. **41** 예수께서 세 번째 와서, 그들에게 말씀하셨다. "남은 시간을 자고 쉬어라. 그정도면 넉넉하다. 때

가 왔다. 보아라, 인자는 죄인들의 손에 넘어간다. **42** 일어나서 가자. 보아라, 나를 넘겨 줄 자가 가까이 왔다." (막 14:32-42절)

여러분도 잘 아는 내용입니다. 예수님이 자신이 감당할 십자가에서의 죽음을 앞두고 하나님께 기도합니다. 예수님은 그 사역을 하나님께 온전히 순종하는 것으로, 즉 하나님 절대 의존적인 신앙으로 감당하십니다. 당신의 힘으로 하지 않습니다. 예수님은 기도를 당신의 힘을 과시하는 것으로, 당신의 능력을 드러내는 것으로 사용하지 않습니다. 기도하는 예수님의 모습이 얼마나 무력합니까? 이보다 더 힘이 없고 연약한 모습이 어디에 있습니까? 기도하는 예수님의 모습에서 무슨 힘과 능력을 찾을 수 있습니까? 이런 점에서 우리의 기도가 얼마나 하나님 의존적인지, 또 우리의 삶이 얼마나 하나님 의존적인지를 살펴보아야 합니다. 단순히 기도하는 행위로 만족하지 마셔야 합니다. 단순히 오늘 하루 십분 기도했다, 성경 말씀 읽었다는 식으로 만족하지 마셔야 합니다. 우리의 삶 자체가 얼마나 하나님 의존적인 삶인지를 기도 시간을 통해서 확인하셔야 합니다. 기도할 때 가능하면 앞서 말한 기도의 자세를 취하면서 해 보십시오. 사람이란 것이 몸과 마음이 따로 놀지 않기 때문에, 여러분이 두 손 모으고, 눈을 감으며, 무릎을 꿇고 기도한다면 기도하는 의미가 더더욱 살아날 것입니다.

이제 하나 더 살펴볼 것은 이것입니다. 예수님이 이렇게 기도하고 나서(막 14:32-42절) 어떻게 행동하셨는가입니다. 마가복음에는 예수님이 기도하셨다는 표현이 세 번 나옵니다. 1장과 6장에 각각 한번, 그리고 조금 전에 읽은 14장에 나옵니다. 여기 1장에 나오는 기도 단락과 14장에 나오는 기도 단락은 서로 깊은 연관이 있습니다. 두 단락에서 예수님은 메시아로서의 사역을 감당하기 위해, 하나님의 아들 됨의 정체성을 방해하는 세력들을 이기기 위해, 그리고 세상의 왕으로 삼으려는 유혹을 물리치기 위해 기도하십니다. 좀 더 자세히 들여다보면 1장에서의 유혹은 군중과 제자들의 요구이고, 14장에서의 유혹은 예수님 자신의 번민입니다. 예수님은 이러한 유혹을 어떻게 이기시느냐 하면 기도함으로, 즉 하나님께 절대 의존적 신앙으로 이겨 나갑니다. 그리고 기도를 통해 당신의 사역을 다시 한번 되새기시고 확증하신 후에 제자들에게 "일어나서 가자"라고 말씀하십니다(막 14:42절). 또한 마가복음 1장에서도 기도하신 후에 이런 말씀을 하십니다. 마가복음 1장 38-39절을 봅시다.

> **38** 예수께서 그들에게 말씀하셨다. "가까운 여러 고을로 가자. 거기에서도 내가 말씀을 선포해야 하겠다. 나는 이 일을 하러 왔다." **39** 예수께서 온 갈릴리와 여러 회당을 두루 찾아가셔서 말씀을 전하고, 귀신들을 내쫓으셨다.(막 1:38-39)

"가까운 여러 고을로 가자. 내가 말씀을 선포해야 하겠다. 나는 이 일을 하러 왔다." 즉 예수님은 하나님 절대 의존적인 신앙으로 당신의 사역을 하시는 것입니다. 즉 '기도'하는 것으로 당신의 사역을 멈추지 않습니다. 자신이 아무것도 할 수 없다는 고백, 자신이 얼마나 무력하고, 힘이 없고, 연약한지를 고백하고 확인하십니다. 아무것도 안 하고 가만히 있는 것이 아니라 "가자! 내가 말씀을 전해야겠다. 내가 하나님의 나라를 전해야겠다"라고 하시면서 메시아로서의 사역을 감당하시는 것입니다. 아무리 방해하는 무리가 있고, 오해가 있고, 훼방하고 유혹하는 것들이 있을지라도 거기에 주저앉지 않습니다. 예수님은 자신에게 정치적·군사적 강력한 힘을 요구하는 군중과 제자들의 유혹을 자기의 가장 무력하고 힘이 없는 상태로 승리하시고 그 사역을 감당하십니다. 힘이 없다는 것, 연약하다는 것, 무력하다는 것이 주저앉게 하고, 포기하게 하고, 자신이 감당할 짐을 벗어버리게 하는 것이 아니라 오히려 예수님 당신이 맡으신 일, 당신의 사역을 넉넉하게, 충성스럽게 감당하십니다.

하나님 앞에서 우리 자신이 얼마나 무력하며 연약한 존재인지 확인한다는 것은 결코 신자로서의 우리의 삶을 포기하는 것이 아닙니다. 우리가 기도라는 행위를 통해 얼마나 무력한 존재인지를 확인하고, 하나님께 도와 달라고, 불쌍히 여겨 달라고 애원하는 것이 우리의 삶을 멈추게 하거나 혹은 소극적으로 만들거나 패배주의에 빠져들게 하지 않습니다. 기도를 통해 우리의 죽음을, 우리의 한없이 무력함을 확인하고, 그럴수록 주님의 도우심만으로, 주님의 자비와 은혜만을 온전히 의존하며 이 세상을 당당하게 사는 것입니다. 주님이 요구하는 신자의 삶이 이 세상에서는 망할 것 같고, 패배할 것 같아도 내 힘으로 세상을 사는 것이 아니라 오직 주님의 은혜로 사는 것이기에 너끈히 세상을 살아갈 수 있습니다. 이것이 예수님의 기도가 우리에게 주는 교훈입니다. 또한 우리가 기도를 통해서 얻을 수 있는 유일한 힘이자 삶의 근원인 것입니다.

기도를 이방인들처럼 무엇을 만들어내는 강력한 수단, 힘으로 생각하지 마십시오. 기도는 힘도 아니고, 능력도 아니고, 일을 만들어 내는 수단도 절대로 아닙니다. 기도는 오로지 내가 얼마나 무력한 존재인지, 내가 얼마나 무지하고, 연약한 존재인지를 뼈저리게 확인하고, 그럴수록 하나님의 도우심이―자비와 은혜가, 하나님의 돌보심이― 하루라도 없으면 도저히 내가 살 수 없다는 신앙 고백입니다. 나 자신의 절대적 무력함 가운데서 하나님의 자비와 은혜와 돌보심을 구하는 것이 기도이지, 무슨 하늘 보좌를 움직이고, 소나무 뿌리를 뽑고…. 이것은 기도가 아닙니다. 오늘 말씀을 잘 새기시고 여러분의 기도 생활을 돌아보십시오. 한번 홀로 시간을 내어서 두 손을 모으고 무릎을 꿇고, 눈을 감고, 고개를 숙여 기도해 보십시오. 그 표현들, 기도 자세의 의미를 하나하나 생각하면서 자신이 얼마나 무력한 존재인지를 확인해 보십시오. 그리고 하나님께 자비와 은혜를 구하십시오. 하나님이 여러분을 버리지 않을 것이고 신자로서 이 험한 세상을 살아가는 데 충분할 정도로 보호하시고 인도하시고 한량없는 복을 허락하실 것입니다. 이 복된 신자들이 다 되기를 바랍니다.

소외, 격렬한 분노, 만짐 ——————————— 막 1:40-45절

40 나병 환자 한 사람이 예수께로 와서, 그 앞에 무릎을 꿇고 "선생님께서 하고자 하시면, 나를 깨끗하게 해주실 수 있습니다" 하고 간청하였다. 41 예수께서 그를 불쌍히 여기시고, 손을 내밀어 그에게 대시고 "그렇게 해주마. 깨끗하게 되어라" 하고 말씀하시니, 42 곧 나병이 그에게서 떠나고, 그는 깨끗하게 되었다. 43 예수께서 단단히 이르시고, 곧 그를 보내셨다. 44 예수께서 그에게 말씀하셨다. "아무에게도 아무 말도 하지 말아라. 가서, 제사장에게 네 몸을 보이고, 네가 깨끗하게 된 것에 대하여 모세가 명령한 것을 바쳐서, 사람들에게 증거로 삼도록 하여라." 45 그러나 그는 나가서, 모든 일을 널리 알리고, 그 이야기를 퍼뜨렸다. 그러므로 예수께서는 드러나게 동네로 들어가지 못하시고, 바깥 외딴 곳에 머물러 계셨다. 그래도 사람들이 사방에서 예수께로 모여들었다.

오늘 읽은 본문은 하나의 이야기가 아니라 두 가지 이야기를 담고 있습니다. 처음 이야기는 한 나병 환자가 예수님께 와서 고침을 받았다는 것이고, 두 번째는 그 고침을 받은 사람이 예수님의 명령을 어기고 자신의 병 고침을 많은 사람에게 알렸다는 것입니다. 오늘은 그 첫 번째 이야기를 하겠습니다.

이스라엘 사회에서 나병(한센병)은 저주의 병이었습니다. 유대인들은 인간에게 일어날 수 있는 가장 큰 재앙이 바로 나병이라고 여겼습니다. 그래서 나병에 걸린 사람은 몸은 살아 있지만 죽은 자로 간주되었고, 나병 환자의 치유는 마치 죽은 자를 다시 살리는 것과 같았습니다. 그만큼 나병은 불치의 병이자 저주와 재앙이었습니다. 더구나 유대인들은 나병을 그 사람이 저지른 죄악에 대한 하나님의 심판으로 보았기 때문에 나병 환자를 향한 동정이라든가 혹은 긍휼의 마음은 전혀 갖지 않았고, 오히려 나병 환자를 본 것만으로 자신들이 부정해진다고 여겼습니다.

이렇게 나병이 저주의 병, 가장 큰 재앙으로 여긴 가장 큰 이유는 나병 환자가 접촉하는 모든 것, 그것이 물건이든, 사람이든, 장소이든 상관없이 다 부정해진다는 율법의 가르침 때문이었습니다. 즉 환자가 가는 곳마다, 거하는 곳마다, 만지는 것마다 다 부정해지는 것이지요. 그래서 이 나병 환자들은 이스라엘 사회에서 격리되어 혼자 살아야 했습니다(레 13:45-46절). 이들은 이스라엘 공동체에서 쫓겨난 사람들입니다. 왜 쫓겨났나요? 나병 환자가 있음으로, 그와 접촉하면 이스라엘 공동체가 부정해지기 때문입니다. 이스라엘 공동체는 자신들의 정결함을 어떻게 유지하는가? 나병 환자를 자신들의 공동체에서 축출하는 것으로 그들의 정결함을 유지하는 것입니다. 이것이 율법의 한계입니다. 동시에 세상의 한계이기도 합니다.

세상은 자신들의 정결함, 거룩함을 어떻게 보존하느냐면 '더러움', '추함'으로 여기는 것들을 분리하고 격리하는 것으로 그들의 정결함을 유지합니다. 세상은 '더러움', '추함', 소위 '문제가 있는 사람', '죄인들'을 격리하고, 접촉을 불허하고, 담을 쌓는 것으로 그들의 깨끗함을 보존합니다.

그런 의미에서 그들의 '깨끗함', '거룩함', '정결함'은 결코 '더러움', '추함', '부정함'을 이길 수가 없습니다. 왜요? 더럽고 추하고 부정한 것이 그들을 만지기만 하면, 혹은 접촉하기만 하면 그들도 여지없이 부정해지고 추해지고 더러워지기 때문입니다. 마치 쓰레기 처리하듯 범죄자들을 따로 가두고, 깨끗한 거리를 유지하려고 노점상을 철거하고, 장애인을 자기들과 같은 공간에서 살지 못하게 쫓아내는 등 그들 공동체에 문제가 있는 사람은 제거, 혹은 격리, 소외하는 방법으로 문제를 해결하려 합니다. 이렇듯 세상은 철저하게 더럽고, 추하고, 부정하다고 생각하는 것들을 자신들의 삶에서, 생활에서, 마음속에서 쫓아내어 그들만의 정결함을 보호하려 합니다.

그런데 세상에서 소외된, 이스라엘 사회에서 소외된, 하나님의 말씀인 율법에서도 버림받은 한 나병 환자가 예수님께 와서 무릎을 꿇고 고쳐 달라고 간청합니다. "선생님께서 하고자 하시면, 나를 깨끗하게 해주실 수 있습니다"라고 간청합니다. 예수님이 이 나병 환자를 보고 어떤 반응을 보입니까? 예수께서 그를 보시고 불쌍히 여기셨다고 합니다.(41절 상반절) 개역 성경은 '민망히 여기사'라고 번역했습니다. 그런데 권위 있는 고대 사본에 따르면 이 부분이 '분노하여'로 되어 있습니다. 저는 "불쌍히 여기셨다"라는 표현보다는 "분노에 가득 차셨다"로 보는 것이 문맥상 좀 더 맞다고 봅니다. 그럼 왜 예수님이 분노에 가득 찼을까요? 누구에게 분노하시는 것입니까? 이 나병 환자에게 분노하시는 거예요? '왜 쓸데없이 이 저주로 가득 찬 병에 걸려서 이 고생이냐, 도대체 네가 무슨 죄를 저질렀는가….' 이런 책망이 담긴 분노입니까? 아닙니다. 예수님의 분노는 이 나병 환자에 대한 분노가 아닙니다.

예수님의 분노는 이 사람을 나병에 걸리게 하여 언약공동체에서 쫓아
낸 마귀적 세상, 죄악의 파괴적인 성격, 연약한 사람으로 하여금 도저히
감당할 수 없는 비참한 운명을 씌우는 이 악마적 세상, 그리고 연약한 자
를 소외시키고, 없애고, 격리하고, 쫓아내는 것으로 자신들의 거룩함, 정
결함을 보호하려는 세상에 대한 분노입니다. 하나님의 말씀을 맡은 자들
이 나병 환자를 치유하여 그들의 공동체의 일원으로 들이는 것이 아니라
오히려 그를 추방하는 것으로, 그들의 삶에서 완전히 쫓아내고 격리하
고 소외시키는 것으로 그들 공동체의 거룩함을 유지하려는 행태에 대한
분노입니다. 그렇다면 예수님의 이러한 분노는 오늘날도 여전히 유효하
지 않겠습니까? 세상은 여전히 그들의 방식을 버리지 않았습니다. 여전
히 소외시키고, 쫓아내고, 몰아내고, 접촉하지 않고, 격리하는 것으로 그
들의 공동체를 유지합니다. 자기들보다 형편이 좋지 못한 사람들을 인간
취급도 하지 않는 것으로 그들의 품위를 유지합니다. 초등학생들도 아파
트 평수에 따라 친구가 갈린다고 하지 않습니까? 가진 자들은 삶을 어
떻게 유지합니까? 못 가진 자들을 자신들의 삶에서 끊임없이 배제하
고, 쫓아내고, 몰아내는 것으로 그들 삶의 정체성을 유지하지 않습니까?
이런 망할 것이 어디에 있습니까? 그래서 예수님이 격렬하게 분노하시는
것입니다.

그럼 가진 자들만 꼭 그렇습니까? 우리도 마찬가지 아닙니까? 우리보
다 더 연약한 사람들, 거리의 노숙자, 우리보다 훨씬 더 밑바닥 생활을 하
는 사람들을 어떻게 대우합니까? 계속해서 우리의 삶에서, 우리의 생존
공간에서 그들을 쫓아내고, 몰아내고, 소외시키는 것으로 그들의 존재를
지우려 하지 않습니까? 혼잡한 지하철에서 구걸하는 사람들을 보면 그들
의 처절한 생존이 걱정되기보다는 "이 혼잡한 곳에서 웬 구걸이야. 좀 사

람 없을 때 하지…. 단속반은 뭐하나? 이래서 이놈의 나라는 안 돼"라는 식의 반응만 보이지 않나요? 화려하고 멋있고 아주 깨끗하게 잘 갖추어진 백화점 앞에서 어지럽게 좌판을 깔고 온갖 잡동사니를 파는 할머니를 보면 왠지 불편한 감정이 일어나는 것. 그래서 그 불편한 감정을 없애기 위해 할머니를 쫓아내는 것…. 이것이 바로 예수님이 격렬하게 분노하는 지점입니다.

여러분! 자신을 잘 생각해보십시오. 여러분이 쫓아내는 것, 소외시키는 것, 몰아내어 격리함으로써 여러분의 평안을 지키고, 거룩을 지키고, 신앙을 지키고, 정결함을 지키려는 것은 없는지 살펴보셔야 합니다. 그것에 대해 예수님이 격렬하게 분노하십니다. 그리고 우리도 이러한 예수님의 분노하심에 동참할 줄 알아야 합니다. 우리 안에서 약자들을 격리하여 몰아내고 있지 않은지 스스로 잘 살피는 동시에 타인을 배제하여 자신들을 지키려는 세상 방식에 분노할 줄 알아야 합니다. 그러한 현상을 보고 아무런 감정도 없으면 안 됩니다. 소외시키고 격리하고 쫓아내는 세상 방식에 대해 여러분이 아무런 감정도 느끼지 않고 그저 당연시 한다면 곤란합니다. 최소한 그러한 현상에 불편해 하는 마음은 있어야 합니다. '이것은 아닌데….' 하는 마음이라도 있어야 합니다. 악에 대한 분노가 없다는 것은 불행한 것입니다. 오늘날 우리는 정당한 분노를 잃어버린 것 같습니다. 자기가 손해를 보고 어떤 피해를 직접적으로 당하면, 자신의 이익과 관련된 부분에서는 불같이 분노하면서 정작 세상의 악에 대해서는 전혀 분노하지 않습니다. 자기 일이 아니라고 생각하는 거예요.

세상이 끊임없이 약자들을 소외시키고 쫓아내지만 우리는 나와 직접적인 관련이 없다며, 내 일이 아니라며 무관심한 태도로 반응합니다. 교회가 세습을 하고, 교회가 교회답지 못하고, 교회가 약자들을 품기는커녕 오히려 그들을 쫓아내고, 소외시키고, 격리하고, 몰아내어 문제를 해결하려 한다면 우리는 분노해야 합니다. 이것이 예수님의 마음에 동참하는 것입니다. 예수님의 마음에 동참하는 것이 무슨 '마음씨 착한 사람', '그저 이래도 좋고 저래도 좋은 사람' 되는 것이 아니라고요. 세상의 불의와 악에 대해 분노하는 것이, 사람을 소외시키는 것에 분노하는 것이야말로 예수님의 마음에 동참하는 것입니다.

본문으로 돌아와 예수님이 이 나병 환자를 어떻게 하십니까? '분노가 치밀어 오른 것'으로 그치는 것이 아니라 고쳐 주십니다. 어떻게 고쳐 주시죠? 41절 읽어 보세요.

> 예수께서 그를 불쌍히 여기시고, 손을 내밀어 그에게 대시고 "그렇게 해주마. 깨끗하게 되어라" 하고 말씀하시니 (막 1:41절)

예수님이 나병 환자를 만져서 고쳐 주십니다. 여기서 나병 환자의 가장 큰 문제가 무엇입니까? 사람들이 왜 그를 격리하고 몰아냈습니까? 그를 만지면, 그와 접촉하면 자신들도 부정해지기 때문에 격리한 것입니다. 그런데 바로 이 사람을 예수님이 만집니다. 아마도 주변 사람들이 모두 놀랐을 것입니다. 그들은 나병이 어떤 병인지를 잘 알고 있습니다. 레위기 율법에 의하면 나병 환자를 접촉하는 자마다 부정해진다고 했으나 예수님은 나병 환자와 신체적 접촉을 하신 것입니다. 그러자 예수님이 부정해지는 것이 아니라 오히려 나병 환자가 깨끗함을 얻습니다. 그의 부정함이, 더러움이, 죄악 됨이, 그 환자에게 씌운 저주가 예수님에게는 어떤 영향도 끼치지 못 합니다. 도리어 예수님의 거룩함이, 예수님의 정결함이 이 나병 환자를 덧씌웁니다. 나병 환자의 더러움, 그가 안은 저주, 그의 존재 자체의 부정함이 예수님을 더럽게 하거나 부정하게 하지 않습니다. 못 합니다. 그러므로 우리가 알 수 있는 사실은 예수님을 더럽게, 부정하게 하는 것은 아무것도 없다는 것입니다. '나병'이 어떤 병이라고 그랬죠? 저주의 병이고, 인간에게 일어날 수 있는 가장 큰 재앙이라고 했습니다. 그런데 그 병조차도 예수님을 더럽게 하지 못하고 쫓겨나는 것입니다. 그러므로 주님께 오지 못할 사람은 아무도 없습니다. 그 어떤 흉악한 죄인도, 그 어떤 범죄자도, 그 어떤 추악함을 가졌다 할지라도, 남들이 모두 손가락질하고, 흉보고, 당장 내다버릴 부끄러움과 수치와 더러움이 나에게 있다 할지라도 주님께 오면 그것을 깨끗하게 할 수 있습니다. 심지어 나 자신조차 포기한 내 모습이라 할지라도 주님에게 오면, 주님 앞에 무릎을 꿇고 그에게 도움을 요청하면 그분은 나를 받아 주시고, 나를 만져 주시고, 그분의 거룩함으로 나를 덧씌울 것입니다. 이것이 복음입니다. 이것이 하나님 나라의 힘입니다.

여러분이 자신의 인생에서 도저히 하나님 앞에 나오기 힘들 정도의 부끄러운, 심각한 죄악들을 가졌을 수 있고, 또한 저지를 수도 있습니다. 그럴 때 보통 우리의 반응은 무엇이죠? 주님을 떠나는 것이죠. "차라리 이런 모습으로 주님을 욕되게 하느니 주님을 떠나는 것이 낫겠다." 혹은 "좀 더 정리하고 와야겠다. 이 부끄러운 모습 좀 청산하고 주님께 오겠다." 이것이 우리의 마음입니다. 그러나 우리의 그 어떤 부끄러운 모습이라 할지라도 주님을 욕되게, 주님을 부정하게 하지 않습니다. 나병 환자가 주님을 만졌는데 주님이 부정해지지 않았다고요. 오히려 주님의 거룩함이 그를 치료했지요. 우리가 그 어떤 부끄러운 모습을 가졌다 할지라도 그것이 주님을 욕되게, 부정하게 하지 않는다고요. 오히려 부끄러운 내 모습 그대로 주님께로 가서 무릎을 꿇고 고쳐 달라고 간청하면 주님이 우리를 고치는 것입니다. 우리를 거룩하게, 정결하게 하시는 것입니다. 다른 데 가서 여러분의 나병을 고치려고 하지 마십시오. 우리의 그 어떤 모습이라 할지라도, 정말 그 누구에게도 이야기하지 못할 부끄러운 일이라 할지라도 그것이 주님을 욕되게 하거나 주님을 부정하게 하지 않습니다. 오히려 주님이 깨끗하게 하십니다. 우리의 할 일은 그저 주님께 우리를 고쳐 달라고 무릎을 꿇고 간청하는 것입니다. 주님이 우리를 만지사 깨끗하게 하실 것입니다.

또한 교회 공동체에 이러한 나병 환자들, 즉 우리보다 신앙적으로, 정신적으로, 육체적으로 나약한 자들이 오는 것을 여러분이 막지 마셔야 합니다. 그들을 구별하지 말아야 합니다. 교회 공동체 안의 어떤 자들이 그 어떤 부끄러운 모습, 전혀 신앙적이지 않은 모습과 태도를 가졌다 하여 그들을 소외시키거나 격리하는 짓은 하지 마셔야 합니다. 마음속에서라도 소외시키지 말아야 하고 격리하지 말아야 합니다. 여러분의 마음에서 그들을 몰아내어서는 안 됩니다. 그들이 주님께 와서, 주님께 무릎 꿇고 깨끗함을 받을 수 있도록 여러분이 도와야 합니다. 주님을 만날 수 있도록, 주님을 만질 수 있도록 길을 비켜 주고 인도해 주고 안내해야 합니다. 더 나아가 여러분이 주의 복음을 전할 때 대상을 미리 판단하고 구별하여 전하는 것은 참으로 옳지 않습니다. '쟤는 좀 말씀 듣겠다', '저 사람은 우리 교회 나올 만하겠다' 하며 판단하고 선별하여 전하지 말아야 합니다. 그것은 무엇이에요? 나병 환자와 여드름 난 사람을 우리가 구별하는 거예요. '저 나병 환자는 도저히 불가능하다', '저 여드름 난 애는 좀 괜찮겠다.' 이거라고요.

여러분은 복음을 전혀 받아들이지 않을 사람에게도 복음을 전해야 하고 그들이 예수를 만질 수 있도록 도와야 합니다. 그렇게 하지 않고 여러분의 기준을 내세워 구별하여 선별하는 것은 곧 나병 환자를 소외시키고, 격리하고, 몰아내어 자신들의 공동체를 보호하려 했던 유대인의 방식, 그리고 세상의 죄악 된 방식에 넘어가는 것과 다름없습니다. 이것에 대해 예수님이 격렬하게 분노하셨음을 잊지 마셔야 합니다. 또한 여러분의 일상사에서 여러분이 몰아내는 사람들은 없는지, 여러분의 평안과 행복과 번영을 위해서 여러분이 소외시키고, 격리하고, 몰아내는 사람들은 없는지 잘 살피셔야 합니다. 정말 우리가 감싸 안기 힘든 사람들이 있습니다. 말 한마디 건네는 것도 닭살이 돋고 소름이 쫙쫙 돋는 사람이 있습니다. 어떻게 할까요? 어떻게 그들을 몰아내지 않을 수 있습니까? 힘든 사람들이죠. 그러나 몰아내는 것으로 해결하지 마십시오. 조금 기도해 주는 것으로, 아주 잠깐 기도해 주는 것으로 그들을 여러분의 마음에서, 여러분의 삶에서 남겨 두십시오. '소외'는 참으로 무서운 것입니다. "안 보면, 생각하지 않으면, 내 기억에서, 내 삶에서 지워버리면" 편안은 하겠지요. 그러나 보지 않음으로, 잊어버림으로, 몰아냄으로 내 삶의 평안을 찾는다면 이것은 전혀 성경적이지 않습니다. 오히려 예수님이 격렬하게 분노하신 그 죄악을 우리가 저지르는 것입니다.

힘들면 아주 조금, 밥 먹을 때 5초간이라도 그들을 위해 주님께 간구하십시오. 진심으로…. 그리고 여러분이 몰아내고 싶은 마음도 함께 아뢰면서 주님의 도움을 구하십시오. 주님께 간청하십시오. 그러한 아우성, 그러한 신앙의 몸부림이 우리가 가져야 할 정당한 신앙의 내용임을 잊지 마십시오.

자랑인가? 순종인가? —————————————— 막 1:40-45

40 나병 환자 한 사람이 예수께로 와서, 그 앞에 무릎을 꿇고 "선생님께서 하고자 하시면, 나를 깨끗하게 해주실 수 있습니다" 하고 간청하였다. 41. 예수께서 그를 불쌍히 여기시고, 손을 내밀어 그에게 대시고 "그렇게 해주마. 깨끗하게 되어라" 하고 말씀하시니, 42. 곧 나병이 그에게서 떠나고, 그는 깨끗하게 되었다. 43. 예수께서 단단히 이르시고, 곧 그를 보내셨다. 44. 예수께서 그에게 말씀하셨다. "아무에게도 아무 말도 하지 말아라. 가서, 제사장에게 네 몸을 보이고, 네가 깨끗하게 된 것에 대하여 모세가 명령한 것을 바쳐서, 사람들에게 증거로 삼도록 하여라." 45. 그러나 그는 나가서, 모든 일을 널리 알리고, 그 이야기를 퍼뜨렸다. 그러므로 예수께서는 드러나게 동네로 들어가지 못하시고, 바깥 외딴 곳에 머물러 계셨다. 그래도 사람들이 사방에서 예수께로 모여들었다.

지난 설교에서 이야기했듯이 이 단락은 두 가지 이야기를 담고 있습니다. 하나는 한 나병 환자가 예수께 와서 고침을 받았다는 이야기이고, 또 하나는 고침 받은 나병 환자가 예수의 명령을 어기고 자신의 병 고침을 널리 알리면서 예수께서 드러나게 동네로 들어가지 못하셨다는 이야기입니다. 첫 번째 이야기는 지난 설교에서 다루었고, 오늘은 두 번째 이야기를 설교하려고 합니다.

한 나병 환자가 예수께 옵니다. 이 나병 환자는 예수에게 병을 고쳐 달라고 간청하고, 예수님은 그 환자에게 손을 내밀어 만지시고 깨끗하게 고쳐 주십니다. 그리고 그에게 두 가지를 명령합니다. 첫 번째 명령은 아무에게 아무 말도 하지 말라고 하십니다. 즉 고침 받은 과정에 대해서, 누가 자신의 나병을 고쳤는지, 또 어떻게 고침을 받았는지에 대해서 아무에게도 말하지 말라고 예수님은 명하십니다. 두 번째 명령은 제사장에게 가서 깨끗하게 치유된 몸을 보이고, 모세의 율법에 따라 사람들에게 제사 예물을 드려 자신이 율법의 규례에 의해 깨끗하게 치유됐음을 증거로 삼으라고 하십니다. 이 나병 환자는 이스라엘 공동체에서 쫓겨난 사람입니다. 그가 있는 공간, 그가 만지는 물건, 그가 만나는 사람들이 그의 접촉으로 부정해졌습니다. 그래서 그는 항상 홀로 살아야 했는데, 이제 예수님의 은혜로 병 고침을 받고 이스라엘 공동체에 다시 들어가게 됩니다. 모세의 율법을 행함으로서 공식적으로 그는 이스라엘 공동체의 일원으로 회복된 것이지요.

그런데 문제가 발생합니다. 어떤 문제죠? 예수님의 은혜로 말미암아 나병을 고친 자가 예수님의 말을 듣지 않고 자신의 병 고침을 온 동네에 널리 퍼뜨렸습니다. 그래서 결국 예수님이 동네에 들어가지 못하고 바깥 외딴 곳에 머물러 계셔야 했습니다. 즉 예수님이 하나님 나라의 복음을 전하기 위해서 동네로 들어가야 하는데, 나병 환자의 선전으로 동네에 들어가지 못하고 바깥에 머무른 것입니다. 그자의 선전이 예수님의 사역을 방해한 셈이지요. 오늘은 예수님이 왜 나병 환자에게 침묵을 명했는지, 그리고 그자가 예수님의 명령을 어기고 예수님이 자신에게 베푸신 일을 선전하고 다닌 것은 무엇을 의미하는지, 마지막으로 우리에게 어떤 교훈을 주는지를 살펴보려고 합니다.

예수님이 이 사람의 나병을 고치고 나서 하시는 말씀이 "아무에게도 아무 말도 하지 말아라"입니다. 더구나 43절에 보면 '단단히 이르시고'라고 표현합니다. 개역 성경은 '엄히 경계하사'라고 되어 있죠. 상당히 강경한 표현입니다. 이런 표현이 마가복음에는 여러 번 나옵니다(막 3:12, 8:30절 참조). 예수님이 왜 이렇게 엄중하게 침묵을 명하시죠? 다들 지금 예수님을 정치적·군사적인 메시아로 오해하고 있습니다. 예수에게 정치적·군사적 메시아의 모습을 기대하고 있습니다. 그런데 이들의 외침과 선전은 백성들의 오해를 더욱더 단단하게 굳힐 뿐만 아니라 그 오해들을 더 강력하게 전파하는 작용을 합니다. 그래서 이들의 외침과 선전을 예수님이 강하게 막으시는 것입니다. 이것은 결코 하나님 나라의 복음을 전하는 데 도움되지 않으며 도리어 크나큰 방해가 됩니다.

여기서 우리는 예수님이 나병 환자에게 침묵을 명하신 이유를 확인할 수 있습니다. 그것은 나병 환자가 전하는 말과 그 말을 들을 군중이 예수 그리스도의 사역을, 예수님의 메시아 되심을 자칫 정치적·군사적인 메시아, 정치적이고 군사적인 사역으로 오해하는 것을 막기 위함이라는 것입니다. 그러나 나병 환자가 예수님의 명령을 어기고 자신의 병 고침을 널리 널리 전합니다. 그래서 어떻게 되었어요? 결국 예수님이 드러나게 동네로 들어가지 못하고 바깥 외딴 곳에 머물러 계시는 사태가 발생합니다. 왜 예수님이 동네에 들어가지 못한 것이죠? 이 사람의 선전으로 인해 많은 사람이 예수에 대한 잘못된 기대를 품고 따라다니기 때문입니다. 그런데 이러한 추종이 예수님의 하나님 나라 전파에 도움되는 것이 아니라 오히려 방해가 되었다고요. 요한복음 6장을 보면 이와 비슷한 사건이 나옵니다. 요한복음 6장을 보면 큰 무리가 예수를 따랐는데, 그것은 그들이 예수가 병자들을 고치신 표적들을 보았기 때문이라고 합니다.

> "큰 무리가 예수를 따랐다. 그것은 그들이 예수가 병자들을 고치신 표적들을 보았기 때문이다."(요 6:2절)

그리고 군중(5천여 명 정도)을 예수님이 보리빵 다섯 개와 물고기 두 마리로 배불리 먹이십니다. 그러자 사람들이 예수님을 어떻게 하죠? 14-15절입니다.

> **14** 사람들은 예수께서 하신 표적을 보고 "이분은 참으로 세상에 오시기로 된 그 예언자다" 하고 말하였다. **15** 예수께서는, 사람들이 와서, 억지로 자기를 모셔다가 왕으로 삼으려고 한다는 것을 아시고, 혼자서 다시 산으로 물러가셨다.(요 6:14-15절)

사람들이 예수를 메시아로 여기고, 왕으로 삼으려고 합니다. 예수가 행하신 표적을 보았기 때문입니다. 그러나 예수님은 군중을 떠나 산으로 물러가셨습니다. 마가의 표현으로 하자면 '바깥 외딴 곳'으로 가신 것입니다. 요한복음 6장의 상황이 앞서 마가복음 1장의 상황과 같습니다. 사람들은 예수 그리스도께서 행하신 표적, 기적을 보고 예수를 그들의 정치적·군사적 왕으로 삼으려 합니다. 예수님은 그들의 행동이 바로 당신의 사역을 근본적으로 오해하는, 아니 오해하는 정도가 아니라 훼방하는, 심각하게 방해하는 일이기에 나병 환자에게 침묵을 명하시는 것입니다. 그자가 아무리 착한 의도로, 예수님이 행하신 기적을 사람들에게 전파하더라도 이것은 예수님의 사역을 훼방하는 것입니다. 그러므로 예수님이 자신에게 베푸신 기적을 전하고 싶은 마음, 병 고침을 받고 감탄하며 선전하고 싶은 마음을 표출하기보다 예수 그리스도의 말씀에 순종하는 것이 훨씬 더 중요합니다.

하나님이 우리 인생에 베푸신 기적들이 있다면, 우리의 기도를 들어주시고, 놀라운 은총을 베푸셨다면, 사람들에게 자랑할 만한 간증 거리를 우리에게 풍성하게 허락하셨다면 그것을 계기로 하여 하나님의 말씀, 예수님의 말씀을 듣고 그 말씀대로 순종해야 합니다. 그리고 하나님의 자녀답게 살아야지, 베푸신 기적에 집착하여 선전하고 떠들고 다니는 것은 옳지 않습니다. 신자의 신자 됨, 신자의 일차적 사명은 예수 그리스도가 자신에게 베푸신 은혜를 선전하고 자랑하는 데 있지 않고, 예수 그리스도의 말씀을 듣고 순종하는 데에 있습니다. 사도 바울은 이러한 진리를 교회의 본질로서 우리에게 가르쳐 줍니다. 에베소서 4장 12-16절입니다.

12 그것은 성도들을 준비시켜, 봉사의 일을 하게 하고, 그리스도의 몸을 세우게 하시려는 것입니다. 13 그리하여 우리 모두가, 하나님의 아들을 믿는 일과 아는 일에 하나가 되고, 온전한 사람이 되어, 그리스도의 충만하심의 경지에까지 이르게 됩니다. 14 우리는 이 이상 더 어린 아이로 있어서는 안 됩니다. 우리는 인간의 속임수나 간교한 술수에 빠져서, 온갖 교훈의 풍조에 흔들리거나 이리저리 밀려다니거나 하지 말아야 합니다. 15 우리는 사랑 안에서 진리를 말하면서 모든 면에서 자라나서, 머리이신 그리스도에게까지 이르러야 합니다. 16 그리스도가 머리이시므로, 온몸은 여러 부분이 결합되고 서로 연결되어서, 각 부분이 그 맡은 분량대로 활

동함을 따라 각 마디로 영양을 공급받고, 그 몸을 자라게 하여, 사랑 안에서 스스로를 세우게 합니다. (엡 4:12-16절)

교회에 대한 이야기를 하고 있습니다. 교회를 무엇이라고 비유하고 있죠? 몸으로 비유하고 있습니다. 우리가 다 그리스도의 몸이라는 것입니다. 그렇다면 머리는 누구예요? 그리스도이지요. 예수 그리스도와 우리가 어떤 관계이냐 하면 '머리와 몸', 지체의 관계라는 것입니다. 그렇다면 누가 누구의 말을 들어야 해요? 머리가 몸에게 명령해요? 아니면 몸이 머리에게 명령해요? 머리가 명령하는 것입니다. 그리고 각 지체는 머리의 명령을 잘 듣고 순종해야 합니다. 만약에 몸이 머리의 명령을 듣지 않는다면 그것은 몸이 머리에 붙어 있는 것이 아니지요. 머리와는 상관없는 것이지요. 몸과 머리가 붙어 있으면 몸이 머리의 명령을 순종하는 것은 당연합니다. 그러므로 교회의 본질에 있어서, 교회론의 기초는 그리스도의 말씀을 잘 듣고 순종하는 것입니다. 이것이 기초입니다. 그렇다면 종말론적인, 구원론적인 차원에서 그리스도의 명령에 순종한다는 것이 얼마나 중요한지를 살펴보겠습니다. 마태복음 7장 15-29절입니다.

15 "거짓 예언자들을 삼가라. 그들은 양의 탈을 쓰고 너희에게 오지만, 속은 굶주린 이리들이다. **16** 너희는 그 열매로 그들을 알아야 한다. 가시나무에서 어떻게 포도를 따며, 엉겅퀴에서 어떻게 무화과를 따겠느냐? **17** 이와 같이, 좋은 나무는 좋은 열매를 맺고, 나쁜 나무는 나쁜 열매를 맺는다. **18** 좋은 나무가 나쁜 열매를 맺을 수 없고, 나쁜 나무가 좋은 열매를 맺을 수 없다. **19** 좋은 열매를 맺지 않는 나무는, 찍어서 불 속에 던진다. **20** 그러므로 너희는 그 열매로 그 사람들을 알아야 한다." **21** "나더러 "주님, 주님" 하는 사람이라고 해서 다 하늘 나라에 들어가는 것이 아니

다. 하늘에 계신 내 아버지의 뜻을 행하는 사람이라야 들어간다. **22** 그 날
에 많은 사람이 나에게 말하기를 "주님, 주님, 우리가 주님의 이름으로 예
언을 하고, 주님의 이름으로 귀신을 내쫓고, 또 주님의 이름으로 많은 기
적을 행하지 않았습니까?" 할 것이다. **23** 그 때에 내가 그들에게 밝히 말
할 것이다 "나는 너희를 도무지 알지 못한다. 불법을 행하는 자들아, 나에
게서 물러가라." **24** "그러므로 내 말을 듣고 그대로 하는 사람은, 반석 위
에다 자기 집을 지은, 슬기로운 사람과 같다고 할 것이다. **25** 비가 내리고,
홍수가 나고, 바람이 불어서, 그 집에 들이치지만, 무너지지 않는다. 그 집
을 반석 위에 세웠기 때문이다. **26** 그러나 내 말을 듣고서도 그대로 행하
지 않는 사람은, 모래 위에 집을 지은 어리석은 사람과 같다고 할 것이다.
27 비가 내리고, 홍수가 나고, 바람이 불어서, 그 집에 들이치면, 무너진다.
그리고 그 무너짐은 엄청 날 것이다." **28** 예수께서 이 말씀을 마치시니, 무
리가 그의 가르침에 놀랐다. **29** 예수께서 그들의 율법학자들과는 달리, 권
위 있게 가르치셨기 때문이다. (마 7:15-29절)

15-20절은 열매로 사람들을 알아야 한다는 이야기입니다. 그러면서
거짓 예언자들을 조심하라고 경고합니다. 그런데 거짓 예언자인지, 참 예
언자인지 어떻게 알 수 있나요? 겉모습으로는 알 수 없습니다. 왜요? 양
의 탈을 쓰고 오기 때문입니다. 속은 굶주린 이리들이지만 겉은 평화스
러운 양의 모습을 취하고 있어서 이것이 양인지, 이리인지 분간이 안 된
다는 것이죠. 그렇다면 어떻게 알 수 있는가? 열매로 그들을 알 수 있다
는 것입니다. 그러면서 좋은 나무는 좋은 열매를 맺고, 나쁜 나무는 나쁜
열매를 맺는다고 말씀하십니다. 결코 나쁜 나무가 좋은 열매를 맺을 수
없으며, 좋은 나무가 나쁜 열매를 맺을 수 없습니다. 그러니까 열매의 문
제가 아니라 나무의 문제인 것입니다. 애당초 나쁜 나무라는 것입니다.

그렇다면 열매가 무엇인가? 열매로 양인지, 굶주린 이리인지 알 수 있다고 했는데, 그럼 열매는 무엇을 뜻하는지 의문이 들지 않습니까? 보통 '열매'라는 단어를 떠올리면 무슨 생각이 들어요? 업적 위주의 어떤 결과물들이 생각납니다. "전도를 몇 명 했다"라든가, "교회를 크게 부흥시켰다"라든가, 또 "설교를 잘해서 장내를 뒤흔들었다"라든가, "병을 고치고 기적을 행했다"라든가, "사회적으로, 혹은 국가적으로 무슨 큰 업적을 내었다"라든가, 이런 것이 생각납니다. 사람들은 보통 이런 업적을 열매라고 생각합니다. 많은 교회도 다 내거는 목표들이 이런 것들 아닙니까? 성전 건축이라든가, 선교사 몇 명 파송이라든가, 전도 몇 명 목표라든가, 성경 몇 독이라든가…. 이런 목표를 내세우고, 그것을 신앙의 열매로 여깁니다. 그런데 마태복음에서 이야기하는 열매는 그것이 아닙니다. 그것을 설명하는 구절이 바로 21-23절입니다.

본문에서 무엇이 열매가 아니라고 하는 것이죠? 주님의 이름으로 예언하고, 주님의 이름으로 귀신을 내쫓고, 주님의 이름으로 많은 기적을 행한 것이, 즉 주님의 이름으로 놀라운 업적을 만들어 낸 것이 좋은 열매가 아니라는 것입니다. 그런데 주 앞에 온 이 사람들은 귀신을 내쫓고, 기적을 행하고, 예언하고, 많은 업적을 만든 것이 좋은 열매라고 하는 거예요. 왜요? 그것을 주님의 이름으로 행했고, 또한 많은 결실들, 그것으로 큰 놀라움들이 있었기에 이들은 그것을 좋은 열매라고 여기는 것입니다. 그러자 주님은 "이 불법을 행하는 자들아, 나에게서 물러가라. 나는 너희를 도무지 알지 못한다"라고 말씀하십니다. 아주 무서운 이야기입니다.

그래서 결론으로 하시는 말씀이 24-27절입니다. 내 말을 듣고 그대로 하는 사람은 반석 위에다 자기 집을 지은 슬기로운 사람이고, 말을 듣고도 그대로 행하지 않는 사람은 모래 위에 집을 지은 어리석은 사람과 같다고 하십니다. 여기서 "내 말을 듣고 그대로 하는 사람"이 어떤 사람이에요? 15-20절에서 '좋은 나무'입니다. 이 사람들이 좋은 열매를 맺는 것입니다. 그렇다면 무엇이 좋은 열매예요? 주님의 말씀에 순종하는 것. 이것이 좋은 열매입니다. 그렇다면 여기서 내 말을 듣고도 행하지 않는 사람은 어떤 사람들이에요? 나쁜 나무입니다. 나쁜 나무여서 나쁜 열매를 맺는 사람들입니다. 21-23절에 의하면 주님의 이름으로 수많은 일들, 아주 주목받을 일들, 많은 사람의 감탄과 부러움과 자랑의 대상이 될 만한 일을 행한 사람들, 또한 그들의 일이 나쁜 열매라고 하는 것입니다. 주님은 그들에게 "나는 너희를 도무지 알지 못한다, 불법을 행하는 자들아 물러가라"라고 하십니다. 왜 주님이 그들을 모른다고 하는 것이죠? 주님과 관계가 없기 때문입니다. 주님과 아무런 관계없는 것이에요.

무슨 말이죠? 주님이 머리잖아요. 몸은 머리의 말을 들어야죠. 만약 머리의 말을 듣지 않는다면 몸은 머리에 붙어 있는 것이 아니죠. 몸이 머리의 이름을 내걸고 아무리 멋있는 일을 해도 머리의 말을 듣지 않는 한 몸은 결코 머리에 붙어 있는 것이 아닙니다. 머리와 아무 상관없는 것이지요. 바로 이 이야기입니다. 이들이 주님의 이름으로, 주님이 그들에게 베푸신 많은 것들을 가지고 자랑하고 업적을 내고 놀라운 사역을 한다 해도 그들이 주님의 말을 듣지 않는다면 주님과 그들은 아무 상관이 없는 것입니다. 이것이 바로 예수님에게서 깨끗하게 치료를 받은 나병 환자의 상태입니다. 이 사람이 예수님이 자신을 고친 것을 어떻게 선전했겠어요? 자기 스스로의 힘으로 고쳤다고 자랑했겠어요? 아니면 어떤 용한 의사한테 병 고침을 받았다고 전했겠어요? 예수님이 고쳐 주셨다고 외쳤을 것 아닙니까? "예수님이 나를 고쳐 주셨습니다. 그 누구도 내 병을 고쳐 주지 못했는데, 예수님이 놀랍게도 내 병을 고쳐 주셨습니다" 하고 외쳤다고요. 즉 예수의 이름으로 병도 고치고, 귀신도 쫓아내고, 예언도 하는 것이라고요. 무슨 다른 사람 이름으로 전한 것 아니잖아요. 예수의 이름으로, 예수에게 모든 공을 돌리면서 전한 것이라고요. 그런데 이것이 불법을 행한 것입니다. 왜요? 예수님이 하지 말라고 한 일을 했기 때문입니다.

오늘날 이런 일이 얼마나 많습니까? 특히 한국 교회, 이 땅의 신자들에게 이런 모습이 너무도 많습니다. 너무 너무 많아요. 예수님으로부터 치료 받은 이 나병 환자처럼 한국 교회와 신자들에게 하나님이 베푸신 기적이 많고, 베푸신 은혜가 엄청나고, 하나님의 돌보심으로 수많은 위협과 위험에서 건짐 받은 경험들이 많고, 가난에서 탈출시켜 주시고, 천막에서 시작한 교회를 세계 최고의 교회로 만들어 주시고, 가난과 질고에 놓여 있는 이 땅의 교회와 신자들을 부유하게 해 주신 하나님의 은혜가 놀랍도록 많습니다. 그래서 간증 거리도 많고 자랑할 것도 많고, 외치고 싶고, 세상에 자랑하고 싶은 것도 너무 많습니다. 그래서 그것을 참지 못해서 주님의 이름으로 선포하고 선전하고 떠들고 자랑하고 외칩니다. 그런데 문제는 무엇이죠? 주님의 말씀을 죽도록 듣지 않는다는 것입니다. 주님의 말씀에는 전혀 순종하지 않고 주님의 이름으로 수많은 일들만 한다고요.

얼마 전에 △△교회의 ○○○목사가 정년퇴임 예배를 드렸습니다. 무슨 '찬하예배'라는 명칭을 붙여서 드리더라고요. 신문을 보니 수많은 사람들이 와서, 교계의 유명한 사람들이 와서 그분의 사역을 말 그대로 찬하(讚賀)를 드렸다고 합니다. 다들 주님의 은혜로, 주님의 간섭하심과 베푸심으로 현재의 이 자리까지 왔다고 이야기하겠죠. △△교회가 그렇게 거대한 교회가 되고 교회 나름의 큰일을 해낼 능력을 가지게 된 것이 어찌 마귀 덕택이겠습니까? 아니죠. 다 하나님의 은혜입니다. 하나님의 크신 은혜로 교회가 그렇게 성장했고, 수많은 사람들이 드나들면서 큰 힘을 소유했겠지요. 다 주님의 은혜입니다.

그런데 문제는 뭐예요? 그렇게 주님이 큰 은혜를 베풀면 주님의 말씀을 들어야 하잖아요. 주님의 말씀을 제대로 듣고 그 말씀에 순종해야 하잖아요. 그런데 이자들은 주님이 그렇게 베푸셨고, 주님이 그렇게 은혜를 한량없이 쏟아부으셨고, 그렇게 놀랍도록 함께하셨는데도 불구하고 주님의 말을 듣지 않는다고요. 오히려 주님이 베푸신 것으로 인해 떠들고 외치고 자랑합니다. 주님의 이름으로 예언하고 귀신을 쫓아내고 주님의 이름으로 많은 기적들을 베푸는 것으로 스스로 만족하고 위안을 삼는다는 것입니다. 그것으로 신앙생활을 제대로 한다고 생각한다고요. 주님의 말씀은 듣지도 않으면서요. 분명히 이야기하지만 이들은 주님의 말씀처럼 불법을 행하는 자입니다.

이것이 그 교회만의 문제가 아닙니다. 그 교회가 아주 크게 드러났을 뿐이지, 우리 모두가 다 그런 신앙을 가지고 있습니다. 예수님에 대해 자랑하고, 예수님에 대해 선전하고, 예수님에 대해 외치고, 예수님이 나에게 베푸신 것을 간증하고 다니면서 스스로 만족하고 신앙생활을 잘 한다고 여깁니다. 이것은 참으로 큰 문제입니다. 우리가 십일조를 내서 복을 받을 수 있고, 병에 걸렸는데 기도해서 고침 받을 수 있고, 사업이 안 되었는데 기도했더니 잘 될 수 있습니다. 이 나병 환자를 예수님께서 큰 은혜로 고치듯이 우리의 삶을 큰 기적과 은혜로 간섭하시사 복을 주십니다. 잘 살게 해 주시고 건강하게 해 주시고 우리의 곤고함과 그밖의 문제를 예수님이 해결해 주십니다. 그리고 여러분이 스스로의 지난 여정을 돌아보면 하나님이 나름대로 여러분에게 간섭하신 손길들이 있을 것이고, 베푸신 은혜들이 있을 것입니다. 그렇다면 그것을 자랑하고, 떠들고 다니면서 신자의 신자 됨을 다 했다고 여기지 말고, 그런 것은 자랑 안 해도 되고 간증 안 해도 되니까, 제발 그리스도의 말씀, 하나님의 말씀을 듣고 순종해야 합니다.

이것이 신자가 마땅히 추구해야 일입니다. 신자의 신자 됨은 주님이 그에게 베푸신 은혜가 얼마나 큰지를 자랑하는 데 있지 않고 주님의 말씀을 듣고 그 말씀대로 순종하는 데 있습니다. 그리고 우리의 정당한 간증, 정당한 고백, 선전, 외침은 —주님이 베푸신 기적의 고백, 선전, 외침에 있는 것이 아니라— 주님의 말씀을 듣고 그 말씀대로 순종한 삶의 내용들을 고백하고, 선전하고, 외치고 자랑하는 데 있습니다. 오늘 말씀을 마음 깊이 새기십시오. 열심을 다해 신앙생활을 했는데, 나중에 주님으로부터 "불법을 행하는 자들아, 내가 너희를 도저히 알지 못한다. 내게서 떠나가라"라는 말을 듣는 어리석은 자들이 되지 말기를 주님의 말씀에 힘입어 권면합니다.

네 사람의 믿음 ──────────────────────── 막 2:1-12

1 며칠이 지나서, 예수께서 다시 가버나움으로 들어가셨다. 예수께서 집에 계신다는 말이 퍼지니, 2 많은 사람이 모여들어서, 마침내 문 앞에조차도 들어설 자리가 없었다. 예수께서 그들에게 말씀을 전하셨다. 3 그 때 한 중풍병 환자를 네 사람이 데리고 왔다. 4 무리 때문에 예수께로 데리고 갈 수 없어서, 예수께서 계신 곳 위의 지붕을 걷어 내고, 구멍을 뚫어서, 중풍병 환자가 누워 있는 자리를 달아 내렸다. 5 예수께서는 그들의 믿음을 보시고, 중풍병 환자에게 "아들아, 네 죄가 용서함을 받았다" 하고 말씀하셨다. 6 율법학자 몇이 거기에 앉아 있다가, 마음 속으로 의아하게 생각하였다. 7 '이 사람이 어찌하여 이런 말을 할까? 하나님을 모독하는구나. 하나님 한 분밖에, 누가 죄를 용서할 수 있는가?' 8 예수께서, 그들이 속으로 이렇게 생각하는 것을 곧바로 마음으로 알아채시고 말씀하셨다. "어찌하여 너희는 마음속에 그런 생각을 품고 있느냐? 9 중풍병 환자에게 '네 죄가 용서함을 받았다' 하고 말하는 것과 '일어나서 네 자리를 거두어 가지고 걸어가거라' 하고 말하는 것 가운데서, 어느 쪽이 더 말하기가 쉬우냐? 10 그러나 인자가 땅에서 죄를 용서하는 권세를 가지고 있음을 너희에게 알게 하겠다." 예수께서 중풍병 환자에게 말씀하셨다. 11 "내가 네게 말한다. 일어나서, 네 자리를 거두어 가지고 집으로 가거라." 12 그러자 중풍병 환자가 일어나서, 곧바로 모든 사람이 보는 앞에서

자리를 거두어 가지고 나갔다. 사람들은 모두 크게 놀라서 하나님을 찬양하고 "우리는 이런 일을 전혀 본 적이 없다"하고 말하였다.

이 본문은 두 가지 이야기를 담고 있습니다. 중풍병 걸린 사람을 네 사람이 예수께 데리고 왔고, 예수님이 그 사람들의 믿음을 보시고 그 중풍병자의 죄와 병을 사하시고 고치셨다는 이야기와 또 하나의 이야기는 이 중풍병자를 고치는 것으로 말미암아 벌어진 예수님과 바리새인들과의 논쟁입니다. 오늘은 중풍병 걸린 사람을 예수께 데리고 온 네 사람의 믿음에 초점을 맞추어서 설교할 것이고, 다음 주에는 이 죄 사함과 병 고침의 관계, 그리고 이것으로 인한 바리새인들과의 논쟁에 대해 설교하려고 합니다.

한 중풍병자가 있습니다. 이 사람의 중풍병이 구체적으로 현대 의학에서 이야기하는 중풍병인지, 아닌지는 정확히 알 수 없습니다만 한 가지 알 수 있는 사실이 있습니다. 이 사람의 병은 자기 스스로 몸을 통제할 수 없는, 자신의 생각대로 몸을 움직일 수 없는 병이라는 것입니다. 아주 무기력한 상태입니다. 아무리 용한 의원이 있고, 아무리 좋은 약이 있어도 스스로의 힘으로는 그 의원에게 갈 수 없고, 약도 먹을 수 없습니다. 왜 그렇죠? 몸이 마비되었기 때문입니다. 그러므로 중풍병자는 마음속에 소원이 있어도 자기 힘으로는 도저히 예수께 올 수 없습니다.

본문은 중풍병자가 예수님께 대한 믿음이 있었는지를 명확하게 이야기해 주지 않습니다. 또한 이 중풍병자가 예수님에 대한 소문을 듣고 주위 동료들에게 부탁해서 예수님께 왔는지, 아니면 이 중풍병자의 의지 혹은 믿음과는 상관없이 주변 동료들의 의지, 혹은 그들의 믿음에 의해 왔는지 명확하게 이야기해 주지 않습니다. 분위기로 보아 중풍병자의 믿음과 의지에는 별로 관심이 없는 상황입니다. 오히려 중풍병자보다 부각되는 사람들은 중풍병자를 데리고 온 네 사람입니다. 본문에서 중풍병자는 아무 것도 하지 못하는 사람으로 묘사됩니다. 가령, 병자들을 고치는 다른 기사에서는 병자들이 예수님께 직접 고쳐 달라고 외친다거나, 예수님의 옷이라도 만지는 적극성을 보이는 데 반해, 이 본문에 등장한 중풍병자는 아무것도 하지 않습니다. 아니 못하는 것이지요. 그러므로 중풍병자는 자신의 의지, 자신의 믿음으로 예수님께 나온 것이 아니라 주변 동료들의 적극적인 도움으로 예수께 나온 것임을 알 수 있습니다. 그래서 예수님도 이 병자의 죄를 사하고 고칠 때 "그들의 믿음을 보시고(5절)" 고쳐 주십니다. 보통 복음서의 치유 기사는 당사자의 믿음을 보시고 예수님이 병을 고쳐 주셨다고 나옵니다. 그리고 그러한 기사에는 반드시 치유 받아야 할 사람들의 고백, 믿음이 표현되어 있습니다.

그러나 오늘 읽은 본문에는 중풍병자의 믿음이나 신앙 고백은 나오지도 않고, 또한 예수님이 병자의 믿음을 언급하시면서 병을 고치지도 않습니다. 단지 "그들의 믿음을 보시고"입니다. 여기서 '그들'은 누구이죠? 중풍병자를 예수님께 데리고 온 네 사람입니다. 많은 성경학자들은 '그들' 속에 중풍병자도 포함되었다고 이야기합니다. 저는 '그들' 속에 중풍병자까지 포함되지 않은 것으로 봅니다. 아무런 힘도 못 쓰고, 그 어떤 영향력도 발휘하지 못하는, 전적으로 무력한 상태입니다. 이웃의 절대적인 도움 없이는 전혀 살 수 없는, 지금 자신이 직면한 심각한 문제를 이웃의 도움 없이는 전혀 해결할 수 없는, 가장 연약하고 가장 힘이 없는 사람이 바로 중풍병자입니다.

다음에 살펴볼 사람은 중풍병자를 예수님께 데리고 온 네 사람입니다. 이들은 무력한 중풍병자처럼 무력하지 않습니다. 또한 중풍병자에게 무엇이 가장 필요한지, 그의 가장 시급하고 중차대한 문제를 누가 해결해 줄 수 있는지를 잘 압니다. 그런 이유로 중풍병자를 예수께 데리고 온 것입니다. 이들은 중풍병자를 예수께 데려오기 위해 자신들의 온 정성과 열심과 열정을 동원합니다. 이들은 중풍병자가 누운 침상째 들고 더운 날에 운반하는 적극성, 열정을 보입니다. 무더운 날씨에 환자를 침상에 누인 채로 옮기는 것이 쉬운 일이 아니었을 텐데도 최선을 다해 환자를 운반합니다.

그런데 이들에게 난관이 생겼습니다. 무엇이죠? 사람들이 너무도 많아서 환자를 예수님 앞에 데려갈 수가 없는 것입니다. 예수 주변에 사람들이 가득 있고, 또 문 주변을 비롯해서 곳곳에 수많은 사람들이 있었기 때문에 중풍병자를 예수 앞에 데리고 가는 것이 무척 어려웠습니다. 그러나 네 사람은 포기하지 않습니다. 그 상황에서 멈추지 않습니다. 이들은 사람들이 너무 많아 예수님 앞에 나아갈 수 없게 되자, 그 누구도 쉽게 생각하지 못한 방법을 사용합니다. 즉 예수님이 거하는 집의 지붕으로 올라가서 그 지붕을 뚫고 환자를 예수님께 내려 보냅니다. 중동 지역의 집 구조는 지붕이 평평하고, 또한 재질이 진흙이어서 이들의 행동은 충분히 가능한 일이었습니다만 그렇다고 평범한 행동은 아니었습니다.

이들은 중풍병자를 예수께 데리고 가기 위해 그들이 할 수 있는 최선을 다합니다. 열정과 적극성과 모든 힘을 다 기울입니다. 네 사람이 가진 마음은 어쩌면 병든 당사자보다 더 갈급한 것일 수 있고, 더 애타하는 심정일 수도 있습니다. 부모가 병든 자녀를 보고 애타하면서 그 병을 고치기 위해 최선을 다하는 모습이 이 네 사람의 모습입니다. 그래서 그들은 자신들이 할 수 있는 최선을 다해, 모든 수단을 동원하여 예수님께 환자를 데려갑니다. 그리고 예수님은 중풍병자의 믿음이 아니라 네 사람의 믿음을 보시고 중풍병자의 죄와 병을 사하시고, 고치십니다. 5절에 따르면 예수님이 그들의 행동을 그들의 믿음으로 여기십니다. 그들의 믿음을 보시고 중풍병자를 고칩니다.

한 사람이 주님을 알고 주님께로 나와, 자신의 인생을 전적으로 헌신하기까지 얼마나 많은 사람의 수고와 관심과 기도와 애정이, 돌봄과 가르침이 필요한지 말로 다 표현할 수 없습니다. 한 사람이 하나님을 알고 훌륭한 신앙인으로 자라기까지 그 전 과정에는 말로 다 할 수 없는, 혹은 보이지 않는 수많은 수고와 열심과 노력들이 있었음을 아셔야 합니다. 그 누구도 저절로 자라지 않습니다. 그 어떤 사람도 예수 그리스도를 저절로 알 수 없고, 그 어떤 신자도 스스로의 힘으로 자랄 수 없습니다. 한 개인이 주님에 대한 신앙을 가지고 계속해서 성장하기 위해서는 하나님이 그에게 허락한 하나님의 백성들의 관심과 열심과 수고와 따뜻한 돌봄과 세밀한 가르침이 절대적으로 필요합니다. 하나님이 이 땅에서 한 사람을 키우는 데 있어서 그를 아무렇게나, 자기 혼자 힘으로 자라게 하지 않습니다. 하나님은 한 사람을 만들어 가면서 그의 주변 사람들을 동원하고, 온 교회 공동체를 동원합니다. 또한 먼저 역사 속에서 주를 믿었던 신실한 신앙인들을 동원하여 한 개인을 키웁니다. 저절로, 스스로 크지 않습니다. 그런 법은 없습니다.

이 무기력한, 그리고 무지한, 스스로 아무것도 하지 못하는 중풍병자가 주님을 먼저 안 동료들을 따라 예수님께 나와서, 예수님으로 말미암아 그의 삶이 변화되었듯이 우리도 처음에는 다 중풍병자의 상태에서 먼저 믿은 자들을 따라, 먼저 주를 안 자들을 따라(그들이 부모이든 역사 속의 신앙의 인물이든 주변의 동료이든 간에) 이렇게 교회에 나오고 신앙을 갖게된 것입니다. 우리가 처음에 교회를 다니고 예수를 믿게 된 것이 무슨 우리 스스로 진리에 대한 관심이 생기고, 영생에 대한, 영원한 삶에 대한 관심 때문에, 혹은 예수 그리스도의 주 되심을 알고 나서 교회를 나오게 된 것이 아닙니다. 다들 처음에 아무 것도 모르는 상태에서, 막연하게 먼저 주를 안 자들을 따라 교회에 첫발을 내딛고, 신앙생활을 하는 것입니다.

제가 처음에 어떻게 교회를 다니고, 예수를 믿게 된 줄 아십니까? 또 이 자리에서 여러분에게 하는 설교는 또 어떻게 하게 된 줄 아십니까? 저는 중학교 2학년 때부터 교회를 다녔습니다. 믿음이 있어서 다닌 것이 아니었고 삶이 심심해서 다녔습니다. 계속 다닌 것도 믿음이 있어서라기보다 중고등부 전도사님들이 친절하게 해 주시고, 선배들이 잘 대해 준 덕분이었습니다. 이분들이 얼마나 애썼는지 모릅니다. 같이 중고등부 생활을 한 선후배와 친구들이 좋아서 계속 교회를 다녔고, 그러다 신학교를 가게 되었습니다. 학교에서 좋은 친구들의 도움을 많이 받았습니다. 여러분도 잘 아시는 조성환 목사나 유상민 목사에게 얼마나 많은 도움을 받았는지 모릅니다. 이들로부터 참 좋은 책들을 소개 받고 저를 형성할 수 있었습니다. 또한 하나님이 이 땅에 보내신 주의 종들을 통해서, 그들이 쓴 책을 통해서 말로 다 할 수 없는 도움을 얻었습니다. 마틴 로이드 존스, 존 스토트, 프란시스 쉐퍼, 자크 엘룰, 김홍전 목사, 박영선 목사 등 이루 헤아릴 수 없습니다. 에스라 성경 연구원에서 좋은 교수님들을 만나서 성경 공부를 할 수 있었고, 여러 교회를 봉사하면서 만난 많은 권사님과 집사님의 기도를 잊지 못합니다. 제가 학교 등록금이 없어서 어찌할 바를 모를 때, 어려운 형편에도 불구하고 저에게 도움을 준 사람들이 여럿 있었습니다. 여러 사람들이 저에게 따뜻한 말들로 격려해 주었고, 기도해 주었습니다. 이러한 사람들의 은혜로 말미암아 지금, 이나마 제가 여러분 앞에서 설교를 할 수 있게 된 것입니다. 제가 잘나서도 아니고, 제가 똑똑해서도 아니고, 저의 힘과 능력으로 이 자리에 온 것이 아닙니다. 저 스스로 현재의 이 신앙, 신앙적 안목, 설교할 수 있는 나름의 실력을 만들어 낸 것이 절대로 아닙니다. 이 모든 게 이웃들의 아낌없는, 전혀 보상을 바라지 않고 베푼 도움으로 말미암은 것입니다. 그들이 저보다 더 많은 열성을 보여 주었고, 애정을 보여 주었고, 말로 다 할 수 없는 은혜를 저에게 주었기에 이 자리에 제가 있는 것입니다.

여러분을 돌아보십시오. 여러분이 현재 이 자리에 앉아서 예배를 드리고, 주님께 신앙을 고백하고, 온갖 그릇된 가르침들이 팽배한 이 땅에서 그나마 바른 신앙을 가지려고 노력하고, 주님의 뜻대로 살기 위해 애쓰는 그 신앙이 어떻게 가능케 된 것입니까? 여러분 스스로의 힘으로 된 것입니까? 여러분 혼자의 힘으로 이 자리까지 온 것입니까? 여러분을 도와준 사람들을 한번 생각해 보십시오. 여러분을 처음 교회에 데리고 온 사람, 여러분에게 처음 예수 그리스도를 전해준 사람부터 시작해서 지금까지 여러분에게 온갖 수단 방법을 가리고 않고 예수 그리스도를 전해 주고 온전한 하나님의 백성으로 자라도록 애쓴 사람들을 생각해 보십시오.

우리 기억에 남았을 수도 있고, 기억에 남지 않을 수도 있습니다. 우리 눈에 보이게 도움을 준 사람이 있고, 우리가 전혀 눈치채지 못하게 도움을 준 사람들이 있을 것입니다. 남모르게 여러분 각자를 위해 안타까운 마음으로 기도하는 사람들이 있을 것이고, 여러분에게 하나님의 말씀을 전해 준 사람들이 있을 것이고, 바른 신앙의 모범을 보여 준 사람들이 있었을 것이고, 여러분에게 말로 다 할 수 없는 따뜻한 애정으로 대해 준 사람들이 있었을 것입니다. 바로 그러한 분들의 수고와 노력과 정성과 열정이 우리를 예수님께로 인도한 것이고 예수님에 대한 신앙을 더욱더 크게 만든 것입니다. 우리도 처음에는 이 중풍병자와 다를 바 없었습니다. 그렇다면 이제 우리의 책임이 무엇입니까? 우리도 우리 자신에게 아무런 대가를 바라지 않고 애써 준 믿음의 사람들처럼 우리 주변의 중풍병자와 같이 신앙에 대해, 예수 그리스도에 대해 아무것도 모르는 사람들, 신앙에 대해 초보적이고, 신앙의 방황을 하는 사람들을 돌보아야 하지 않겠습니까? 몇 주 전에 수요 중보 기도 시간에 여러분들이 예수 그리스도를 전하고 바른 교회를 소개해주고자 하는 사람들의 이름을 나누었습니다. 그분들에 대한 관심이 지금 어떻습니까? 그분들에 대한 열정과 적극성과 열심들이 얼마나 있습니까? 여러분들은 여러분이 받은 만큼의 10분의 1이라도 여러분의 이웃들에게 돌려줍니까?

이 중풍병자를 예수님께 데려오기 위해 애쓴 네 사람의 노력을 생각해 보십시오. 얼마나 급했으면 침상째 들고 왔으며, 더운 날에 그 무거운 환자를 데려와서 지붕 위로 올리고, 또 지붕을 뚫고 했겠습니까. 어떻게 보면 너무 어처구니 없고 상식을 넘어선 듯한 이 네 사람의 열심과 열정을 생각해 보십시오. 우리가 이렇게 교회에 나오고 이렇게 신앙생활을 할 수 있고, 더욱더 하나님의 자녀로 자라날 수 있는 이유도 바로 이 주변 사람들의 열정과 사랑으로 가능하게 된 것입니다. 바로 그 열심을, 이제 여러분들이 여러분의 이웃들에게 베풀어야 하는 것입니다. 주를 모르는 사람들, 인생의 가장 시급한 문제들이 무엇인지도 모르고 헛된 것을 쫓아 살아가는 사람들, 근본적인 인생 문제를 해결해 주실 예수 그리스도를 전혀 모르는 이 중풍병자 같은 사람들, 또한 여러 가지 곤고함과 환난으로 인생이 괴로운 사람들에게 우리는 중풍병자를 데려온 네 사람과 같은 믿음 있는 열심과 애정을 보여야 합니다. 우리 교우 중에서도 믿음이 연약하고 삶이 곤고한 사람들이 있을 것입니다. 또한 신앙이 어려서 세상의 유혹에 쉽게 넘어가고, 하나님 나라의 백성으로 산다는 것이 무엇을 의미하는지를 잘 모르고, 자신이 알고 있는 조그마한 신앙의 내용도 삶에 잘 적용하지 못하는 나약한 교우들이 있을 수 있습니다.

그들을 제대로 자라게 하고, 바른 신앙의 길로 가게 하고, 하나님 나라의 백성으로서 온전히 살게 하는 것은 조금 앞서 간 신자들의 열심 있는 돌봄 덕분입니다. 그 돌봄은 기도로 나타날 수 있고, 격려의 말로 나타날 수 있고, 밥 한 끼 사 주는 것으로 나타날 수 있고, 좋은 책을 소개해 주고 사 주는 것으로 나타날 수 있고, 끊임없는 관심으로 나타날 수 있습니다. 방법은 다양하겠지만, 교우들은 서로 간에 이러한 관계들이 끊임없이 있어야 하고, 더 나아가 우리끼리 그러는 것이 아니라 여러분의 주변에 있는 사람들을 또한 그 돌봄의 대상에 포함해야 합니다. 이제 우리가 생각해야 할 것은 이것입니다. 네 사람이 중풍병자를 예수님께 데려오기 위해서 열심을 낸 근거, 이렇게 적극성을 갖고 어려운 난관을 헤쳐 나갈 수 있었던 이유가 무엇인가입니다.

첫 번째 이유는 중풍병자를 향한 네 사람의 깊은 사랑과 애정(哀情)일 것입니다. 네 사람이 중풍병자에게 애정과 사랑이 없었다면, 관심이 없었다면 이들이 이토록 힘겨운 일을 하지 않았을 것입니다. 사람을 사랑하는 마음, 애통하는 마음, 애정은 신자라면 마땅히 가져야 할 심성입니다.

냉정해지지 마십시오. 차갑게 살지 마십시오. 뜨거워야 합니다. 어려운 사람이 보이면 긍휼한 마음이 들고, 나보다 불쌍한 사람이 보이면 마음 아파하고, 남이 나에게 슬픔을 토로하면 같이 울어야 합니다. 분노할 일이 있으면 분노하고, 화낼 일이 있으면 화를 내고, 욕할 일이 있으면 욕해야 합니다. 감정이 없다는 것, 차갑다는 것, 냉정하다는 것…. 이것은 예수 믿는 사람의 심성이 결코 아닙니다. 깊은 사랑과 애정은 결국 우리의 시간을 희생하게 하고 물질과 노력과 힘을 들이게 하는 것입니다. 정당한 사랑과 애정은 반드시 행동으로 나타나게 됩니다. 이것을 잊지 마십시오.

두 번째 이유는, 네 사람이 어려운 난관을 이기고 중풍병자를 예수님께 데리고 나온 이유는 예수님을 향한 확고한 신앙과 기대감을 이들이 가졌기 때문입니다. 예수님이라면 이 병을 고칠 것이라는 확신, 예수님만이 이 문제를 해결할 것이라는 믿음과 희망이 이들로 하여금 열심을 아할 수 있게 만든 근본적 이유입니다. 네 사람은 자신들의 한계를 너무도 잘 압니다. 자신들이 중풍병자를 고칠 수 없다는 것을 너무도 잘 압니다. 또한 자신들의 애정과 사랑, 정성, 적극성이 환자를 고칠 것이라고 절대 생각하지 않습니다. 지금 자신들이 하는 행동으로 말미암아 중풍병자가 낫는다고 생각하여 열심을 부리는 것이 아닙니다. 이들은 결코 자신들의 열심과 정성과 사랑에 의지하지 않습니다. 오직 이들이 가진 희망, 믿음은 '예수님만이 이 사람을 고칠 수 있겠구나!'라는 확신입니다. 오직 예수님만이 이 사람을 고칠 수 있다고 믿기 때문에 열심 있는 애정을 중풍병자에게 쏟는 것입니다.

그래서 예수님은 이들의 믿음을 보시고 중풍환자를 고칩니다. 여러분은 어떻습니까? 여러분이 전도하고자 애쓰는 사람들, 여러분 주변의 연약하고 문제투성이인 사람들을 위해 기도하고 애쓰고 온갖 방법으로 노력을 기울일 때 그들이 무엇에 의해 변화될 것이라고, 고쳐질 것이라고 생각하십니까? 혹시 여러분이 쏟는 정성과 노력으로 그들이 변화될 것이라고 생각합니까? 그렇다면 그것은 믿음이 아닙니다. 그것은 아무런 해결도 가져다주지 못합니다. 우리의 능력으로 고칠 수 있는 것은 아무것도 없습니다. 네 사람이 그 어떤 열심을 부리고 온갖 수단 방법을 가리지 않고, 애쓰고 사랑을 베풀어도 중풍병자의 병이 낫는 것이 아닙니다. 예수님만이 고칩니다. 그저 이들은 열심을 다해 중풍병자를 예수께 맡기는 것입니다. 이것이 우리의 한계이고, 할 일의 범위입니다. 우리는 열심과 열정을 다하여 사랑하고 관심을 가져야 합니다. 그것이 그를 변화시키고 성장케 하지 않습니다. 애정과 열정과 사랑과 열심과 관심으로 그를 예수께 맡기는 것입니다.

예수께 맡기는 방법은 처한 위치에 따라서, 상대방에 따라서 다양하게 나옵니다. 아까 이야기했듯이 중보 기도로 맡길 수도 있고, 말씀을 전하는 것으로, 전화 한 통화하는 것으로, 메일을 보내는 것으로, 위로의 말을 해 주는 것으로, 항상 웃는 얼굴로, 교회 회보를 전해 주는 것으로, 홈페이지를 소개해 주는 것으로, 설교 녹음 파일을 주는 것으로 아주 다양하게 나올 수 있습니다. 열심과 정성을 다해서 그렇게 하는 것입니다. 그런데 그 열심과 정성이 사람을 변화시켜요? 아니라고요. 우리는 몰라요. 무엇이 변화되는지 무엇이 저 사람을 성숙하게 만드는지 잘 몰라요. 그저 우리가 할 수 있는 능력 내에서 최선을 다해 주께 맡기는 거라고요. '최선을 다하는 것'이 변화를 만드는 것이 아니라 주께 맡기는 것으로, 그리하여 주님이 친히 변화를 일으키시는 것입니다. 그러므로 이런 방법을 쓰면 '저 사람이 변하겠구나', '이렇게 하면 되겠구나'라는 식으로 사람들에게 전략적으로 접근하는 것은 전혀 배제할 수는 없지만 그리 바람직하지 않습니다.

저는 이렇게 설교합니다. 제 설교 자체가 여러분을 변화시킬 것이라고 생각하지 않습니다. 저의 설교 행위, 설교 언어가 여러분을 감동하게 만들고, 변화하게 하고, 신앙을 성장시킬 것이라고 생각하지 않습니다. '이런 말을 하면 회중이 감동하겠구나', '이런 예화를 들면 마음이 좀 움직이겠구나', '이런 방식으로 성경을 풀면 좀 뒤집어지겠구나' 하는 마음속 유혹에 넘어가지 않으려고 경계합니다. 이런 생각은 제가 아주 단호하게 하지 않으려고 노력하고 있습니다. 제가 여러분 앞에서 설교하는 이유는 단 하나입니다. 하나님이 여러분을 변화하게 만드시고, 여러분을 하나님 나라의 백성으로서 올바로 자라게 하시고, 이 땅에서 하나님의 백성으로서 정당하게 살아갈 수 있도록 힘주시고 인도하신다는 믿음과 확신을 품고서 설교라는 언어 행위를 통해 여러분을 예수님께 맡기는 것입니다.

저는 설교를 열심과 성의를 다하여 준비하고 또 여러분을 향한 애정과 사랑의 표현으로 단상에서 하나님 말씀을 전합니다. 저의 그러한 정성이 여러분을 고칠 것이라고 믿지 않습니다. 오히려 그 정성으로 여러분을 예수님께 맡기려는 믿음만 있을 뿐입니다. 그래서 제가 말이 어눌하고, 말주변도 별로 없고, 발음도 새고, 더듬거리고, 외모나 목소리에서는 더더욱 설교자다운 권위가 나타나지 않아도 그저 하나님이, 우리 예수님이 여러분을 신의 성품에 참여하는 온전한 백성으로 만드실 것이라고 믿고 설교하는 것입니다. 이렇게 설교로 여러분을 예수님께 맡기는 것입니다. 성경 속 동료들이 자신들이 가진 모든 것을 동원해서 중풍병자를 예수께 맡겼듯이 말입니다.

여러분은 각자가 처한 상황에서 다양한 방법으로 주변 사람들을 예수께 맡깁니다. 연약한 자, 무기력한 자 등 중풍병자를 예수께 맡겼을 때처럼 주님이 그 사람을 고치시고, 변화하게 하시고, 자라게 하실 것입니다. 당신의 실로 말할 수 없이 놀랍고, 신비로운 방법으로 우리가 도저히 생각하지 못하는 당신만의 풍성하고도 독특한 방법으로 말입니다. 그리고 그러한 예수님의 역사하심에 대해 우리 입에서 나오는 정당한 반응은 열심과 애정으로 인한 자랑이 아니라 하나님의 역사하심에 대한 놀라움과 찬송뿐일 것입니다. 12절을 다 같이 크게 읽어봅시다.

> **12** 그러자 중풍병 환자가 일어나서, 곧바로 모든 사람이 보는 앞에서 자리를 거두어 가지고 나갔다. 사람들은 모두 크게 놀라서 하나님을 찬양하고 "우리는 이런 일을 전혀 본 적이 없다" 하고 말하였다.(막 2:12절)

동료들에게 찬송을 돌리지 않습니다. 오직 하나님께 찬송과 영광을 돌리는 것입니다. 왜요? 동료들이 한 일이 아니라 하나님이 하신 일이기 때문입니다. 이것이 중풍병자를 예수님께 데려온 사람들의 믿음이 우리에게 주는 교훈입니다. 이 믿음을, 오늘날 하나님이 여러분에게 요구합니다. 여러분이 교회에 조금만 민감하다면, 그리고 여러분 주변의 이웃들에게 조금만 예민하다면 우리가 돌보아야 할 영적 중풍병자들이 적지 않음을 발견할 것입니다. 그들에 대한 사랑과 애정을 가지고 배려하는 마음과 관심을 잊지 마십시다. 우리가 할 수 있는 모든 방법을 동원해서 그들을 예수님께 맡깁시다. 예수님께 부탁드립시다. 그렇게 한다면 예수님께서 우리 각자를 고치시고 변화시키사 당신을 믿게 하신 것처럼 그들에게도 그러한 놀라운 일을 행할 것입니다.

예수 그리스도는 누구인가? —————————— 막 2:1-12

1 며칠이 지나서, 예수께서 다시 가버나움으로 들어가셨다. 예수께서 집에 계신다는 말이 퍼지니, 2 많은 사람이 모여들어서, 마침내 문 앞에조차도 들어설 자리가 없었다. 예수께서 그들에게 말씀을 전하셨다. 3 그 때 한 중풍병 환자를 네 사람이 데리고 왔다. 4 무리 때문에 예수께로 데리고 갈 수 없어서, 예수께서 계신 곳 위의 지붕을 걷어 내고, 구멍을 뚫어서, 중풍병 환자가 누워 있는 자리를 달아 내렸다. 5 예수께서는 그들의 믿음을 보시고, 중풍병 환자에게 "아들아, 네 죄가 용서함을 받았다" 하고 말씀하셨다. 6 율법학자 몇이 거기에 앉아 있다가, 마음 속으로 의아하게 생각하였다. 7 '이 사람이 어찌하여 이런 말을 할까? 하나님을 모독하는구나. 하나님 한 분밖에, 누가 죄를 용서할 수 있는가?' 8 예수께서, 그들이 속으로 이렇게 생각하는 것을 곧바로 마음으로 알아채시고 말씀하셨다. "어찌하여 너희는 마음 속에 그런 생각을 품고 있느냐? 9 중풍병 환자에게 '네 죄가 용서함을 받았다' 하고 말하는 것과 '일어나서 네 자리를 거두어 가지고 걸어가거라' 하고 말하는 것 가운데서, 어느 쪽이 더 말하기가 쉬우냐? 10 그러나 인자가 땅에서 죄를 용서하는 권세를 가지고 있음을 너희에게 알게 하겠다."—예수께서 중풍병 환자에게 말씀하셨다. 11 "내가 네게 말한다. 일어나서, 네 자리를 거두어 가지고 집으로 가거라." 12 그러자 중풍병 환자가 일어나서, 곧바로 모든 사람이 보는 앞에서

자리를 거두어 가지고 나갔다. 사람들은 모두 크게 놀라서 하나님을 찬양하고 "우리는 이런 일을 전혀 본 적이 없다" 하고 말하였다.

마가복음에서 이 단락은 중요한 위치를 차지합니다. 여기서 예수 그리스도가 누구이신지에 대한 예수님 자신의 첫 공개 선언이 있습니다. 이후 그것과 관련되어 예수님은 복음서 내내 율법학자들과 계속해서 충돌합니다. 예수님은 의도적으로 중풍병자에게 "아들아, 네 죄가 용서함을 받았다"라고 이야기함으로써, 자신이 어떤 존재인지를 사람들에게 공개합니다. 자신이 죄를 사하는 권세가 있음을 알리십니다. 그동안 예수님의 정체는 감추어져 왔습니다. 그러나 이 단락에서 예수님은 자신의 정체와 사역을 공개적으로 드러내려 한 귀신과 사람들을 엄중하게 침묵시키면까지 감춰 온 정체를 스스로 드러내십니다. '죄를 사하는 권세가 있는 자'로 말입니다. 생각해 보십시오. 마가복음 1장까지만 읽은 마가복음 독자들의 반응은 어떠할까요? 우리가 마가복음에서 1장의 내용만 알고 있다면 어떤 반응이 일어날까요? "왜 예수님은 자신을 드러내지 않을까? 왜 예수님은 자신의 정체를 밝히려는 자들을 엄중하게 침묵을 시킬까? 왜 예수님은 당신의 정체를 숨기실까? 메시아라면, 온 인류를 구원하러 오신 메시아라면 당연히 자신을 드러내야 하지 않을까? 자기가 어떤 사람인지 알려야 하지 않을까?" 등등의 생각이 들지 않겠습니까?

예수님이 저들을 침묵시킨 이유가 무엇입니까? 우리가 지금까지 살펴보았듯이 귀신들이나 치유 받은 사람들의 예수님을 향한 고백은 예수님을 따르는 수많은 군중의 기대감, 꿈, 소원, 야망, 희망 등을 채워 주기 때문입니다. 예수님을 따르는 수많은 백성의 메시아관은 정치적·군사적·맘몬적인 메시아관입니다. 그들은 예수님에게서 자신들이 생각하는 메시아 됨을 발견하고 예수 그리스도를 따릅니다. 그런 가운데 귀신들과 치유 받은 사람들의 고백은 예수를 향한 정치적·군사적 메시아관을 더욱 더 굳건하게 만듭니다. 그래서 예수님이 그들의 고백과 외침, 선전을 엄중하게 막는 것입니다. 즉 예수님은 자신을 철저하게 감춤으로써, 혹은 드러내지 못하게 함으로써 자신을 향한 백성의 기대와 소원과 소망과 야망, 그리고 꿈을 철저하게 깨는 것입니다. "나는 너희들의 기대를 충족시켜주는 자가 아니다. 나는 너희들의 소원과 꿈과 야망을 깨부수기 위해 왔다."라는 메시지를, 자신을 철저하게 감춤으로써, 숨김으로써 이야기하는 것입니다.

2장에서도 이러한 예수님의 모습을 확인할 수 있습니다. 2장 1-12절에서 예수님은 백성들의 기대를 완전히 깨버립니다. 어떻게 백성들의 기대가 깨졌는지 살펴보죠. 지금 이 단락에서 예수님에게 몰려든 사람들이 예수님에게 거는 기대는 무엇입니까?

첫째, 중풍병자를 예수님께 데리고 온 네 사람의 기대, 소원이 무엇입니까? 당연히 중풍병자의 병이 고침을 받는 것입니다.

둘째, 예수님의 주변에 모여든 군중이 기대하는 바는 무엇입니까? 예수님이 중풍병자를 깨끗하게 고침으로써, 그들이 염원하는 메시아관이 강해지고 예수를 향한 기대가 충족됩니다. 즉, 자기들이 기존에 가진 생각들이 '틀리지 않았다'라는 확인입니다.

셋째, 율법학자들을 비롯해서 바리새인들은 어떤 기대를 품고 지금 이 자리에 있습니까? 이들은 아마도 '저 예수라는 사람이 무슨 신기한 일을 행하는가?', '저 사람도 선지자인가?', '저 사람을 하나님이 보내셨는가?', '정말로 듣던 소문대로 병을 고치는가?' 이러한 기대를 하고 지금 이 자리에 있는 것입니다. 그런데 예수님이 중풍병자를 앞에 놓고 하신 말씀, 즉 "아들아, 네 죄가 용서함을 받았다"라는 말씀이 이들의 기대를 채워 줍니까? 그렇지 않죠. 오히려 정반대로 이들의 기대, 소원, 꿈, 바라는 바를 무참하게, 완전히 깨뜨립니다. 환자를 데리고 온 네 사람은 예수님에게서 죄를 용서하는 말씀을 듣고 어안이 벙벙했겠고, 또 군중은 의아해하면서도 도저히 이해를 못 했을 것입니다. '아니, 병은 고치지 않고 웬 엉뚱한 소린가?' 식의 생각을 했겠지요. 그리고 신학 지식을 가진 율법학자들은 예수 그리스도의 사죄 선언의 함의가 얼마나 신성모독적인지 알고, 분노했을 것입니다.

자, 이 분위기를 한번 생각해 보십시오. 얼마나 썰렁한 분위기가 연출되었겠습니까? 지금 군중이 중풍병자가 치유될 거라는 기대감을 갖고 진지하게 지켜 보는데, 예수님이 엉뚱하게도 "네 죄가 사해졌다"라고 말씀하심으로써 이 열광적 분위기를 순식간에 잠재워 버립니다. 환자를 데려 온 네 사람, 군중, 그리고 율법학자들의 기대 혹은 소원, 열망 등을 완전히 깨버리는 것이지요. 이 분위기가 이해되세요? 즉 예수님은 자신의 정체를 이런 방식으로 드러냄으로써, 백성들의 기대를 깨는 것입니다. 다시 정리하죠. 1장에서 예수님은 자신을 감추심으로써 사람들의 기대와 꿈과 야망과 소원을 부수어 버렸다면 2장 1-12절의 본문에서는 자신을 감추지 않고 오히려 자신의 정체를 온전히 드러냄으로써 사람들의 기대, 소원, 꿈, 야망, 비전을 무참하게 부수어 버립니다.

이것이 우리에게 주는 교훈이 무엇입니까? 예수님이 어떤 분인가입니다. 예수님이 어떤 분이십니까? 예수님은 우리의 야망, 소원, 꿈, 비전, 혹은 열망을 성취하게 해 주고, 굳건하게 해 주고 이루어 주는 분이 아니라 그것을 무참하게, 완전히 초토화시켜서 부수어 버리는 분입니다. 아무리 우리의 꿈, 야망, 비전이 거룩한 내용을 담았다 할지라도, 또 기독교적 내용을 담았다 할지라도 예수 그리스도에 대한 신앙이 그것을 이루어 주는 것은 아닙니다. 오히려 예수 그리스도를 믿는다는 것은 내가 가진 꿈과 야망과 목표, 비전이 깨지는 것을 뜻합니다. 예수 그리스도를 믿는다면 반드시 이 깨어짐, 부서짐, 무너짐이 있어야 합니다. 예수 그리스도를 믿는다고 하면서 여전히 자신의 꿈과 야망과 비전과 소원이 굳건해지고, 견고해지고, 튼튼해진다면 그는 제대로 예수 그리스도를 믿는 것이 아닐 것입니다. 그렇다면 우리의 소원, 야망, 비전, 그리고 그러한 야망을 이루기 위해 예수 그리스도에게 거는 우리의 기대를, 예수 그리스도께서는 어떻게 깨뜨리실까요? 본문을 좀 자세히 보도록 하겠습니다. 5절을 읽어 보시죠.

> 예수께서는 그들의 믿음을 보시고, 중풍병 환자에게 "아들아, 네 죄가 용
> 서함을 받았다" 하고 말씀하셨다. **(막 2:5절)**

이 말씀은 예수님이 의도적으로 하셨습니다. 무엇을 의도하고 있느냐면 10절의 표현대로 "인자가 땅에서 죄를 용서하는 권세를 가지고 있음을 알게 하고자" 하는 의도가 담긴 말씀입니다. 즉, "나는 너희들의 야망, 너희들이 나에게 바라는 그 소원을 이루어 주기 위해서 이 땅에 온 것이 아니다. 너희들을 배불리 먹이기 위해서 온 것이 아니다. 너희들의 정치적·군사적 기대를 이루어 주기 위해서 온 것이 아니다. 나는 죄를 해결하기 위해 왔다. 모든 아픔과 상처와 불행과 질고의 뿌리인 죄, 마지막에는 가장 큰 저주인 사망으로 끝날 수밖에 없는 죄를 해결해 주기 위해 이 땅에 왔다. 너희들은 죄인이다. 그리고 나는 그 죄를 사하기 위해 이 땅에 왔

다." 이것이 예수님의 죄 사함의 선언 속에 담긴 의미입니다. 그런데 이러한 죄 사함의 선언을 들은 율법학자들이 어떤 생각을 하죠? 7-8절입니다.

> **7** "이 사람이 어찌하여 이런 말을 할까? 하나님을 모독하는구나. 하나님한 분밖에, 누가 죄를 용서할 수 있는가?" **8** 예수께서, 그들이 속으로 이렇게 생각하는 것을 곧바로 마음으로 알아채시고 말씀하셨다. "어찌하여 너희는 마음속에 그런 생각을 품고 있느냐 (막 2:7-8절)

지금 율법학자들은 예수님이 중풍병자의 병은 고치지 않고 죄를 사하는 말씀을 하시는 것을 보고 매우 의아해하고 있습니다. 이들은 예수님이 하나님을 모독한다고 생각합니다. 즉 신성모독의 죄를 저지르고 있다고 속으로 생각합니다. 이러한 율법학자들에게 예수님이 질문합니다. 9절입니다.

> **9** 중풍병 환자에게 '네 죄가 용서함을 받았다' 하고 말하는 것과 '일어나서 네 자리를 거두어 가지고 걸어가거라' 하고 말하는 것 가운데서, 어느 쪽이 더 말하기가 쉬우냐?(막 2:9절)

여러분은 어느 쪽이 더 쉽다고 생각하십니까? 이 질문은 상당히 복합적인 질문입니다. 질문의 내용상으로는 "일어나서 네 자리를 거두어 가지고 걸어가거라"라고 말하기가 더 쉽습니다. 왜냐하면 유대 사회에서 죄를 사한다는 것은 오직 하나님에게만 속한, 하나님만이 하실 수 있는 일이기 때문입니다. 그 누구도 인간의 죄를 사할 수 없습니다. 그러나 병을 고치는 행위는 하나님에게만 속한 것도 아니었고, 또한 예수님만이 행하는 독특한 사역도 아니었습니다. 당시의 풍습에 따르면 자칭 선지자들, 혹은 종교인들에 의한 치유 사역은 종종 있었습니다. 그러하니 예수님의 두 번째 질문의 답은 당시 상황을 고려하여, 인간이 하기 쉬운 쪽은 '죄 사함'이 아니라 '일어나 걸어가라'라고 말하는 것이 더 쉽습니다. 그러나 말만으로는, 즉 형식상으로는 "죄 사함을 받았느니라"가 더 쉽습니다. 왜냐하면 병을 고치는 것은 그 효과가 즉각적으로 나타나야 하지만 죄를 사하는 것은 아무런 표시가 나지 않기 때문입니다. '말'만으로 병을 고치는 것보다는 죄를 사하는 것이 더 쉬운 것입니다. 그래서 지금 예수님의 죄를 용서하는 선언으로 의아해하는 율법학자들의 생각은 복합적인 것입니다. "네 죄가 용서함을 받았다"라는 예수님의 선언에 대해 이들이 지금 어떤 생각을 하고 있느냐 하면요.

첫째는 오직 여호와 하나님만이 하시는 죄 사함의 권세를 예수님이 행함으로써, 예수님이 하나님을 모독했다는 분노와 적개심이 있습니다. 둘째는 예수라는 작자가 중풍병자의 병을 고치지 못하니까 그저 엉뚱한 말로 빠져나가려 한다고 생각하여 예수에 대한 비웃음과 냉소가 가득 차 있습니다. 이것이 율법학자들의 마음입니다. 분노와 냉소가 혼재된 상태입니다. 예수님은 율법학자들의 마음을 알아차리시고 당신이 이 땅에서 죄를 용서하는 권세가 있음을 입증하기 위해서 중풍병자의 병을 고칩니다.

다시 정리하죠. 예수님이 이 중풍병자에게 "아들아, 네 죄가 용서함을 받았다"라고 선언하신 것은 지금 예수의 주변에 몰려든 사람들의 모든 기대를 저버리는 것입니다. 중풍병자와 4명의 동료와 수많은 군중과 율법학자들의 유일한 관심은 예수가 이 환자를 고칠 수 있는가, 없는가입니다. 그들은 메시아 되신 예수님이 병 고치는 것에만, 달리 표현하자면

'자신들의 정치적·군사적, 맘몬적 필요를 채워줄 수 있는가, 없는가?' 하는 문제에만 유일한 관심을 두고 있는 것입니다.

이러한 이들의 관심, 기대, 소망, 꿈을 예수님은 "아들아, 네 죄가 용서함을 받았다"라고 말씀하심으로써 깨버리는 것입니다. 이들의 기대를 저버리는 것입니다. "나는 너희들의 정치적·군사적·맘몬적 필요를 채워주려고 이 땅에 오지 않았다. 너희들은 죄인들이다. 너희들은 하나님의 크나큰 진노를 피할 수 없는 죄인들이다. 그리고 나는 너희들의 죄를 용서하러 왔다. 나에게는 죄를 용서하는 권세가 있다." 이것이 예수님이 저들의 예수를 향한 잘못된 환상을 깨는 방법입니다.

무엇으로 저들의 메시아를 향한 잘못된 환상을 깨버립니까? "너희들은 죄인이다. 그리고 나는 죄를 용서하는 권세가 있다." 이것입니다. '죄인'이라는 것입니다. 하나님 앞에서 죄인이라는 것이지요. 사실 기독교인들에게 '죄인'이라는 말은 너무도 흔한 말이어서 별로 절절하게 다가오지 않습니다. 그래서 죄인이라는 말이 어떻게 보면 멋있는 말, 혹은 겸손의 지극한 표현, 일종의 종교적 용어로 변질되었어요. 우리도 기도하면서 "나는 죄인입니다. 하나님 용서해주세요"라고 말하지만 사실 그런 표현들은 다 종교적 수사에 지나지 않는 거예요. 사실 '죄인'이라는 표현은 엄청난 거예요. 그렇죠? '죄인'이란 참으로 비참하고, 얼굴을 들 수 없고, 도저히 아무 말도 하지 못하고 그저 "살려 주세요, 용서해 주세요"라는 말밖에는, 그것도 기어가는 목소리로, 온갖 눈치보는 존재이라고요. 안 그래요? 그런데 우리는 너무도 당당하죠. 죄인이라고 자백하는 것도 아주 큰소리로 당당하게 외치잖아요. 이런 망할 것이 어디에 있어요? 누가복음 18장 9-14절을 보겠습니다.

9 스스로 의롭다고 확신하고 남을 멸시하는 몇몇 사람에게 예수께서는 이 비유를 말씀하셨다. **10** "두 사람이 기도하러 성전에 올라갔다. 하나는 바리새파 사람이고, 다른 하나는 세리다. **11** 바리새파 사람은 서서, 혼잣말로 이렇게 기도하였다. '하나님, 감사합니다. 나는, 토색하는 자나 불의한 자나 간음하는 자 같은 다른 사람들과 같지 않으며, 또는 이 세리와도 같지 않습니다. **12** 나는 이레에 두 번씩 금식하고, 내 모든 소득의 십일조를 바칩니다.' **13** 그런데 세리는 멀찍이 서서, 하늘을 우러러볼 엄두도 못 내고, 가슴을 치며 '아, 하나님, 이 죄인에게 자비를 베풀어 주십시오' 하고 말하였다. **14** 내가 너희에게 말한다. 의롭다는 인정을 받고서, 자기 집으로 내려간 사람은 저 바리새파 사람이 아니요, 이 세리다. 누구든지 자기를 높이는 사람은 낮아지고, 자기를 낮추는 사람은 높아질 것이다."(눅 18:9-14절)

이 세리가 바로 죄인의 모습입니다. 죄인이 하나님 앞에서 마땅히 취해야 하는 자세입니다. 하나님께 감히 무엇을 요구해요? 감히 죄인이 어떻게 하나님께 돈 달라, 지위를 높여 달라, 나를 괴롭히는 저 원수를 죽여 달라, 부자가 되게 해 달라… 어떻게 이런 요구를 할 수 있어요? 그럴 수 없단 말이죠. 자기가 죄인이라는 것을 철저하게 인지하는 자라면 감히 하나님께 무엇을 해 달라고 요구할 수 없습니다. 그저 목숨 하나 붙어 있고, 이나마 살아가고 있는 것에 감사와 자비를 베풀어 달라는 안타까움만 있을 뿐입니다. 이런 점에서 예수님은 자신에게 몰려든 사람들에게 그들의 죄인 됨을 깨닫게 하시면서, 예수님에게 거는 저들의 정치적·군사적, 맘몬적 야망과 기대와 소원과 비전을 깨부수는 것입니다. '너희들은 죄인이다'라고 말입니다. "너희들이 지금 나에게 찾아와서 '돈 벌게 해 주세요', '권세를 주세요', '건강하게 해 주세요', '아들, 딸 잘 되게 해 주세요', '높은 지위를 주세요', '공부 잘하게 해 주세요'라고 하는데, 죄인들이 지금 그런 것을 요구하게 생겼느냐, 그렇게 한가하느냐, 그렇게 여유를 부려도 되겠느냐, 너희들은 죄인이다. 그리고 나는 그 죄를 용서하는 권세가 있다. 그 이유로 나를 따라야 한다. 나는 너희들의 기대, 꿈, 비전, 야망을 이루어 주지 않는다. 나는 그런 목적으로 오지 않았다. 나는 죄를 용서해 주기 위해 왔다." 이렇게 예수님은 당신에 대한 군중의 기대감을 깨는 것입니다.

그런데 이러한 충돌, 즉 예수님이 이 땅에 오신 진정한 목적은 백성들과 군중의 요구와 자주 부딪쳤고, 복음서는 예수님과 그들의 충돌을 자주 보여줍니다. 요한복음 6장을 보도록 하겠습니다. 예수님이 갈릴리 바닷가 근처에서 보리빵 다섯 개와 물고기 두 마리를 가지고 수천 명의 사람들을 먹이십니다. 많은 사람이 배불리 먹었습니다. 그러자 사람들이 예수님이 하신 기적을 보고 "이분은 참으로 세상에 오시기로 된 그 예언자다"(14절)라고 하면서 예수님을 왕으로 삼고자 합니다. 그러자 예수님이 물러가십니다. 그 후로 제자들과 군중들이 다시 따르자 "너희가 나를 찾아온 것은 표적을 보았기 때문이 아니라, 빵을 먹고 배가 불렀기 때문이다"(26절)라고 하시면서 영원한 생명을 주는 양식에 대해 이야기하십니다. 예수님이 자신을 하늘로부터 내려온 빵이라며, 인자의 살을 먹고 피를 마시지 않으면 너희 속에는 생명이 없다는 이야기를 합니다. 먹을 빵을 달라고 요구하는, 먹을 빵에 대한 생각으로 가득 차 있는 사람들에게 예수님은 "내 살은 참된 양식이요, 내 피는 참된 음료다"(55절)라고 가르치십니다. 그러자 예수의 제자들 가운데서 여럿이 이런 이야기를 합니다. "말씀이 이렇게 어려우니 누가 알아들을 수 있겠는가?"(60절), 새번역은 이 구절을 "이 말씀이 귀에 거슬리니 어떻게 들을 수 있겠는가?"로 번역했습니다. 즉 예수님을 따라다닌 제자들에게 예수님의 말씀이 단순히 어려웠던 것이 아닙니다. 말을 못 알아들었다면 예수님께 자세하게 더 가르쳐 달라고 물었을 것입니다. 그러나 이들은 묻지 않습니다. 즉 이들은 예수님의 가르침이 귀에 거슬렸던 것입니다. 그래서 61절에서 예수님이 이렇게 이야기합니다. "예수께서 제자들이 자기의 말을 두고 수군거리는 것을 아시고, 그들에게 말씀하셨다. '이 말이 너희의 마음에 걸리느냐?'" 제자들은 예수님의 말씀이 귀에 거슬렸던 것입니다. 왜요? 기대와는 전혀 다른 엉뚱한 소리를 예수님이 하시기 때문입니다. 그래서 대다수의 제자가 떠났습니다. "이 일이 일어난 뒤로, 제자 가운데서 많은 사람들이 떠났고, 그를 따르지 않았다."(66절)

예수님을 정치적·군사적·맘몬적 해결자로 여긴 사람들이 예수가 그들의 기대를 저버리는 소리를 하니까 다 떠나갔다는 것입니다. "저 인간이 엉뚱한 소리 한다…." 이것이죠. 여러분의 모습을 살펴보십시오. 우리는 왜 교회에 다닙니까? 우리는 왜 예수를 믿습니까? 우리의 목적이 무엇입니까? 더 높은 지위, 더 많은 돈, 더 큰 집, 더 큰 영향력, 더 큰 종교적 파워, 남들보다 더 잘나고 싶고, 남들 위에 군림하고 싶은(그것이 종교적으로 거룩한 형식을 지니고 있다 할지라도) 내 꿈과 비전과 야망을 들어줄 분으로 예수님을 믿지는 않습니까?

우리가 교회를 다니고 예수를 믿는 목적이 심리적 만족을 얻고 그저 잠시 거친 세상으로부터 벗어나서 잠시 쉬었다 가는 수준은 아닙니까? 그저 내 몸뚱아리의 편안함, 내 육신의 안락함을 위한 것이 우리의 신앙은 아닌지 점검해 보아야 합니다. 우리는 예수 그리스도의 죄를 용서하는 권세로만 해결이 가능한 크나큰 죄인이라는 사실을 인식해야 합니다. 우리가 감당하기에 너무나 큰 문제를 예수님께 가지고 나와도 학교, 돈, 건강, 직장, 심리 등 어떤 문제를 가지고 나와도 그것이 내가 하나님 앞에 죄인이며, 죄를 용서하시는 예수의 권세를 필요로 한다는 사실에 우선하지 않습니다.

모든 인간이 가지고 있는 가장 큰 문제는, 지금 이곳에 와서 예배드리고 말씀을 듣는 여러분의 가장 큰 문제, 여러분이 하나님 앞에서 시급히 확인해야 할 가장 절실한 문제는 '여러분이 죄인이라는 사실, 죄인이라는 엄중한 현실'입니다. 이것에 대한 인식이 없으면 예수를 믿는 것도, 이렇게 교회에 와서 예배를 드리는 것도 사실 아무 소용없는 것입니다. 우리가 크나큰 죄인이고, 예수 그리스도가 우리의 죄를 사하는 권세를 가졌으며, 우리가 예수 그리스도의 자비와 은혜로 말미암아 죄를 용서받았다는, 혹은 죄를 용서받아야 하는 존재라는 사실에 대한 인식이 없는 한, 언젠가는 우리는 예수의 곁을 떠날 것입니다. 이러한 사람은 예수를 믿음으로써 헌신과 희생이 요구될 때 반드시 예수의 곁을 떠날 것입니다. 이 얼마나 불행한 일입니까? 이 불행이 여러분의 불행이 되어서는 안 될 것입니다. 오늘 말씀에 비추어서 여러분의 신앙의 근본을 다시 한번 확인하시기를 바랍니다. 예수가 누구인가, 그리고 나는 그 예수에게서 무엇을 기대하고 있는가!

13. 예수께서 다시 바닷가로 나가셨다. 무리가 모두 예수께로 나아오니, 그가 그들을 가르치셨다. 14. 예수께서 길을 가시다가, 알패오의 아들 레위가 세관에 앉아 있는 것을 보시고 "나를 따라오너라" 하고 말씀하셨다. 레위는 일어나서, 예수를 따라갔다.

13절에 보면 예수께서 무리들을 모아 놓고 가르치셨다는 이야기가 나옵니다. 그리고 14절에는 길을 가시다가 레위라는 사람을 만났는데, 그 사람에게 "나를 따라오너라"라고 말씀하시니 레위가 일어나서 예수를 따라갔다고 나옵니다. 오늘은 이러한 내용을 살펴보면서 교회에서 가르친다는 것, 또 배운다는 것이 어떻게 이루어져야 하는지를 전반적으로 이야기하려고 합니다. 그리고 교회 내에서 하나님의 말씀을 가르치는 목회자와 회중의 관계가 어떠해야 하는지를 오늘 본문을 모티브 삼아서 이야기하려고 합니다. 오늘 말씀을 통해서 교회에서 가르치고 배우는 문제에 관한 점검이 있었으면 합니다.

마가복음에는 예수님이 "나를 따라오너라"라고 말씀하시면서 사람을 부르는 장면이 두 번 나옵니다(막 1:16-20절, 2:13절). 부름을 받은 사람들의 반응은 다 주저없이 즉각적으로 순종하였습니다(막 1:16-20절 — 부르시니, 남겨두고, 곧 따라갔다. 2:13절 — 일어나서 예수를 따라갔다). 이 본문은 주로 헌신예배나 무슨 선교 대회, 혹은 수련회의 마지막 날 설교에 주로 사용됩니다. 그럼, 어떻게 사용되느냐면 "제자들은 예수님의 부르심에 이렇게 즉각적으로 순종하였습니다. 그들은 자신들의 모든 것을 다 버려두고 예수님을 죽기까지 따라갔습니다. 우리도 제자들의 신앙을 본받아야 합니다. 우리도 이 세상의 모든 것을 다 버려두고 이 제자들처럼 예수 그리스도를 따라가야 합니다." 즉, 본문을 제자들의 헌신, 순종으로 보는 것입니다. 제자는 자기가 가진 모든 것을 다 포기하고 예수 그리스도를 따라야 한다는 것이지요. 이렇게 본문을 해석하는 사람들은 제자도의 본질을 '헌신', '희생', '순종'으로 봅니다. 그런데 이런 견해들이 물론 틀린 것은 아닙니다만, 본문이 그러한 것을 의도하고 있는가, 즉 본문에서 사람들이 모든 것을 버리고 예수를 따르고, 예수의 부르심에 즉각적으로 예수를 따라 나선 것을 사람들의 '헌신', '희생', '순종'이라는 제자도의 덕목으로 볼 수 있느냐 하면 그렇지 않다는 것이 저의 생각입니다.

마가복음 1장에서 예수님의 부르심에 응답하여 모든 것을 버리고 예수를 따른 4명의 제자와 2장 14절의 레위는 이미 예수님에 대한 사전 지식이 있었습니다. 어떤 사전 지식을 가지고 있었죠? 병을 고치고, 기적을 행하면서 갈릴리 온 지역에 예수라는 사람이 메시아라는 소문이 돌았다는 것. 그래서 이들은 이들 나름대로 예수님에 대한 계산을 하고 있었습니다. 이들은 예수라는 사람이 그동안 이스라엘의 소망이었던 메시아, 이른바 그리스도이실 것이라는 생각을 했고, 그리스도로 말미암아 자기들의 고달픈 인생살이, 로마의 압제, 권력자들의 압제로부터 해방되어 자신들도 이 세상의 권세를 잡을 것이라는 생각으로 지금 예수님을 따르는 것입니다. 다시 말해 예수님에 대한 헌신, 희생, 혹은 순종의 표현으로 예수를 따르는 것이 아니라 철저한 계산속에서 예수님을 따르는 것입니다. 이들이 예수님을 따른 것은 10억 원을 벌기 위해서 지금 가지고 있는 돈 10만 원을 버리는 것이지요. 누구나 할 수 있습니다. 못 하면 바보죠. 이 맥락에서 레위나 베드로나 야고보, 요한 등이 예수님을 따라간 것이 무슨 고귀한 생각, 온전한 헌신의 모습, 순종의 표본 등이 아니라고요. 이들은 이들 나름대로 철저한 계산을 하고 예수님을 따르는 것입니다.

그러므로 지금 예수 그리스도를 따라나선 레위와 4명의 제자의 행동은 신앙의 완성이거나 혹은 신자들이 본받아야 할 어떤 모범이 아니라 신앙의 길로 들어서는 불안정한 시작에 불과합니다. 완성이 아니라 시작이지요. 예수 그리스도를 따라나섰다는 것, 자기들이 가진 모든 것을 버리고 예수 그리스도를 따라나선 것에 우리는 그렇게 큰 의미를 부여해서는 안 됩니다. 예수 그리스도의 부르심에 응답하여 예수를 따른 것 자체에 큰 의미를 부여하면 예수 그리스도가 자기를 왜 불렀는지에 대한 이해보다는 예수 그리스도를 따라나선 것으로 오만방자해지기가 쉽습니다. 즉 예수에게서 배우는 것이 이들의 목적이 아니라 예수가 가진 힘을 이용해서 자신들의 어떤 꿈과 야망을 성취하려는 것이 목적이기 때문에, 모든 것을 버리고 예수 그리스도를 따른 것 자체에 큰 의미를 부여하면 그것을 근거로 해서 자신들의 어떤 특권을 주장하게 됩니다. 이것은 아주 나쁜 것입니다.

오늘날도 마찬가지 아닙니까? 교회에서 가장 골치 아픈 사람들이 누구입니까? 소위 열정과 헌신이 가득하고, 하나님을 향한 충성이 가득한 사람들 아닙니까? "교회 건축에 공헌하고, 혹은 선교사로 헌신하고, 주께 충성하고, 종교적 열심과 열정을 다하고, 서울대학교 교수직을 내려놓고 이 촌구석에 와서 주께 헌신한 나에게 왜 그리 잔말인가? 왜 내 말을 듣지 않는가? 내가 주를 위해서 가족도 버리고 집도 버리고 명예도 버리고 좋은 지위도 버렸는데… 왜, 왜 내 충심을 몰라주는가!" 이런 사람들을 만나면 할 말 없어요. 제일 골치 아픈 것이죠. 약이 없어요.

종교적 명분을 얻은 사람들이 범하는 가장 큰 오류는 종교적 명분을 자신이 가졌다 하여 자신의 그릇된 행동을 모두 정당화하고, 그것을 다 주를 위해 충성하느라고, 주님을 위해 헌신하느라고, 주님을 사랑하는 마음이 너무 강해서 일어난 일이라고 변명하는 것입니다. "사람들은 내 마음을 모르지만 주님은 내 마음 아신다", "눈 딱 감고 기도합시다", "주 안에서 사랑합시다", "하나가 됩시다, 미워하지 맙시다." 하며 이야기만 한다고요. 제가 제일 싫어하는 것은 종교적 명분으로 자신을 치장하는 것입니다. 그래서 저는 이런 사람은 믿지 않습니다. "사랑합시다. 우리 주 안에서 사랑합시다. 하나님께 헌신했어요. 기도 열심히 하세요. 충성합시다. 왜 우리는 이렇게 사랑이 없어요? 열심을 다해 사랑합시다. 할렐루야, 아멘" 이런 말을 자주 하는 사람을 믿지 않습니다. 사랑, 충성, 헌신 등의 고귀한 덕목들이 이렇게 말로써, 선언으로써, 표어로써 가능한 일이냐는 거예요? 아니란 말이죠. 이런 종교적 명분들을 입에 달고 다니는 사람들이 많고, 이런 사람들이 대단한 신앙인처럼 보이는데, 이것은 아닙니다. 문제가 많은 교회일수록, 건강하지 않은 교회일수록 이런 명분들이, 표어들이 난무합니다. 선동적이죠.

이러하듯 종교적 명분을 소유하는 것으로 신자의 신자 됨, 하나님 나라 백성의 백성 됨이 드러나는 것이 아닙니다. 제자의 경우를 예로 들자면, 제자들이 예수 그리스도를 따르기 위해서 그들의 모든 것을 다 버리고, 즉 가족도 버리고, 집도 버리고, 배도 버리고, 재산도 버리고, 예수를 따르는 모습이 그들의 제자 됨과 하나님 나라 백성 됨을 드러내 주는 것이 아니라는 것입니다. 예수님이 이 사람들을 왜 부릅니까? 하나님 나라의 복음을 가르치기 위해 부르는 것입니다. 제자로 만들기 위해서 부르는 것입니다. 다른 말로 하면, 이들을 하나님의 온전한 백성으로 만들기 위해 부르는 것입니다. 이들에게 하나님 나라의 복음을, 말씀을 가르쳐서 온전한 하나님의 백성, 온전한 당신의 제자로 만들려고 부르는 것입니다. 그렇다면 이 부름 받는 사람들이 일차적으로 해야 할 일이 무엇일까요? '배우는 것'입니다. 일하고 업적을 내고 예수 그리스도를 따라다니면서 그의 권능을 흉내 내는 것이 이 사람들의 할 일이 아닙니다. 심지어 예수님을 지키는 것도 이들의 할 일이 아닙니다. 하나님을 보호하고, 교회를 지키는 것도 이들의 할 일이 아닙니다. 그럼 무엇이냐, 오직 배우는 것입니다. 무엇을 배우는 것이죠? 하나님 나라의 복음에 대해, 오늘날 관점에서 표현하면 '성경'을 배우는 것입니다. 그러니까 제자의 일차적인 책임은 무슨 일을 하는 데에 있지 않고, 겸손한 마음으로 배우는 데에 있습니다.

이 이야기를 우리 현실과 관련하여 좀 더 확대해서 살펴보겠습니다. 또 목회자인 저와 여러분과의 관계가 어떠해야 하는지도 이야기하려고 합니다. 교회의 한 구성원이 되었다는 것, 예수를 주로 고백한다는 것 자체가 우리의 하나님 나라의 백성 됨, 하나님의 자녀 됨을 드러내 주는 것이 아닙니다. 제자들이 예수님을 따라다닌 것 자체가 그들의 제자 됨을 드러내 주는 것이 아니라 예수님에게 배운 바대로 사는 것이 제자 됨을 드러내 주는 것입니다. 따라서 우리가 교회를 다니고 예수를 주로 고백한다는 명분을 소유했다고 하여 우리를 하나님의 자녀로 드러내 주는 것이 아닙니다. 교회의 한 구성원이 되었다는 것, 예수를 주님으로 고백한다는 것은 우리가 드디어 이 세상 나라의 삶의 방식이 아닌 하나님 나라의 삶의 방식, 하나님 나라의 가르침, 하나님의 말씀을 배우게 되었고, 그 배운 바를 삶에 적용하면서 살게 되었음을 뜻합니다. 학생의 학생 됨이 무엇입니까? 교복을 입고, 학생증을 가지고 있고, 수업 시간에 앉아 있는 것이 학생 됨입니까? 공부를 열심히 하고, 배울 내용들을 제대로 습득하는 것으로 학생의 학생 됨이 드러나는 것이죠. 학생이라고 하면서 공부는 안 하고 매일같이 놀러만 다니면 그게 뭐 학생이라고 할 수 있나요.

그래서 여러분이 교회의 한 지체가 되고 하나님과 예수 그리스도를 주로 고백하는 자들이라면 일차적으로 여러분의 할 일, 가장 큰 할 일은 '말씀을 배우는 데'에 있습니다. 하나님의 말씀을 배워야 하는 것입니다. '도대체 하나님이 무엇이라고 하시는가?', '우리 삶에 대해 어떻게 이야기하시는가?' 이것을 배워야 합니다. 목회자가 존재하는 가장 큰 이유, 거의 유일한 이유라고 할 수 있는데, 그것은 말씀을 맡아서 신자들을 가르친다는 데 있습니다. 하나님의 말씀을, 즉 이 성경을 하나님의 백성들에게 제대로 가르치는 데 있습니다. 그래서 우리 교회에서는 목회자를 '말씀 사역자'라고 부르고 있습니다. 이것과 관련해서 요즘 여러분들이 저에게 해 주신 몇 가지 이야기를 텍스트 삼아서 좀 더 이야기하도록 하죠.

어느 분이 제 설교에 대해 이런 지적을 해 주셨습니다. "전도사님 설교는 너무 강의식이다", "성경 공부식이다", "제목설교로 바꾸면 어떻겠는가? 예화도 많이 넣고, 사회적인, 시사적인 이야기도 좀 하고…" 대충 이런 지적을 받았습니다. 이분의 지적은 나름대로 선의를 가지고 한 것입니다. 교회에 워낙 사람이 없다 보니까 설교라도 좀 쉽고 재밌어야 사람들이 더 모일 수 있을 거라는 나름대로의 고민을 말씀하신 것이지요. 제가 이 조언을 듣고 한 주간 생각해 보았습니다. 고민을 좀 했는데, 결론은 제목설교는 저한테는 맞지 않았습니다. 제가 제목설교를 할 줄 알지만 강해설교를 일부러 택한 것이 아니라 저는 체질적으로 제목설교를 못해요. 제 분야가 아니란 말이죠. 확신도 없고. 그리고 제가 아무리 제목설교를 폼 나게 해도 이 지하 한 구석에서 전도사가 담임으로 있는 교회에 누가 오겠는가, 제목설교를 해서 신자 수가 팍팍 늘어난다면 바꿔 볼 용의도 있지만 가능성 없는 일이죠. 그래서 꽤 고민을 한 후에 그냥 제 스타일대로 하자고 결론을 내렸습니다. 이것이 그분의 조언에 대한 저의 답변인데, 사실은 좀 더 근본적인 이유가 있습니다. 설교와 성경 공부 간에 차이가 있을까요? 아니면 아무런 차이가 없을까요? 저는 설교와 성경 공부는 본질적으로는 아무런 차이가 없다고 생각합니다. 다 하나님의 말씀을 배우는 것입니다. 설교도 하나님의 말씀을 배우는 것이고, 성경 공부도 하나님의 말씀을 배우는 것입니다. 단지 가르치는 형태와 형식의 차이일 뿐이지, 하나님의 말씀을 가르치고 배우는 면에서는 성경 공부와 설교는 아무런 차이가 없습니다. 그러나 제목설교는 하나님의 말씀이 아닐 경우가 상당합니다. 모든 제목설교가 그런 것은 아니지만 대개의 제목설교는 설교자 자신이 하고 싶은 이야기를 성경에서 몇 구절 뽑아 놓고 마음대로 하는 경우가 비일비재합니다. 제가 보기에 그것은 하나님의 말씀이 아니라고 생각합니다. 설교는 하나님의 말씀을 배우는 시간입니다. 이 시각을 잊지 마셔야 합니다.

그렇다면 설교를 듣는 회중의 자세는 어떠해야 합니까? 소극적이어선 안 되고 적극적으로 들어야 합니다. 그러니까 설교를 무슨 교양 강좌 들듯이, 무슨 영화 한 편 보듯이 아무 생각 없이 들으면 안 된다고요. 적극적으로 들어야 합니다. 자신의 삶과 관련시켜야 하고, 정말 하나님의 말씀이 그러한지도 생각해야 합니다. 이해 못 하면 메모해 두었다가 이해 못 한 부분을 질문해야 하고, 열심을 다해 들으면서 질문도 생각하고, 의문을 품어야 합니다. 설교를 듣는 회중의 태도에 대해 대부분의 목사님들이 "설교는 판단하면 안 된다. 오직 하나님의 말씀으로 알고 믿음으로 순종해야 한다"라고 종종 이야기합니다. 이 말이 맞습니까? 아닙니다. 설교는 판단해야 합니다. 어떻게 판단하지 않고 순종할 수 있어요? 판단해야 한단 말이죠. 옳고 그름을 겸손한 마음으로, 정말 성경이 그러한지 의문을 품고, 탐구하는 자세로 들어야 합니다.

물론 조심히 판단해야 합니다. "설교를 판단하지 말고 듣고 무조건 순종해라"라는 가르침이 무조건 나쁜 것은 아니죠. 왜냐하면 판단력이 미숙한 사람이 판단을 내리면 그것은 그 사람에게 독이 됩니다. 어머니가 아이에게 '물가에 절대 가지 말라'고 하잖아요. 그런데 물이란 빠져 죽을 수도 있지만 아주 즐겁게 놀 수도 있는 장소입니다. 지적 성장과 판단력이 미성숙한 어린아이에게는 절대 물가에 가지 말라고 할 수밖에 없습니다. 그렇듯이 판단력이 부족한 사람들은 그저 듣고 무조건 순종해야 합니다. 그렇다면 설교를 판단하는 능력이란 도대체 무엇일까요? 별것 아닙니다. 무슨 대단한 실력을 요구하지 않습니다. 설교를 들으면서 공연히 책잡으려 들고, 허점만 캐려고 말꼬리를 잡는 등 설교 내용을 왜곡하지 않으면 됩니다. 또 설교를 지적 유희물로만 대하지 않으면 됩니다. 그리고 정말 하나님의 말씀대로 살기를 원하고 하나님이 하신 말씀에 진정한 관심이 있고, 하나님의 말씀을 자신의 삶에 긴밀하게 적용하기를 원하는 자세야말로 '판단 능력'이 있는 것입니다. 즉 설교를 판단하는 능력이란 성경에 대한 해석학적 지식의 유무가 아니라 자신이 정말 하나님의 말씀대로 살 마음이 있는가의 여부입니다. 그러므로 진정한 하나님의 백성들이라면 누구든지 설교를 판단할 수 있습니다. 아주 기본적인 것입니다. 이 토대하에서 계속 배우고 겸손한 마음으로 설교자에게 질문하고, 묻고, 배우는 것입니다. 회중이 자기 생각을 근거 없이 고집하면 안 됩니다. 설교를 판단하는 것은 자기가 가진 기존 가치관과 지식을 중심으로 해서 판단하는 것이 아니기 때문에 겸손하게, '정말 성경 말씀이 그러한가?'를 생각하면서 배우고, 듣고, 질문하고, 또 배우기를 반복하며 판단하는 것입니다.

또 하나 생각해볼 것은, 홍○○ 자매가 얼마 전에 교회 홈페이지에서 저의 설교를 듣고 일어난 갈등을 글로 올렸습니다. 기도에 대한 갈등이었습니다. 설교를 듣고 나니까 그동안 별 생각 없이 한 기도를 도저히 못하겠다는 고민이었습니다. '어떻게 기도해야 할까?'에 대한 고민을 털어놓았습니다. 그러면서 말씀에 대한 의문이 생기더랍니다. 말씀을 듣고 나서 곧바로 "아멘"이라는 반응이 나오지 않고 고민하게 되면서, 한편 그런 반응이 정당한 반응인지를 또 고민했다는 글이었습니다. 설교를 듣고 나서 이런 반응이 정당한 반응인가? 너무도 정당한 반응입니다. 제대로 설교를 들었고, 제대로 자신의 삶에 적용한 것입니다. 하나님의 말씀이란 세상의 가르침과는 전혀 상반되는 것입니다. '기도'에 대해서도 예수님은 마태복음 6장에서 이방인의 기도를 지적하시면서 세상 사람들의 기도와 하나님의 백성들의 기도의 확연한 차이를 이야기해 주셨습니다. 하나님 나라의 사상과 이 세상의 사상은 충돌할 수밖에 없습니다. 그런데 우리는 타고날 때부터 하나님 나라의 가르침으로 무장된 것이 아니라 이 세상에서 살면서 세상의 가르침으로 무장된 사람들입니다. 이러한 우리들에게 하나님의 말씀이 제대로 들어온다면 당연히 갈등이 있어야 하고, 고민이 있어야 하고, 머뭇거림이 있어야 하고, 현재 자신의 삶의 자세에 대한 갈등들이 당연히 있어야 합니다. 갈등이 없다면 그는 하나님의 말씀을 제대로 들은 것이 아닙니다. 그러니까 설교를 들으면서 무조건 아멘하는 것은 정신 나간 거예요. 무조건 아멘할 수 없다고요. 갈등이 생겨야 고민이 생기는 것인데…. 어떻게 무조건 아멘해요? 전혀 자기 이야기로 듣지 않으니까 아멘하는 것입니다.

마가복음 10장 17-22절에 보면 부자 청년의 이야기가 나옵니다. 한 부자 청년이 예수님께 와서 영생의 길을 묻습니다. 이 청년은 매우 도덕적, 종교적으로 바르게 살고 있는 청년입니다. 예수님은 청년에게 청천벽력 같은 말씀을 하십니다. "너에게 한 가지 부족한 것이 있다. 네가 가지고 있는 재산 모두를 팔아서 가난한 사람들에게 나누어 주고 나를 따르라." 이 예수님의 말씀이 부자 청년에게 복음(기쁜 소식)인가요? 아닙니다. 나쁜 소식입니다. 청년은 근심하면서 예수를 떠났습니다. 그런데 오늘날 교회에서 하나님의 말씀이라고 선포되는 설교는 사람들에게 나쁜 소식으로 들리지 않고 항상 좋은 소식으로만 들립니다. 고민이 없고 갈등이 없고 그저 좋게 좋게 들립니다. 만약에 이런 고민을 가진 청년이 오늘날 한국 교회에 왔다면 어떻게 되었을까요? 이 청년이 한국 교회의 목사님들에게 예수님에게 말한 고민을 그대로 말했다면 어떻게 되었을까요? 청년이 근심하면서 목사님과 교회를 떠나는 일이 발생했을까요? 뻔하죠. 청년의 현재의 삶을 격려해 주고 "조금 더 열심히 해라", "조금 더 헌금해라", "조금 더 봉사해라"라고 이야기했겠지요. 이 청년이 무슨 고민을 하겠어요. 그냥 편안한 마음으로 신앙생활을 다시 시작했겠지요. 그러나 하나님의 말씀은 듣는 진정한 자에게 고민을 요구하며, 또한 이러한 고민과 갈등이 하나님의 말씀을 듣는 자에게 있어야 합니다. 그러한 고민과 갈등 가운데에서 하나님의 뜻대로 사는 실천이 나오는 것입니다.

마지막으로 말씀 사역자인 저와 여러분의 관계가 어떠해야 하는지 이야기하고 마치겠습니다. 여러 각도에서 설명할 수 있는데, 오늘은 한 가지 측면에서만 이야기하죠. 부모가 자녀를 품에 안고 열심히 가르치고 보호하고 밥을 먹이고 재워주고 옷을 사 입히고 학교를 보내고, 온 애정을 다해서 이렇게 보살피고 품에 감싸는 이유가 무엇입니까? 왜 그렇게 하죠? 아이가 부모 없이도 온전한 사람 구실을 하면서 살아갈 수 있기 위함입니다. 즉 부모로부터 독립하여 살아갈 수 있게 열심을 다해 품에 안고 보호하는 것입니다. 역설적이죠. 아이가 장성해서, 나이가 40이 되고, 50이 되어서도 부모에게 의지하고 부모에게 자신의 모든 것을 맡기고, 부모가 모든 것을 다 알아서 해 주기를 바란다면 이 얼마나 골치 아픈 일입니까? 어릴 때는 당연히 그렇게 해야 하는데, 장성한 어른이 되어서도 그렇게 산다면? 말도 안 되는 일입니다. 대책 없죠. 나이 4, 50이 되어서 노부모에게 "오늘 무슨 옷 입고 나갈까요? 오늘 무슨 차를 타고 회사에 갈까요? 오늘 친구 아무개를 만나려고 하는데 괜찮아요? 이 만화책 봐도 돼요?" 매사 묻고 주체적으로 살지 못하면 안 되지요. 독립해야죠.

말씀 사역자와 회중의 관계가 바로 이것입니다. 말씀 사역자는 회중을 평생 자신의 어떤 영향력 아래에 두기 위해서 있는 것이 아닙니다. 말씀 사역자가 열심을 다해 신자들에게 하나님의 말씀을 가르치고, 권면하고, 일상사를 돌아보고, 심방하고, 이리저리 살피고, 혹시 잘못된 가르침에 빠져들지는 않는지 노심초사 걱정합니다. 이토록 열심을 다해서 말씀으로 가르치는 이유는 말씀 사역자인 저의 영향력 아래에 여러분을 영구히 품기 위함이 아니라 여러분을 주체적 신자로, 독립된 신자로 하나님 앞에 세우기 위함입니다. 이것이 말씀 사역자와 회중의 관계입니다. 말씀 사역자와 회중은 인간적인 어떤 끈끈한 관계로 맺어지면 안 됩니다. 저를 개인적으로 잘 알고 친하다는 것이 교회에서는 아무런 의미가 없습니다. 신앙이 깊어 갈수록 저와 개인적인 만남의 횟수는 점점 더 줄어들어야 합니다. 제가 교회 공동체에서 개인적으로 어떤 사람을 만난다는 것은 그만큼 그가 신앙이 연약하여 만나는 것이지요. 교회의 공적 모임 시간에 가르치는 것만으로는 부족하니까 개인적으로 만나서 권면하는 것이지요. 신앙이 장성할수록 저와의 만남의 횟수는 줄어들어야 합니다.

그런데, 오늘날 한국 교회는 거꾸로 되었습니다. 신앙이 장성하면 할수록, 혹은 교회 생활을 열심히 하면 할수록, 혹은 교회의 직급이 높아 가면 갈수록 목회자와 대면하는 횟수가 훨씬 더 많아집니다. 신앙이 자라고, 교회 생활을 오래할수록 말씀 사역자에게서 독립되는 것이 아니라 더더욱 의존해 버립니다. 아주 인간적인 끈끈한 관계로 맺어지는 것이지요. 이것은 안 됩니다. 이런 사고방식에서는 우상들이 만들어집니다. 교단이고, 선교단체고, 교회고 가릴 것 없이 목사가 우상입니다. 어떤 교회는 목사가 죽었음에도 불구하고 죽은 목사의 설교 동영상을 틀어놓고 예배를 드립니다. 이것도 우상입니다. 대부분 말씀 사역자의 울타리 안에서 놉니다. 독립하지 못합니다. 그러나 말씀을 듣는 사람들은 말씀 사역자를 넘어서야 합니다. 그 사역자들을 디딤돌 삼아서 더 나아가야 하는데, 그것을 넘지 못하고 울타리 안에 계속 머물면서 사역자들의 말씀만 사골 우려먹듯이 우려먹습니다. 답답한 노릇입니다.

제가 여러분을 열심히 가르치는 이유는 여러분을 영원히 제 곁에 두려는 것이 아니라 저에게서 독립시켜 하나님 앞에 주체적 신자로 세우기 위함입니다. 그러므로 여러분은 열심을 다해 이 교회에서 하나님의 말씀을 배워야 합니다. 설교를 놓치지 말아야 하고, 신앙 강좌도 열심히 들어야 하며, 듣는 것으로 그치지 않고 자신의 삶에 설교를 긴밀하게 적용하며 살아야 합니다. 물론 독립한다는 것이 교회를 떠난다는 것을 의미하는 것이 아닙니다. 신앙의 독립이라는 거예요. 아시겠죠? 어쨌든 여러분이 열심을 다해 제자 노릇 하지 않으면, 즉 최선을 다해 배우지 않으면 평생 여러분은 저의 '시다바리' 노릇이나 하든가, 아니면 저 건너편의 이상한 교주 만나서 그의 '따까리'나 하다가 인생을 끝낼지도 모릅니다. 불행한 것이지요. 오늘 이런저런 이야기를 했습니다. 잘 새겨들으십시오. 남생각하지 말고, 이것을 누가 들었어야 했는데, 이러지 말고 제발 자신을 돌아보십시오.

13 예수께서 다시 바닷가로 나가셨다. 무리가 모두 예수께로 나아오니, 그가 그들을 가르치셨다. 14 예수께서 길을 가시다가, 알패오의 아들 레위가 세관에 앉아 있는 것을 보시고 "나를 따라오너라" 하고 말씀하셨다. 레위는 일어나서, 예수를 따라갔다. 15 예수께서 그의 집에서 음식을 잡수시는데, 많은 세리와 죄인들도 예수와 그의 제자들과 한 자리에 있었다. 이런 사람들이 많이 예수를 따르고 있었기 때문이었다. 16 바리새파의 율법학자들이, 예수께서 죄인들과 세리들과 함께 음식을 잡수시는 것을 보고, 예수의 제자들에게 "어찌하여 저 사람은 세리들과 죄인들과 어울려서 음식을 먹습니까?" 하고 말하였다. 17 예수께서 그 말을 듣고 그들에게 말씀하셨다. "건강한 사람에게는, 의사가 필요하지 않으나, 병든 사람에게는 필요하다. 나는 의인을 부르러 온 것이 아니라 죄인을 부르러 왔다."

예수께서 안식일에 회당에서 사람들을 가르치셨는데, 모두 예수의 가르침에 놀랐습니다. 왜냐하면 예수께서 율법학자들과는 달리 권위 있게 가르치셨기 때문입니다. 마가는 예수의 가르침이 율법학자들의 가르침과 비교하여 우월하다고 이야기합니다. 달리 말하자면 예수의 가르침이 '권위 있는 가르침'이라는 것이지요. '권위가 있다'는 것은 예수님이 가르치는 형식이 권위가 있다는 이야기가 아닙니다. 우리는 보통 '권위가 있다', 혹은 '권위가 없다'라는 말을 언제 사용합니까? 예를 들면, 제가 종종 권위가 없어 보인다는 이야기를 듣는데, 그럴 때 자연스럽게 따라오는 이야기가 "옷을 격식 차려 입지 않으면 권위가 없어 보인다", "설교할 때 목소리가 가늘면 위엄이 없어 보인다", "장중한 멋이 없다", "설렁설렁하다" 등의 이야기입니다. 우리가 권위 있다고 여기는 것은 보통 "목소리가 근엄하고, 옷도 종교적으로 입고, 성경도 가슴에 품고…" 이런 것들을 이야기한단 말이죠. 그래서 가르치는 내용보다는 누가 가르치는지에 관심이 더 많고, 가르치는 사람이 가진 브랜드, 혹은 라벨, 상표에 더 큰 권위를 부여합니다. 전도사보다는 목사가 설교하는 것이 설교 내용과 상관없이 더 권위가 있어 보이고, 아이 같은 가벼운 목소리보다는 조금 웅장한 목소리로 설교하는 것이 더 권위가 있어 보이고 말입니다.

그런데 지금 예수님의 가르침이 권위가 있다는 것은 그런 차원에서, 즉 예수님이 소유한 상표, 예수님의 외형적 모습을 보고 '권위 있는 가르침'이라는 반응을 보이는 것이 아닙니다. 예수님이 하나님 나라의 복음을 가르칠 때 머리 위로 새가 날아다니고, 목소리가 울려서 웅장한 효과가 있고, 머리 뒤로 무슨 광채가 나고…. 이런 것이 아닙니다. 왜 권위가 있었는가? 율법학자들의 가르침과 달랐기 때문입니다. 가르치는 형식이 다른 것이 아니라 가르치는 내용이 달랐습니다. 그렇다면 율법학자들의 가르침과 무엇이 달랐는가? 그것에 대해 마가는 바리새인들과 율법학자들(서기관들)이 예수님과 벌인 5가지 논쟁을 통해 예수님의 가르침의 우월성을 보여 줍니다. 당시 율법의 해석자라고 여기던 바리새인들의 주장과 예수님의 가르침을 대조하면서 말이지요. 2장 1절부터 3장 6절은 하나의 큰 단락으로, 앞서 말한 5가지 논쟁이 다양한 형식으로 나옵니다. 2

장 1-12절에서는 '죄 사함에 관한 논쟁'이 벌어지고, 2장 15-17절에서는 '왜 죄인들과 교제를 하는가?'에 대한 식탁 교제 논쟁이 나오고, 2장 18-22절에서는 '금식에 관한 논쟁'이 벌어집니다. 2장 23-28절에서는 '왜 안식일에 금지된 일을 하는가?'에 대한 논쟁이, 3장 1-6절에서는 '왜 안식일에 병자를 고치는가?'에 관한 논쟁이 벌어집니다. 각각의 논쟁은 우리가 앞으로 계속해서 살펴볼 것입니다.

5가지 논쟁은 예수님과 바리새인들, 그리고 율법학자들 사이에서 벌어진 논쟁입니다. 바리새인들, 혹은 바리새파에 속한 율법학자들은 당대에 하나님의 말씀을 맡은 자들이었습니다. 여기서 '바리새파'란 이름은 히브리어 '페루쉼(분리된 자들)'에서 유래한 말입니다. 유대교의 3대 종파 중 하나인 바리새파는 대략 회원이 6천 명 정도로 수적으로는 소수파였습니다. 이들은 당시 제사장 계급, 성전을 중심으로 한 종교 권력, 즉 귀족적인 종교 권력에 냉소적인 시각을 가진 상당히 평신도적인 성격을 띤 집단이었습니다. 즉 바리새인들은 소수였지만 그들의 지향점은 대중성이었던 것입니다. 그래서 이들은 토라(모세 율법)를 백성들의 실생활에 긴밀하게 적용하고자 애를 썼습니다. 그들 나름대로 하나님께 열심을 다하고, 율법에 대한 충성이 지극했습니다. 얼마나 애를 썼느냐면, 제사장을 위한 정결 예식을 백성들의 일상적인 삶에 적용하려고 무척 노력했습니다. 예를 들면, 손을 씻는 행위는 제사장과 관련된 정결 예법에 속한 것인데 이것을 일반 백성들에게도 확대 적용하여 음식을 먹기 전에는 반드시 손을 씻어야 한다고 가르쳤습니다.

바리새인들의 이러한 의도는 거룩한 제사를 드리는 제사장들이 거룩한 성전에서 지켜야 할 거룩한 예법을 백성들의 일상에서도 드러나게 함으로써, 타락한 이스라엘 공동체 전체를 아주 정결한 공동체, 거룩한 공동체로 만들고자 하는 데 있었습니다. 바리새인들은 사두개파 사람들로 대표되는 성전 제도의 타락상에 대해 의문을 제시하는 한편 대안으로 백성들의 삶에서의 율법의 재현, 율법의 일상화를 부르짖었습니다.

좀 거칠게 대조하자면, 이것은 오늘날 이런 현상과 좀 비슷하지는 않은가 생각됩니다. 몇 년 전부터 한국 교회에 '신앙의 일상화, 일상적인 삶 속에서 드러나는 신앙'이라는 하나의 흐름이 형성되어 영향을 끼치고 있습니다. 평신도 신학, 말씀의 생활화, 신앙의 대중화 등등의 이름으로 이야기하는 것 같습니다. 예전에는 신앙이 교회, 목회자, 예배당(성전) 중심으로 진행되어 신자들의 일상사와 분리되었다면(즉 사두개파적이죠) 지금은 그것에 대한 반발로 신앙이 예배당 중심에서 탈피하여 일상화되어야 한다는 주장이 나옵니다. 이것이 한국 교회의 중요한 한 흐름입니다. 하나님의 일은 목회자만 하는 것이 아니라 온 회중이 해야 한다는 것입니다. 매우 바람직한 현상입니다. 좋은 것이죠. 우리 교회도 이러한 마인드를 가지고 있습니다.

그런데 이 신앙의 일상화, 신앙의 대중화가 자칫 이런 방향으로 나아가기 쉽습니다. 예를 들면, '예수라면 이 상황에서 어떻게 했을까?'라는 질문을 현실에 적용하는 차원에서 끊임없이 하게 됩니다. 밥을 먹을 때도 '예수라면 이 밥을 어떤 자세로 먹었을까?', 예배를 드릴 때도 '예수라면 어떻게 예배 드렸을까?' 영화를 봐도 '예수라면 어떻게 생각하셨을까?' 사람을 만나도 '예수라면 어떻게 관계를 맺었을까?' 라고 자문하며 모든 일상사와 문화에서 종교적 의미를 찾아내려고 애를 씁니다. 꼭 그런 신앙적 의미를 부여해야만, 그것도 원색적으로 부여해야만 안심하는 식의 신앙의 일상화로 변질될 위험이 다분합니다.

　더 나아가 그렇게 사는 사람과 그렇게 살지 못하는 사람, 즉 모든 일
상사에서 신앙의 의미를 찾고 하나님의 손길을 원색적으로 찾아서 원
색적으로 일상사에 적용하여 사는 사람과 그렇지 못한 사람들을 구별하
여, 마음속 깊이 어떤 차별을 만들어냅니다. "너희들은 제대로 예수를 믿
는 것이 아니다. 우리처럼 믿어야 한다. 그렇게 열심이 없어서 되겠느냐",
"예수님은 우리의 숨 쉬는 순간에도 주인이시다." 물론 말 자체야 맞는
말인데, 그 말이 쓰이는 맥락이 잘못된 것이지요. 바리새인들이 그렇습니
다. 이들은 모세 율법을 일상사에 아주 세밀하게 적용하기를 원했고, 수
많은 규례들을 만들었습니다. 그리하여 그것을 지킬 수 있는 사람과 도
저히 지키지 못하는 사람들이 생겨났습니다. 바리새인들은 자신들이 만
든 규례들을 지키지 못하는 일반 백성들을 '그 땅의 백성들'이라고 부르
면서 경멸하고, 비천하게 여기며 죄인들로 취급했습니다.

　바리새인들은 애당초 대중 지향적이었습니다. 민중 지향적이었단 말
이죠.(사두개파인은 반대였죠.) 그들은 하나님의 율법을 백성들의 일상사
에 긴밀하고 세밀하게 적용함으로써 하나님의 거룩한 백성, 거룩한 이스
라엘 공동체를 지향하였습니다. 그 덕분에 일반 백성들에게 존경과 공감
을 얻었지만 율법의 원색적인 적용, 형식에의 집착, 근본적으로는 일상
사를 종교화하여 규례의 실천의 장으로 만들었기 때문에, 규례를 도저히
지킬 수 없는 일반 백성들은 신앙에서 점점 멀어졌습니다. 그렇게 신앙
과 멀어진 일반 백성들을 향해 바리새인들은 '죄인들', '그 땅의 백성들'
로 표현하며 온갖 경멸을 보냈던 것입니다.

여러분, 보통 '바리새인' 하면 무엇이 연상됩니까? 우리가 어떤 사람을 가리켜 '바리새인 같은 사람', '바리새인'이라고 하는 것은 그 사람이 어떻다는 이야기이죠? 위선적이고 외식(外飾)한다는 것이지요. 주로 성품과 인격적인 차원에서 바리새인을 '위선자', '외식하는 자', '겉과 속이 다른 자'라고 이야기합니다. 그런데 복음서를 자세히 살펴보면 예수님이 바리새인들을 공격할 때 그들의 위선, 외식 자체를 공격하기보다는 그러한 위선과 외식을 행할 수밖에 없는 그들의 가르침을 공격했음을 알 수 있습니다. 왜냐하면 바리새인의 가르침을 실천하려면 어쩔 수 없이 외식과 가식, 그리고 위선적일 수밖에 없기 때문입니다. 엄격하게 지켜야 할 규례를 지키지 못해서 위선적이라는 뜻이 아닙니다. 일상사를 종교화, 신비화하는 것, 그것을 또 규례화하여 어쩔 수 없이 배어 나오는 위선과 외식을 예수님이 공격하시는 것입니다.

예수님의 가르침과 바리새인들, 율법학자들의 가르침의 차이가 바로 여기에 있습니다. 바리새인들은 종교 규례, 정결 규례들을 지키는 것으로 일상사의 거룩함을 추구하였습니다. 자신들이 죄인이라고 부르는 사람들과 교제하지 않았고, 안식일 규례를 따르며 —안식일을 위해 사람이 존재하는 식으로— 사람을 위해 종교 규례가 존재하는 것이 아니라 종교 규례를 위해 사람이 존재하는 식으로 율법을 왜곡하였습니다. 게다가 그들은 실제로 세부적인 규례는 지키지 않으면서, 남들이 보는 앞에서만 규례를 지키는 시늉을 냈습니다. 그야말로 보이지 않는 데서는 하나도 지키지 않고, 남들이 지키지 않으면 죄인이라고 정죄하는 악순환에 빠진 것입니다. 결국 정결 예법은 바리새인들의 처음 의도와는 달리 하나님의 말씀을 지키느냐 지키지 않느냐를 구분해 주지 않고, 그들의 종교적 권력과 기득권을 보장하고, 유지하고, 확대해 나갔습니다. 이는 곧, 남들이 그들의 권력에 도전 못하도록 방패 역할을 해 주는 일종의 상징자본을 소유하게 된 셈이지요.

그러나 예수님은 바리새인들이 왜곡한, 즉 종교 규례로 제한한 하나님의 말씀을 온전히 드러냅니다. 예수님은 이들의 종교 규례를 정면에서 거부하고 어기면서 하나님의 말씀을 드러냅니다. 당신은 죄인들을 부르기 위해 오셨고, 그러기 위해 죄인들과 교제하는 것은 너무도 당연하며, 사람이 안식일을 위해 존재하는 것이 아니라 안식일이 사람을 위해 존재한다는 엄연한 사실도 밝히십니다. 다시 말해 하나님의 말씀이 삶에 적용된다는 것은 종교 규례와 신앙적 형식들의 일상화가 아니라 죄인을 구하고 생명을 살리며, 굶주린 자를 먹이는 것입니다.

신앙의 일상화란 신앙의 어떤 형식들을 일상화하는 것이 결코 아닙니다. 직장이나 학교에서 뭐 성경을 보란 듯이 읽고, 밥을 먹을 때나 어디를 갈 때나 기도하고 어디서든 전도하는 것을 의미하지 않습니다. 무슨 일을 할 때마다 항상 감상적으로 하나님을 생각하고, 복음성가를 듣고, '아! 하나님' 하면서 거룩한 표정으로 눈을 지그시 감는 것이 신앙의 일상화가 아닙니다. 물론 이런 것은 아주 중요합니다. 당연히 해야 하는 일들입니다. 그런데 신앙의 일상화를 여러 가지 신앙적 행위들로 열심히 실천하면 우리의 삶은 종교적인 삶, 종교적인 사람이 될 수 있을지언정 제대로 된, 진정으로 하나님의 말씀이 요구하는 성숙한 하나님의 백성, 제대로 된 인간이 되는 것은 불가능합니다. 제가 이런 경우를 많이 보았습니다. 신앙의 열심과 열정이 가득하고 일상적 삶에서 그 신앙적 모습이 충만하게 드러나는 사람일수록 대부분 그 행태들이 거짓되고 외식적이며 편법과 불법이 상당했습니다. 신학교에서도 이런 사람들이 커닝을 더 잘

하고 규칙을 더 잘 위반하고 편법을 더 잘 동원했습니다. 웃기는 일이죠. 그런데 우리는 종교 규례를 행하는 것을 제대로 된 신자라고 생각하고, 그렇게 하지 못하는 사람들을 정죄하고, 죽이고, 소위 죄인들이라고 하는 사람들을 쫓아내고, 그들에게 상처를 주고 아픔을 줍니다. 이것은 아닙니다. 이제 좀 더 살펴볼 것은 이러한 예수님의 가르침에 대해 바리새인들이 어떤 반응을 보였는가입니다. 마가는 바리새인들이 예수님을 대하는 태도를 아주 흥미롭게 표현합니다. 예수님의 가르침이 점점 드러날수록 바리새인들의 적대감도 점점 드러나는 형식으로 표현합니다. (아래 참조)

2장 8절	예수님에 대한 거부감을 마음속으로만 표현함	
2장 16절	예수님에 대한 거부감을 제자들에게 표현함	
	(호칭과 질문 형식, [예시] "저 사람은…")	
2장 18절	예수님에 대한 거부감을 예수님에게 직접 표현함	
	(질문 형식)	
2장 24절	예수님에 대한 거부감을 예수님에게 직접 표현함	
	(제자들의 행동을 감시함)	
3장 2절	예수를 고발하기 위해 감시함	
3장 6절	예수를 죽이기 위해 모의를 함	

바리새인들은 애당초 예수님의 가르침을 받아들일 마음이 전혀 없었습니다. 이들이 예수님께 질문하고 논쟁을 벌인 것도 예수의 가르침을 좀 더 알고자, 그 가르침의 뜻을 명확히 알고자 했다기보다는 어떻게든 공격하려고 또 허점을 잡으려고만 하였습니다. 제자들을 감시하고, '무슨 헛소리를 하는가?', '무슨 허무맹랑한 소리를 하는가?'에만 신경을 곤두세우고 예수님의 가르침을 듣는 것이지요. 그 결과 이들은 예수님의 가

르침을 아주 심각하게 왜곡합니다. 예수의 가르침을 통해서 유익을 얻기는커녕 오히려 예수 그리스도를 죽이는 모의를, 생명을 살려야 하는 안식일에 행하는 것입니다. 바리새인들이 목숨을 바치면서까지 지켰던 율법을, 그 율법의 바른 해석자가 오셔서 지금 율법의 의미를 가르치시는데, 뜻밖에도 율법 수호에 앞장선 이들이 율법의 덫에 걸려들고 맙니다. 불행한 일입니다.

여기서 우리가 한 가지 생각해야 할 점은 바리새인들이 왜 예수님의 가르침을 왜곡하고, 이토록 거부했는가입니다. 그 이유가 무엇일까요? 더 나아가 하나님의 말씀이 어찌하여 왜곡될까요? 다시 말하면 하나님의 말씀이 왜 우리에게 제대로 들리지 않고 왜곡되어 들릴까요? 우리가 어떻게 해서 이 하나님의 말씀을 왜곡하는가입니다. 여러 가지 이유가 있겠지만, 가장 근본적인 이유는 우리가 하나님의 말씀대로 살 마음이 없을 때 하나님의 말씀은 왜곡되어 전달되고, 왜곡되어 들립니다. 자기의 욕심과 야망과 꿈을 포기하지 않고 그것을 이루기 위해 신앙을 이용할 때 하나님의 말씀은 심각하게 왜곡됩니다. 또한 자기가 현재 누리는 기득권과 권력을 포기하지 않을 때 필연코 하나님의 말씀은 왜곡되어 들립니다. 지금 바리새인들이 예수님께 이토록 노골적인 적대감을 드러내는 이유는 예수님의 가르침이 그들이 현재 누리는 종교적 권력을 무너뜨리고, 또 기득권을 상실하게 만들기 때문에 이렇게 심하게 반발하는 것입니다. 아마도 예수님의 가르침이 바리새인들의 권력과 기득권을 건드리지 않았다면 이들이 크게 반항하여 예수님의 가르침을 곡해하고 결과적으로 하나님의 말씀을 거역하는 짓들은 저지르지 않았을 것입니다.

그러나 예수님에게서 전해진 하나님의 말씀은 바리새인의 권력과 기득권을 무너뜨립니다. 충돌은 불가피했습니다. 바리새인들은 이 충돌 앞에서 그들의 기득권을 포기하면서 하나님의 말씀에 온전히 순종하지 않습니다. 오히려 자신들의 기득권을 더욱더 공고히 하기 위해 하나님의 말씀을 정면으로 거부합니다. 우리가 소유한 기득권과 권력의 달콤한 맛을 포기하지 않는 한 하나님의 말씀은 들리지 않을 것입니다. 하나님의 말씀이 왜곡되지 않으려면 우리가 가진 기득권과 권력을 포기해야 합니다. 그것을 버리지 않는 한 결단코 하나님의 말씀은 우리에게 제대로 들리지 않을 것입니다.

한국 교회의 가장 큰 문제가 무엇입니까? 하나님의 말씀이 제대로 선포되지 않고, 신자들도 제대로 듣지 않는다는 데 있습니다. 그리고 신자들이 세상에서 누리는 기득권과 권력을 포기하게 하는 설교가 행해지는 것이 아니라 오히려 이 세상에서 누리는 권력과 기득권을 보장해 주고 더욱더 강화시키며 없으면 만들어 주겠다는 헛된 약속들이 난무한 설교들이 한국 교회에서 행해지기 때문입니다. 마가복음 10장 17-22절입니다.

17 예수께서 길을 떠나시는데, 한 사람이 달려와서, 그 앞에 무릎을 꿇고 예수께 물었다. "선하신 선생님, 내가 영생을 얻으려면, 무엇을 해야 합니까?" **18** 예수께서 그에게 말씀하셨다. "어찌하여 너는 나를 선하다고 하느냐? 하나님 한 분밖에는 선한 분이 없다. **19** 너는 계명을 알고 있을 것이다. '살인하지 말아라, 간음하지 말아라, 도둑질하지 말아라, 거짓으로 증언하지 말아라, 속여서 빼앗지 말아라, 네 부모를 공경하여라' 하지 않았느냐?" **20** 그가 예수께 말하였다. "선생님, 나는 이 모든 것을 어려서부터 다 지켰습니다." **21** 예수께서 그를 눈여겨 보시고, 사랑스럽게 여기셨다. 그리고 그에게 말씀하셨다. "너에게는 한 가지 부족한 것이 있다. 가서, 네

가 가진 것을 다 팔아서, 가난한 사람들에게 주어라. 그리하면 네가 하늘에서 보화를 차지하게 될 것이다. 그리고 와서, 나를 따라라." **22** 그러나 그는 이 말씀 때문에, 울상을 짓고, 근심하면서 떠나갔다. 그에게는 재산이 많았기 때문이다.(막 10:17-22절)

예수님이 이 청년에게 하신 말씀이 무엇입니까? 이 청년이 의지한 권력과 기득권을 버리고 예수님을 따르라는 것이었습니다. 청년은 권력과 기득권이 많았기에 울상을 짓고, 근심하면서 예수를 떠났습니다. 이것이 하나님의 말씀이 우리에게 요구하는 현실적 결단입니다. 기득권을 포기하겠느냐, 아니면 그것을 계속 붙잡겠느냐…. 이런 상황에서라면 누구나 갈등하게 되어 있습니다. 고민하고 근심하게 됩니다. 어떻게 이런 상황에서 "아멘, 믿습니다, 할렐루야" 하고 말할 수 있습니까? 도저히 그럴 수 없는 법입니다. 그런데, 생각해 보십시오. 이 청년이 오늘날 한국 교회에 와서 이러한 고민을 가지고 설교를 듣는다면 청년이 이렇게 번민하고 떠나갈까요? 아니죠. 오히려 "아멘, 할렐루야, 믿습니다" 하고 안심하면서 교회 문을 나섰을 것입니다. 그렇죠? 많은 한국 교회에서 하는 가르침이 무엇입니까? 현재 신자들이 기득권과 권력과 재물을 더욱더 누리고, 쌓고, 견고화하는 것 아닙니까? 그래서 설교시마다 아멘 소리가 크게 나오고 "믿습니다!"가 연발되는 것 아닙니까? 아닙니다. 그것은 아닙니다.

하나님의 말씀을 제대로 들은 사람은 그 말씀이 주는 삶의 요구로 갈등하고 고민해야 합니다. 하나님의 말씀은 우리가 가진 기득권과 권력을 공격하는 것이므로 우리가 하나님의 말씀을 제대로 듣는다면 마땅히 우리에게는 갈등과 근심 그리고 고민이 있어야 합니다. "아… 쌍… 어떻게 그렇게 살란 말이야… 그러다 망하고 말지… 미치겠네… 아… 쓰바…."

말씀을 듣다가 이렇게 욕도 나오는 거라고요. 아마 이 청년도 가면서 속으로 욕했을 거예요. "에이 쌍… 괜히 왔네. 그나저나 어떡하나, 들을 수도 없고 안 들을 수도 없고… 에이 쓰바!!"

그런데 설교를 듣고 나서도 내 모습에 대한, 내가 바뀌어야 할 모습에 대한 갈등과 고민과 근심이 없다면, 그리고 무조건 아멘만 한다면 그 사람은 아주 믿음이 출중하거나 아니면 말씀을 안 들은 거예요. 거의 대부분 말씀을 제대로 안 듣는 거죠. 그러니 설교자가 자기 자식 자랑을 해도 "아멘" 하고 미국에 놀러 가서 무슨 빌딩 본 이야기를 해도 "할렐루야!" 하고 전혀 말 같지 않은 소리를 해도 그저 헤헤거리면서 아멘하고…. 미친 거예요. 다들 제 정신들 아니에요. 환장할 일이죠.

여러분! 설교 들으면서 아멘하지 마세요. 할렐루야는 더더욱 하지 마시고…. 몇 날 며칠을 고민하고 생각하고 갈등하고 고민한 후에 그때서야 비로소 속으로 "아멘" 하는 거예요. 하나님의 말씀이 우리가 누리고 있는 기득권과 권력을 포기하게 하는 것이므로 이런 과정이 당연히 필요한 것입니다. 그러나 만약에, 우리의 기득권, 우리가 이 땅에서 누리는 권력과 힘을 포기하지 않는다면 우리는 바리새인들처럼 하나님의 말씀을 왜곡할 것이고, 결국에는 말씀의 참된 전달자이시자 말씀 자체이신 예수님을 죽이는 크나큰 죄악을 저지르게 될 것입니다. 아무쪼록 바리새인들의 불행이 우리의 불행이 되지 않기 위해서 우리의 신앙을 오늘 말씀에 비추어 돌아보시기 바랍니다.

죄인들과의 교제 ──────────── 막 2:15-17

15 예수께서 그의 집에서 음식을 잡수시는데, 많은 세리와 죄인들도 예수와 그의 제자들과 한 자리에 있었다. 이런 사람들이 많이 예수를 따르고 있었기 때문이었다. 16 바리새파의 율법학자들이, 예수께서 죄인들과 세리들과 함께 음식을 잡수시는 것을 보고, 예수의 제자들에게 "어찌하여 저 사람은 세리들과 죄인들과 어울려서 음식을 먹습니까?" 하고 말하였다. 17 예수께서 그 말을 듣고 그들에게 말씀하셨다. "건강한 사람에게는, 의사가 필요하지 않으나, 병든 사람에게는 필요하다. 나는 의인을 부르러 온 것이 아니라 죄인을 부르러 왔다."

예수님이 직업이 세리인 레위의 집에 들어가서 식사를 하시게 되었습니다. 예수님 혼자 식사하신 것은 아니고 예수님의 제자들과 그리고 많은 세리와 죄인들도 그 식사 자리에 참여했다고 합니다. 15절 하반절에 "이런 사람들이 많이 예수를 따르고 있었기 때문이었다"라고 말하는 것으로 보아 이 식사 자리에 참여한 많은 세리와 죄인들이 이미 예수님을 알고 있었고, 예수님의 사역에 대해 저마다 처한 상황에서 나름대로 동참했던 것 같습니다. 그러니까 예수님은 어떻게 보면 "세리들과 죄인들"의 지도자, 혹은 그들의 정신적 지주 역할을 하지 않았나 하고 여겨집니다. 여기서 "세리들과 죄인들"이 한 묶음으로 표현됩니다. 세리와 죄인이 동격으로 취급되는 것이지요. 왜 동격으로 표현되었는가? 세리는 무엇이고 또 죄인은 무엇인지 이야기하겠습니다.

세리는 오늘날 직업으로 따지자면 세무원입니다. 세금을 걷는 사람들입니다. 그 당시 세금이 넓게 이야기해서 두 종류가 있었다고 합니다. 로마 황제의 금고에 들어가는 세금과 각 지방 군주의 금고로 들어가는 세금, 즉 갈릴리 지역으로 따지자면 헤롯왕의 금고에 들어가는 세금. 이렇게 두 종류의 세금이 있었습니다. 전자의 세금을 조세라고 불렀는데, 이것의 징수는 국가가 관리했습니다. 조세를 거두는 기준은 있었습니다. 후자의 세금은 관세라고 할 수 있는데, 주로 국경이나 운하, 그리고 국도에서 걷는 세금, 일종의 통과세라고 할 수 있습니다. 그런데 이 세금의 징수는 국가가 아니라 세금청부업자들(그 지역에 사는 사람들)인 세리들이 했습니다. 세금을 걷는 방식이 어떠했느냐면 상급기관에서 이들에게 일 년 동안 거둘 세금의 양을 정하면 이들은 일정 지역을 담당해서 세금을 거둬들였습니다. 상급기관에서 정해 준 세금의 양을 넘으면 그 여분을 세리들이 가졌고, 모자라면 이들이 채웠습니다. 그러니까 세리들은 자신들의 이익을 많이 남기려고 그들의 권한을 남용하면서까지 세금을 거둬들였고, 이러한 이유들로 세리들은 유대 사회에서 엄청난 욕을 먹었습니다. 탐욕스러운, 민족을 배반한 자들이라고 여겨졌습니다. 물론 모든 세리들이 그런 것은 아닐 것입니다. 지금 예수님의 식사 자리에 참여한 세리들이 그러한 탐욕스러운 세리들일지는 확실치 않습니다. 그러나 어쨌든 이 세리들은 직업의 한계상 유대 사회에서 사람 취급을 전혀 받지 못하는 자들이었습니다. 본문에서 이야기하는 세리들이 바로 이러한 사람들입니다.

그렇다면 '죄인들'은 어떤 사람들일까요? 마가가 사용한 이 '죄인들'이라는 표현은 무슨 극악한 죄악 혹은 흉악한 범죄를 저질러서 형벌을 받아야 하는 실정법 차원에서의 죄인을 의미하지 않습니다. 또한 사도 바울이 로마서 등에서 표현한 '모든 사람이 죄인이다'라는 식의 신학적인, 교리적인 차원에서의 죄인을 의미하는 것도 아닙니다. 여기서 '죄인들'이라는 표현은 관용어인데, 바리새인들이 해석한 율법의 규례들을 일상에서 지키지 않는 백성들을 자신들과 비교하여 부를 때 사용했던 일반적인 표현입니다.(백인이 흑인을 향해 '깜둥이'를 뜻하는 온갖 모욕적인 단어들로 부르듯이) 그러므로 이 '죄인'이라는 말은 바리새인들이 일반 백성들을 부를 때 즐겨 사용했던 호칭이고, '죄인'이라고 부름으로써 상대적으로 자신들은 의인으로 생각한 것입니다. 결과적으로 바리새인들은 이미 의인이고 구원을 받았다고 여겼기 때문에 구원의 필요성을 전혀 인식하지 못했을 것입니다. 물론 그들도 교리적으로는 자신들을 죄인이라고 여겼겠지만 현실적으로는, 실제적으로는 하나님의 율법을 제대로 준행하는 의인들이라고 믿었고, 그래서 자신들이 해석한 율법의 규례들을 지키지 않는 일반 백성들과 비교해서 상당한 우월감을 가지고 있었던 것입니다. 반면에 세리와 죄인들은 하나님의 율법을 맡은 바리새인들의 정죄함으로 인해 아이러니하게도 자신들의 죄인 됨에 대한 인식이 강했습니다. 예수님이 이런 비유를 하셨습니다. 누가복음 18장 9-14절입니다.

9 스스로 의롭다고 확신하고 남을 멸시하는 몇몇 사람에게 예수께서는 이 비유를 말씀하셨다. 10 "두 사람이 기도하러 성전에 올라갔다. 하나는 바리새파 사람이고, 다른 하나는 세리다. 11 바리새파 사람은 서서, 혼잣 말로 이렇게 기도하였다. '하나님, 감사합니다. 나는 토색하는 자나 불의 한 자나 간음하는 자같은 다른 사람들과 같지 않으며, 또는 이 세리와도

같지 않습니다. **12** 나는 이레에 두 번씩 금식하고, 내 모든 소득의 십일조를 바칩니다.' **13** 그런데 세리는 멀찍이 서서, 하늘을 우러러볼 엄두도 못 내고, 가슴을 치며 '아, 하나님, 이 죄인에게 자비를 베풀어 주십시오' 하고 말하였다. **14** 내가 너희에게 말한다. 의롭다는 인정을 받고서, 자기 집으로 내려간 사람은 저 바리새파 사람이 아니라 이 세리다. 누구든지 자기를 높이는 사람은 낮아지고, 자기를 낮추는 사람은 높아질 것이다."(눅 18:9-14절)

본문에서 바리새인은 스스로 의롭다고 여기고 성전 뒤쪽에서 기도하는 세리와 같지 않음을 감사드립니다. 한편 세리는 자신이 얼마나 심각한 죄인인지를 인정하면서 통회하고 자복하면서 하나님의 자비를 구합니다. 그런데 이 부분이 흥미롭습니다. 왜 세리가 자신이 이렇게 죄인이라는 자각하게 되었을까요? 제 생각으로는 바로 하나님의 말씀을 맡은 바리새인들의 집요한 공격 때문에 그러지 않았을까 싶습니다. 세리도 바리새인들이 하나님의 말씀에 있어서 권위자임을 알았을 텐데, 이들이 늘 자신을 향해서 죽을 죄인이라고 공격을 해대니 스스로도 그렇게 의식하는 것이죠. 세리 짓도 떳떳하지 못해서 찝찝한데, 바리새인들이 죄인이라고 공격해대니 이들의 죄인 됨 의식은 매우 강화되었을 것입니다. 그래서 강화된 죄인 의식을 가지고 하나님 앞에서 이렇게 통회하고 자복하는 것이지요. 그런데 하나님은 바리새인이 아닌 이 세리를 의롭다고 여깁니다.

이제 우리가 생각해야 할 점은 이것입니다. 지금 바리새인들이 예수님과 함께한 이 사람들을 향해 '죄인들'이라고 불렀는데, 이 죄인의 의미가 실정법 차원에서의 죄인, 혹은 하나님 앞에서의 죄인의 의미가 아니라고 했습니다. 바리새인들이 일반 백성과 자신을 구별하여 지칭하는 칭호입니다. 즉 바리새인들이 일반 백성들과의 차이, 다름을 드러내기 위한 수단으로 율법을 사용하고, 그것을 토대로 일반 백성들을 죄인이라고 부르는 것입니다. 이것은 곧, 차별을 만들어 냅니다. 오늘날 우리의 삶에 적용해 봅시다. 오늘날도 '차이' 혹은 '다름'은 단순히 사람과 집단 사이의 차이로 끝나지 않고 차별로 이어집니다. 예를 들면 '피부색'이 다르다라는 이유로 차별합니다. 출신지의 차이(전라도 사람들에 대한 차별)가 차별을 만들어 내고, 외국인 노동자와 내국인 노동자의 차이가 외국인 노동자들에 대한 차별로 이어지고, 출신 학교의 차이가 직장이나 사회생활에서 극심한 차별을 만들어 냅니다.

이 차이와 차별의 관계를 좀 더 확대해서 이야기하죠. 차별을 만들어 내는 근거인 '차이'가 무슨 도덕적인 차원의 차이도 아니고, 또 실정법을 위반한 차원의 차이는 더더욱 아닙니다. 단순히 다르다라는 이유로 차별을 하는 것입니다. 그런데 문제는 차별을 해도 그냥 다르기 때문에 차별하는 것이 아니라(차별의 정당함이 없으니까) 그 '다름'과 '차이'에 예의, 도덕, 교양, 품위, 상식 등으로 포장하여 결과적으로 사람을 두 번 죽이는 일들을 합니다. 무슨 말이냐 하면, 그 '다른 삶의 방식', '내 삶의 방식과는 차이가 나는 삶의 방식'에 상대방이 익숙하지 못하다는 이유로 한 번 죽이고, 그 '다른 삶의 방식'에 부여한 것, 즉 "교양이 없다", "상식이 없다", "예의가 없다", 혹은 "품위가 없다"라는 이유로 또 한 번 더 죽이는 일이 벌어지는 것입니다.

예를 들면 이런 것이지요. 단순한 예이긴 한데요. 상당히 비싼 고급 레스토랑에서 프랑스 요리를 먹는다고 생각해 봅시다.(가 보지 않았으니 그냥 상상만…) 일반 서민들은 평생에 한 번도 먹어 보지 못할 요리이죠. 수십만 원 하는 코스 요리를 시킨다고 생각해 보세요. 이름을 줄줄이 외워야 하고, 와인의 종류를 꿰야 하고, 음식을 먹는 순서가 있고, 종류별로 놓여 있는 포크와 나이프를 집는 순서가 있고…. 생전 처음 고급 레스토랑에 들어간 사람은 이곳에서의 식사 에티켓이라든가 품위, 혹은 예의 등은 지킬 수 없을 것입니다. 주눅이 들겠죠. 자신의 남루한 신세를 한탄하면서 이 식사 자리에 초대한 사람의 눈치를 보며 상당히 주눅이 들겠죠. 이 사람은 이 자리에서 두 번 죽는 것입니다. 첫 죽음은 이런 음식을 평생에 한 번 먹을까 말까 한 자신의 무능하고 초라한 삶에 대한 죽음이고, 또 하나의 죽음은 고급 음식에 걸맞는 교양, 예의 등을 지키지 못해 자신을 주눅 들게 하는 죽음입니다.

오늘날 이 사회에서 이야기하는 교양이라든가, 예의라든가, 품위라든가, 상식이라든가 하는 것은 무엇으로 획득되는 줄 아십니까? '돈'입니다. 즉 이 자본주의 사회에서 차이를 만들어 내는 것은 '돈'이고 그 차이에 차별을 부여하는 것도 '돈'입니다. 즉 이 시대에 교양과 품위, 그리고 예의는 돈 가진 자들의 여유이자 놀이에 불과합니다. 이런 것을 생각해 봅시다. 봄철이나 가을철에 아줌마들이 관광버스로 단체 관광을 자주 갑니다. 버스 안에서 술 마시고 춤추며 온갖 스트레스를 다 풀어 버립니다. 그런데 이러한 아줌마 관광에 대해 연례적으로 방송이나 신문에서는 '아줌마들의 추태', '한국의 관광 문화 이대로 좋은가' 식으로 접근해서 보도를 합니다. '교양이 없다, 품위가 없다, 상식이 없다'라고 하며 아줌마들을 죽여 버리죠. 그러나 그것이 정말로 추태입니까? 그렇게 도덕적으로 비난 받아야 할 일입니까? 아닙니다. 그곳에서 나오는 춤과 노래는 우리 어머니들이, 우리 옆집 아줌마들이 처한 열악한 삶의 환경으로 말미암아 발산할 수밖에 없는 것입니다. 즉 뼈 빠지게 일하고, 쉼 없이 온갖 고생하며 애새끼들 다 키우고 자기 몸, 얼굴 하나 돌볼 여유 없이 정신없이 살아온 삶으로 인해 교양 있게, 품위 있게, 우아하게 노는 법을 배울 만한 여유도, 돈도 없는 우리 어머니들의, 동네 아줌마들의 놀이 방식입니다. 그분들이 돈이 많았으면 뉴스에서 떠들어 대는 대로 교양 없이, 품위 없이 놀았을까요? 아닙니다. 그들에게 돈이 있었다면 그들의 놀이 방식도 달랐을 것입니다. 뭐죠? 우아하게 유명 화가의 그림도 감상하고, 수집하고, 비싼 음악회도 자주 출입했을 것이고, 고급 호텔에 가서 우아하게, 교양 있게 식사도 즐겼을 것이고, 무슨 자선 단체도 조직해서, 혹은 가입해서 자신들의 자비심도 한껏 뽐냈을 것이고, 여유 있게, 교양 있게, 품위 있게 살았을 것입니다.

신앙도 마찬가지입니다. 기도원에서 열광적인 부흥사의 인도하에 몸부림을 치며 통성기도 하는 아줌마 신자들과 강남 귀족 권사님들의 우아한 성경 공부를 비교해 보세요. 어느 그림이 더 건전해 보이고 건강해 보입니까? 어느 그림이 더 신앙적으로, 혹은 교양 있고, 품위 있게 보입니까? 후자입니다. 그렇죠? 그런데 후자의 삶을 결정해 주는 것이 무엇이에요? 신앙이에요? 아니라고요. 돈이라고요. 그 건전함과 교양과 신앙과 품위를 돈이 결정해 준다고요.

요즘 우리가 흔히 '교양 있다', '품위 있다', '문화적이다', '우아하다', '멋있다'라고 부르는 삶의 방식은 어쩌면 돈으로 처바른 것에 불과할지도 모릅니다. 즉 돈이 있으면 누구나 가능한 삶이 바로 그런 멋있고, 교양 있고, 품위 있고, 우아한 삶인 것입니다. 그런데 문제는 이 돈이 있음으로 해서 돈이 없는 사람들과 차이가 나는 자기네 삶의 방식에 그들이 우아,

교양, 품위 등의 포장을 하고 그렇게 살지 못하는 사람들에게 "교양이 없네, 품위가 없네" 하는 식의 도덕적 판단을 내리면서 차별하고 업신여기고 구별하는 짓들을 한다는 것입니다.

'다름'과 '차이'는 죄가 아닙니다. 그러나 그것이 차별을 만들어 내면 그것은 죄악입니다. 바리새인들이 자기 입맛에 맞게 율법을 그리 해석하고, 율법을 적용한 것 자체가 무슨 죄가 되겠습니까? 자기네가 하나님께 충성과 열심을 다해 하나님의 율법 준수를 목표로 사는 게 무슨 죄가 되겠습니까? 그렇게 할 수 있지요. 그것 자체를 가지고 뭐라고 하겠습니까? 자기네가 그렇게 살겠다는데 누가 뭐래요. 그러나 바리새인들의 문제는 그러한 '남다름'을 자신들과 다른 삶을 사는 사람들을 정죄하는 데 사용한다는 것입니다. 즉 '율법'에 대한 충성을 자신들의 삶을 하나님의 뜻대로 만들어 가는 데 사용하는 것이 아니라 차이를 만들어 내고 그 차이에 근거하여 차별을 만들어 내는, 즉 저 죄인들과 나는 다르다는 것을 확인하는 데에 사용했다는 것입니다. 예수님은 어떤 분이십니까? 마가복음 2장 15절입니다.

> **15** 예수께서 그의 집에서 음식을 잡수시는데, 많은 세리와 죄인들도 예수와 그의 제자들과 한 자리에 있었다. 이런 사람들이 많이 예수를 따르고 있었기 때문이었다. (막 2:15절)

바리새인들이 죄인이라고 규정한 사람들과 예수님이 식사를 합니다. 유대 사회에서 한 식탁에서 같이 식사한다는 것은 단순히 밥을 먹는다는 의미가 아니라 그 식탁에 참여한 자들과의 동등성, 동질성을 확인하고 서로가 하나 됨을 확인하는 사귐의 의미가 담겨 있습니다. 예수님이 바리새인들이 죄인이라고 규정한 사람들과 식사를 같이 했다는 것은 예수님이 이들을 받아들였음을 보여 줍니다. 이 식탁 교제는 장차 하나님 나라에서 이루어질 기쁨과 평화가 충만한 교제를 상징하기도 합니다. 예수님이 세리와 죄인들과 같이 식탁 교제에 참여한 것은 바리새인들이 버린 이 사람들을 하나님 나라에 초대한 것을 의미하며, 그들의 죄인된 신분이 하나님 나라에 들어가는 데 어떤 장애도 될 수 없음을 보여 주는 것입니다.

하나님 나라는 바리새인이든, 세리든, 죄인이든 상관없이 회개하고 복음을 믿으면 들어가는 나라입니다. 그런데 세리와 죄인들은 바리새인들의 차별과 정죄로 말미암아 스스로 죄인 됨을 강하게 인식하였습니다. 그들은 예수님이 함께한 이 식탁 교제에 참여하여 하나님 나라의 유익을 맛보았습니다. 한편 스스로 의인이라고 여긴 바리새인들은 하나님의 아들 예수 그리스도가 함께한 이 식탁 교제, 하나님 나라에서의 충만한 교제의 상징인 식탁 교제에 참여하지 못하는 불행한 일을 겪는 것입니다. 즉 세리와 죄인들의 죄인 됨에 대한 인식이 결국 하나님의 은혜, 예수 그리스도의 은혜를 요청하는 원인으로 작용했다면 바리새인들의 의인 됨에 대한 인식은 오히려 하나님 나라를 멀리하는 원인으로 작용한 셈입니다. 즉 바리새인들의 의로움보다 이 세리와 죄인들의 죄인 됨이 오히려 하나님 나라에 들어가는 데 훨씬 더 좋은 조건이 되는 것입니다. 그러므로 은혜가 필요 없을 정도의 의로움을 가지기보다는 차라리 죄인 됨의 위치에 머무르는 것이 훨씬 복된 일입니다.

예수님이 오신 이유가 무엇입니까? 2장 17절을 읽어보십시오. 예수님이 오신 이유는 의인을 부르러 온 것이 아니라 죄인을 부르러 왔습니다.

그런데 죄인을 부르는데, 의인의 자리에서 죄인을 부르는 것이 아니라 죄인과 같은 자리에 들어가서 죄인을 부르는 것입니다. 예수님은 하늘 보좌에서, 천상의 자리에서, 저 높은 곳에서 아래를 내려다보며 죄인들을 부르지 않습니다. 직접 죄인의 자리에 참여하시고 그들과 같이 식탁 교제를 나누심으로써 그 죄인들과 자신을 동일시하십니다. 이것이 예수님과 바리새인들의 근본적 차이입니다. 바리새인들은 의인의 자리에서, 저 천상의 자리에서 사람들을 부르고 오지 못하는 사람들을 죄인 취급하고 욕할 뿐입니다. 저들은 감히 죄인의 자리에 앉지도 못하고 부정한 자리에 참여할 수도 없습니다. 왜냐하면 그들이 가진 의로움, 거룩함의 능력이란 것이 죄인들의 부정함, 죄 됨을 의롭게, 거룩하게 하는 것이 아니라 오히려 자신들의 의로움이 죄로 변하는, 자신들의 거룩함이 부정해지는 무력한 의로움, 거룩함이기 때문입니다.

그러나 의로우신 예수님, 거룩하신 예수님은 자신을 죄인과 동일시하고 죄인들과 접촉하시고 교제하시지만 당신의 거룩함, 의로움이 훼손당하는 것이 아니라 오히려 당신의 거룩함과 의로움이 이 백성들에게 심대한 영향력을 끼치는, 결과적으로 이 세리와 죄인들을 의롭게, 거룩하게, 하나님 나라에 들어가기에 합당한 자로 만드는 것입니다. 우리는 어떻습니까? 우리 자신을 한번 돌아보십시오. 우리가 이 세상을 살면서, 특히 하나님의 백성들로 살면서 얼마나 많은 차이를 만들어 내는지, 그 차이를 근거로 해서 차별을 하지는 않는지, 그래서 멀리하는 사람들, 소외시키는 사람들은 없는지를 말씀에 비추어 돌아보시기 바랍니다. 하나님은 우리가 세상으로부터 소외당하고 차별당하고 멸시당하는 사람들이기 때문에 우리를 당신의 자녀로 삼아 주신 것입니다.

사도 바울은 고린도 교회에 보내는 편지에서 하나님의 부르심을 이렇게 이야기합니다. 고린도전서 1장 26-31절입니다.

> **26** 형제자매 여러분, 여러분이 부르심을 받을 때에 그 처지가 어떠하였는지 생각하여 보십시오. 육신의 기준으로 보아, 지혜 있는 사람이 많지 않고, 권력 있는 사람이 많지 않고, 가문이 훌륭한 사람이 많지 않았습니다. **27** 그런데 하나님께서는 지혜 있는 자들을 부끄럽게 하시려고 세상의 어리석은 것을 택하셨으며, 강한 자들을 부끄럽게 하시려고 세상의 약한 것들을 택하셨습니다. **28** 하나님께서는 세상에서 비천한 것과 멸시받는 것을 택하셨으니, 곧 잘났다고 하는 것들을 없애시려고, 아무것도 아닌 것들을 택하셨습니다. **29** 그것은, 아무도 하나님 앞에서는 자랑하지 못하게 하시려는 것입니다. **30** 그러나 여러분은 하나님께로부터 나서 그리스도 예수 안에 있습니다. 그는 우리에게 하나님으로부터 오는 지혜가 되시고, 의롭게 하여 주심과 거룩하게 하여 주심과 구속하여 주심이 되셨습니다. **31** 그것은, 성경에 기록한 대로, 누구든지 자랑하는 자는 주 안에서 자랑하게 하시려는 것입니다. (고전 1:26-31절)

이것을 엄중하게 기억하셔야 합니다. 이것을 잊어버리고 우리 스스로 교양 있게, 품위 있게, 우아하게 꾸미고 그리고 그것을 근거로 하여 그렇지 못한 사람들을 차별하는 어리석음을 행하지 말아야 할 것입니다. 우리는 애당초 교양과는, 품위와는 먼 비루하고 남루한 존재들이었습니다. 이 신분을 잊지 마십시오.

18 요한의 제자들과 바리새파 사람들은 금식을 하고 있었다. 사람들이 예수께 와서 물었다. "요한의 제자들과 바리새파 사람의 제자들은 금식하는데, 왜 선생님의 제자들은 금식을 하지 않습니까?" 19 예수께서 그들에게 말씀하셨다. "혼인 잔치에 온 손님들이, 신랑과 함께 있는 동안에 금식할 수 있느냐? 신랑을 자기들 곁에 두고 있는 동안에는 금식할 수 없다. 20 그러나 신랑을 빼앗길 날이 올 터인데, 그 날에는 그들이 금식할 것이다." 21 "생베 조각을 낡은 옷에다가 대고 깁는 사람은 없다. 그렇게 하면 새로 댄 조각이 낡은 데를 당겨서, 더욱더 심하게 찢어진다. 22 또 새 포도주를 낡은 가죽 부대에 담는 사람은 없다. 그렇게 하면 포도주가 가죽 부대를 터뜨려서, 포도주도 가죽 부대도 다 버리게 된다. 새 포도주는 새 가죽 부대에 담아야 한다."

요한의 제자들과 바리새인들은 금식을 하고 있었습니다. 그런데 사람들이 예수님께 와서 "요한의 제자들과 바리새파 사람의 제자들은 금식하는데 왜 선생님의 제자는 금식하지 않습니까?" 하고 묻습니다. 그러자 예수님이 "혼인 잔치에 온 손님들이, 신랑과 함께 있는 동안에 금식할 수 있느냐? 신랑을 자기들 곁에 두고 있는 동안에는 금식할 수 없다. 그러나 신랑을 빼앗길 날이 올 터인데, 그 날에는 그들이 금식할 것이다"라고 말씀하십니다.

'금식이 무엇인가?'에 대해 먼저 이야기하도록 하겠습니다. 오늘날 금식은 '기도'와 연관되어 뜻하는 바를 하나님께 이루어 달라고 하는 인간의 어떤 강력한 표현 수단의 하나로 생각하는 것 같습니다. 3일 금식 기도부터 40일 금식 기도까지 금식은 자기들에게 직면한 긴박한 문제를 해결하기 위해 동원되는 강력한 비상수단입니다. 그래서 보통 밥을 먹고 하는 기도보다는 금식하면서 하는 기도가 훨씬 세어 보이고, 또 그렇게 금식 기도를 한 사람들을 대단하게 여기다 보니 '금식'은 인간이 동원하는 강력한 힘이 되어 버렸습니다. 그러나 이것은 꼭 어린아이가 엄마에게 장난감 안 사 준다고 "나 밥 안 먹을래"라고 생떼 부리는 것과 다를 바 없습니다. "하나님, 제가 이렇게 밥을 굶으면서까지 도와 달라고 하는데 들어 주지 않을 건가요?" 이런 것이지요. 금식에 대한 제대로 된 이해는 아닌 듯합니다.

금식이란 밥을 굶는 것입니다. 사람이 사람으로서 존재하고, 생존할 수 있게 하는 가장 기본적이고 원초적인 에너지원은 바로 밥입니다. 금식한다는 것은 이러한 밥을 끊는 것입니다. 하나님 앞에 선 인간이 얼마나 연약하고 무력한 존재인지, 그리고 아무것도 할 수 없는 비참한 존재인지를 확인하고 하나님의 긍휼과 자비를 구하는 것이 금식입니다. 금식은 하나님에 대한 인간이 가진 능력과 힘의 상징을 나타내는 것이 아닙니다. 하나님 앞에 선 인간이 얼마나 비참한 존재인지, 또 얼마나 가난하고, 연약한 존재인지를 보여 주는 상징적 제스처입니다. 그래서 구약에서 금식은 항상 어느 때 등장하느냐면 세상과 자신들의 죄악으로 하나님의 심판에 직면했을 때 그들 자신이 죄인 됨을 애통해 하고, 회개하면서 하나님의 자비하심과 긍휼하심을 기대하는 표현으로 등장합니다. 구약성경 몇 군데를 찾아보도록 하겠습니다. 레위기 23장 26-32절, 사무엘기상 7장 5-6절, 요나서 3장 4-9절입니다.

> **26** 주께서 모세에게 말씀하셨다. **27** 일곱째 달 열흘날은 속죄일이다. 너희는 이 날에, 거룩한 모임을 열고 고행하며, 주께 살라 바치는 제물을 드려야 한다. **28** 이 날은 속죄일, 곧 주 너희의 하나님 앞에서 속죄예식을 올리는 날이므로, 이 날 하루 동안은 어떤 일도 해서는 안 된다. **29** 이 날에 고행하지 않는 사람은, 누구든지 자기 백성에게서 끊어지게 하여야 한다. **30** 누구든지 이 날에 어떤 일이라도 하면, 내가 그를 백성 가운데서 끊어 버리겠다. **31** 이 날 너희는 어떤 일도 해서는 안 된다, 이것은 너희가 사는 모든 곳에서 너희가 대대로 영원히 지켜야 할 규례이다. **32** 이 날은 너희가 반드시 쉬어야 할 안식일이며, 고행을 하여야 하는 날이다. 그 달 아흐렛날 저녁부터 시작하여 그 다음날 저녁까지, 너희는 아무 일도 하지 말고 쉬어야 한다."(레 23:26-32절)

> **5** 그 때에 사무엘이 이스라엘 사람들을 모두 미스바로 모이게 하였다. 그들의 죄를 용서하여 달라고 주께 기도를 드리려는 것이었다. **6** 그들은 미스바에 모여서 물을 길어다가, 그것을 제물로 삼아 주 앞에 쏟아붓고, 그 날 종일 금식하였다. 그리고 거기에서 "우리가 주를 거역하여 죄를 지었습니다!" 하고 고백하였다. 미스바는, 사무엘이 이스라엘 자손 사이의 다툼을 중재하였던 곳이다.(삼상 7:5-6절)

> **4** 요나는 그 성읍으로 가서 하룻길을 걸으며 큰소리로 외쳤다. "사십 일만 지나면 니느웨가 무너진다!" **5** 그러자 니느웨 백성들은 하나님의 말씀을

믿고, 금식을 선포하고, 그들 가운데 가장 높은 사람으로부터 가장 낮은 사람에 이르기까지 모두 굵은 베 옷을 입었다. 6 이 소문이 니느웨의 왕에게 전해지니 그도 임금의 의자에서 일어나, 걸치고 있던 임금의 옷을 벗고, 굵은 베 옷을 입고 잿더미에 앉았다. 왕은 니느웨 백성에게 다음과 같이 선포하여 알렸다. "왕이 대신들과 더불어 내린 칙명을 따라서, 사람이든 짐승이든 소 떼든 양 떼든, 입에 아무것도 대서는 안 된다. 무엇을 먹어도 안 되고 물을 마셔도 안 된다. 8 사람이든 짐승이든 모두 굵은 베 옷만을 걸치고, 하나님께 힘껏 부르짖어라. 저마다 자기가 가던 나쁜 길에서 돌이키고, 힘이 있다고 휘두르던 폭력을 그쳐라. 9 하나님께서 마음을 돌리고 노여움을 푸실지 누가 아느냐? 그러면 우리가 멸망하지 않을 수도 있다." (욘 3:4-9절)

즉, 금식한다는 것은 장차 오실 하나님을 기다리는, 하나님의 자비하심과 긍휼하심을 기다리는, 심판으로부터 구원해 주실 하나님을 기다리는 사람들이 취하는 행동입니다. 요한의 제자들과 바리새인들이 이러한 배경에서 금식을 하는 것입니다. 지금 요한의 제자들이나 바리새인들이 금식하면서 소망하는 것은 구약의 선지자들을 통해 예언된 메시아, 이스라엘의 위로자, 세상을 심판할 자가 이 땅에 와서 로마 권력을 무너뜨리고 다윗 왕국을 재건하는 것입니다. 즉 여호와의 날이 임하면, 메시아가 오시면 하나님을 거역하고 배반했던 모든 족속들이 멸망하고, 또 자신들을 이 억압과 압제로부터 해방시켜 줄 것이라고 기대합니다. 하나님의 크신 간섭과 세상을 향한 심판을 기대하고 소망하는 마음으로, 곧 오실 주님을 기다리며 금식하는 것입니다. 이렇듯 '금식'은 아직 메시아가 오지 않았다, 아직 그리스도가 오지 않았다, 아직 하나님의 크신 간섭하심이 나타나지 않았다는 것을 전제하는 것입니다. 다시 말해 메시아가 아직 오지 않았으니까 금식하는 것입니다. 이런 배경에서 사람들이 예수님께 질문하는 것입니다. "우리들은 지금 여호와의 날, 메시아의 오심, 세상을 향한 하나님의 심판과 우리를 향한 구원을 기다리면서 금식하고 있는데, 당신의 제자들은 왜 금식하지 않습니까?", "왜 메시아를 기다리지 않습니까? 왜 하나님의 간섭하심을 원하지 않습니까? 당신들은 하나님의 백성이 아닙니까? 그런 불경건이 도대체 어디에 있습니까?"라는 의혹이 바로 본문 18절의 질문이 함의하고 있는 내용입니다.

이러한 질문에 대해 예수님이 답변하십니다. 19절입니다. 혼인 잔치 비유를 들어 제자들이 금식할 수 없음을 이야기합니다. 혼인 잔치에서 음식을 먹지 않고 굶는다는 것은 그 혼인 잔치를 배설(排設)한 주인을 모독하는 행위라는 것이지요. 혼인 잔치에 왔으면 당연히 그 잔치에 참여해서 먹고 마시고 즐겨야 합니다. 혼인 잔치에 와서 금식하고 애통해 하고 비참한 심경을 갖는다는 것은 있을 수 없는 일입니다. 마땅히 먹고 마시고 즐거워해야 합니다. 그렇다면 여기서 '혼인 잔치'는 무엇을 의미할까요? 구약에서 '결혼 관계'는 종종 하나님과 그의 백성의 관계를 묘사할 때 사용합니다. 호세아서 2장 14-20절을 보겠습니다.

14 그러므로 이제 내가 그를 꾀어서, 빈 들로 데리고 가겠다. 거기에서 내가 그를 다정한 말로 달래 주겠다. **15** 그런 다음에, 내가 거기에서 포도원을 그에게 되돌려 주고, 아골 평원이 희망의 문이 되게 하면, 그는 젊은 때처럼 이집트 땅에서 올라올 때처럼, 거기에서 나를 기쁘게 대할 것이다. **16** 그 날에 너는 나를 '나의 남편'이라고 부르고, 다시는 '나의 주인'이라고 부르지 않을 것이다. 나 주의 말이다. **17** 그 때에 나는 그의 입에서 바알 신들의 이름을 모두 없애고, 바알 신들의 이름을 부르는 자들이 다시

는 없도록 하겠다. **18** 그 날에는 내가 이스라엘 백성을 생각하고, 들짐승과 공중의 새와 땅의 벌레와 언약을 맺고, 활과 칼을 꺾어버리며, 땅에서 전쟁을 없애어, 이스라엘 백성이 마음 놓고 살 수 있게 하겠다. **19** 그 때에 내가 너를 영원히 아내로 맞아들이고, 너에게 정의와 공평으로 대하고, 너에게 변함없는 사랑과 긍휼을 보여 주고, 너를 아내로 삼겠다. **20** 내가 너에게 성실한 마음으로 너와 결혼하겠다. 그러면 너는 나 주를 바로 알 것이다.(호 2:14-20절)

　하나님의 간섭하심의 결과를 '결혼'에 비유합니다. 그러므로 결혼으로 비유된 하나님과 이스라엘의 관계는 기쁜 관계 혹은 복된 관계이며, 즐거움이 넘치는 관계입니다. 이 관계를 위해서 지금 요한의 제자들과 바리새인들이 금식하는 것입니다. 그런데 예수님이 몇몇 사람들의 "왜 당신의 제자들은 금식하지 않습니까?"라는 질문에 "혼인 잔치에 온 손님들이, 신랑과 함께 있는 동안에 금식할 수 있느냐? 신랑을 자기들 곁에 두고 있는 동안에는 금식할 수 없다"라는 답변을 하시는데, 이 말인즉슨 "지금 너희들이 메시아를 기다리면서 금식하고 있는데, 즉 혼인 잔치가 어서 열릴 것을 고대하면서 금식하고 있는데, 이미 그 메시아가 왔다. 이미 그 혼인 잔치가 열렸다. 그런데 어떻게 금식할 수 있느냐? 메시아가 이미 왔는데, 금식한다면 그것은 오신 메시아를 부인하는 것이 아니냐? 오히려 지금 금식하고 있는 너희들이 불경건하고 하나님의 뜻을 거역하고 있는 것이다."라는 것입니다.

　이미 메시아가 와서 지금 모든 것을 회복하고 있는데, 어떻게 금식할 수 있느냐고 예수님이 되묻는 것입니다. 예수님의 제자들이 금식하지 않는 이유가 여기에 있습니다. 예수님의 제자들은 금식할 필요가 없습니다. 지금 유대인들이 금식하는 이유가 '메시아의 오심'을 위한 것이므로 메시아가 왔는데도 불구하고 계속 금식한다면 그것은 이미 오신 메시아를 부인하는 것이나 다름없습니다. 예수님의 제자들이 금식할 필요가 없는 이유는 지금 '금식'을 통해 그들이 기대하는 큰 구원자, 하나님의 간섭하심과 하나님의 구원, 그리고 심판이 육신으로 오셨기 때문입니다. 그래서 금식하지 않고 오히려 예수님과 더불어 먹고 마시는 것입니다. 어떻게 혼인 잔치에서 금식할 수 있는가? 신랑이 되신 예수 그리스도가 오셔서 그의 백성들을 구원하고 계시는데 어떻게 금식할 수 있는가? 오히려 먹고 마시는 것이 옳은 일이라고 하는 것이지요. 그래서 예수님이 거하는 곳은 이젠 '금식'으로 상징되는 슬픔과 애통과 심판의 장소로 드러나는 것이 아니라 기쁨의 잔치, 해방의 잔치, 자유와 온전함이 드러나는 곳으로 바뀝니다.

지난주에 살펴본 것처럼 레위의 집에서 죄인들과 세리들과 식사하시면서 그들을 하나님 나라의 백성으로 맞아들인 것도 그렇고, 예수님이 가시는 곳마다 죄와 병, 마귀에 억눌렸던 사람들이 해방되어 구원을 맛보는 것도 혼인 잔치이기에 가능한 것입니다. 예수님의 오심이 곧 혼인 잔치이므로 더 이상 슬퍼하지 않고, 또 애통해 하지도 않으며 심판이 두려워 떨지도 않습니다. 그분이 거하는 곳은 저주의 장소가 아니라—장례식장이 아니라— 혼인 잔칫집입니다. 예수님 자신이 신랑이 되어 잔치를 배설하는 것입니다. 그래서 저주와 죽음의 장소였던 곳들이, 예수님이 사람들과 함께 거하심으로써 혼인집과 혼인집 손님으로 변하는 것입니다. 그래서 더 이상 금식하지 않고 먹고 마시는 것입니다.

이제 또 하나 살펴보겠습니다. 예수 그리스도의 오심이 '혼인 잔치'로 비유되는 기쁨과 평화, 그리고 구원. 그밖에도 삶의 충만한 즐거움과 온전한 복된 삶을 보장해 주는 것이라면, 그러한 혼인 잔치에 또 우리 모두 참여하고 있다면, 우리가 세상을 살면서 겪는 고통과 고난, 괴로움, 또 어려움은 도대체 무엇일까요? 우리가 예수 그리스도를 믿고 하나님의 자녀가 되고 이렇게 교회 공동체에 속하여 신앙생활을 하는 것은 예수님의 비유대로 '혼인 잔치'에 참여하는 것입니다. 그렇다면 우리의 일상적 삶에 '금식'으로 비유되는 곤고함과 애통, 슬픔과 어려움은 없어야 하는데, 실제로는 이러한 어려움들이 훨씬 많다는 것입니다. 게다가 '우리가 혼인 잔치에 참여한 것이 거짓된 것인가?', '가짜 결혼식을 올린 것인가?', '우리가 정말 하나님의 자녀가 맞는가?'라는 생각도 할 수 있습니다. 그것에 대한 답이 바로 20절입니다. 읽어 보시죠.

> 그러나 신랑을 빼앗길 날이 올 터인데, 그 날에는 그들이 금식할 것이다.
> (막 2:20절)

무슨 말이냐면 예수님이 오심으로 이 땅에 열린 혼인 잔치는 일시적이라는 것입니다. 이 잔치는 하나님 나라의 혼인 잔치의 맛을 보여 주는 특별한 상황입니다. 그리고 메시아로 오신 예수님, 신랑으로 오신 예수님은 십자가에서 죽으실 것이고 예수님의 제자들과 그의 백성들은 지금 요한의 제자들과 바리새인들처럼 부재중인 메시아, 구원자를 기다리는, 고대하는 상황으로 되돌아갈 것입니다. 그때는 금식할 것입니다. 예수님의 죽으심은 제자들에게 금식을 다시 요구할 것입니다. 예수님의 재림이라는, 역사와 세상에 대한 하나님의 궁극적인 심판을 기다리면서, 하나님이 그의 백성들에게 배설하실 완성형 혼인 잔치(더 이상 금식이 필요 없는)를 기대하며 금식할 것입니다. 그러므로 오늘날 우리 신자들에게도 금식은 여전히 유효합니다. 그러나 우리의 금식은 바리새인들, 혹은 요한의 제자들이 하는 금식과는 차원이 다릅니다. 우리는 예수 그리스도로 말미암아 이미 혼인 잔치에 참여하였고, 예수 그리스도로 말미암아 구원의 대열에 들어간 자들입니다. 즉 메시아가 오지 않아서, 또한 하나님의 심판을 면하기 위해서, 애통과 슬픔, 한탄이라는 신앙의 표현으로 우리가 금식하는 것은 아닙니다. 지금 우리는 예수 그리스도와의 관계를 통해 잠깐 맛본 혼인 잔치의 여운 속에서 금식하는 삶을 살아야 합니다.

그럼 금식하는 삶의 성격, 내용을 무엇이 결정해 주는가? 금식하는 삶을 무엇이 지지해 주는가? 바로 예수 그리스도로 말미암아 맛본 혼인 잔치의 내용들, 즉 예수 그리스도로 말미암은 구원과 예수 그리스도로 말미암아 알게 된 세상의 운명, 우리 인생의 궁극적인 목적, 신자로서 마땅히 따라야 하는 예수님의 가르침 등이 현재 우리 삶의 내용들을 결정해 주고 방향을 정하는 것입니다. 그런 차원에서 우리는 금식하는 삶을 살아야 하는 것입니다.

다시 정리하자면 금식은 —예수 그리스도와 맺은 관계로 인하여— 예수 그리스도가 배설한 혼인 잔치의 맛을 본 자로서 지금 어떤 삶을 살아야 하는지, 또 이 땅에서 하나님의 백성으로 어떻게 살아야 하는지를 총제적으로 표현하는 행위인 것입니다. 우리는 세상을 살면서 세상이 주는 즐거움, 세상이 뿜어내는 가치관, 그리고 말과 유혹에 너무 쉽게 넘어가 욕심 부리며 자기 마음대로 대충대충 삽니다. 그러나 금식하는 삶은 끊임없는 긴장 속에서, 아직 이 땅에 온전히 드러나지 않은 하나님의 뜻, 하나님 나라를 위해 절제하고 긴장하고 인내하면서, 하나님의 뜻을 우리 온몸으로 드러내도록 힘써야 합니다.

즉 '우리가 믿는 신앙의 내용들이—하나님과 예수 그리스도에 대한 지식, 하나님의 거룩한 교회와 그리스도의 몸인 교회에 대한 지식— 우리의 일상적 삶에서 어떻게 드러나야 하는가?', '내가 선택하는 일에서 하나님의 뜻이 어떻게 작용을 하는가?'에 대한 안목이 있어야 합니다. 혼인 잔치에 참여한 것과 금식하는 것 사이에 아무런 긴장이 없다면 그것은 잘못된 것입니다. 바리새인들과 요한의 제자들은 혼인 잔치를 맛보지 않은 상태에서 금식하는 것이고, 이제 예수님의 제자, 예수 그리스도로 말미암아 하나님의 자녀가 된 우리는 혼인 잔치를 맛본 상태에서, 즉 혼인 잔치에 참여한 상태에서 금식해야 하는 것입니다.

우리는 지금 혼인 잔치와 금식이라는 도저히 어울릴 수 없는 두 가지 상황에 동시적으로 참여하고 있습니다. 혼인 잔치와 금식이라는 긴장 관계 속에서 우리는 살아가는 것이지요. 이것이 신자의 모습입니다. 예를 들어, 이런 것을 생각해 봅시다. 지금 우리 가운데 하나님이 계신다고 믿습니까? 우리는 분명히 하나님이 우리와 함께 하고 있음을 믿습니다. 그러면서 동시에 우리는 어떤 기도를 드리지요? 우리 가운데 하나님이 임재하시기를 기도합니다. 우리가 기도하기 전부터 성령이 우리와 함께 계시지만 동시에 우리는 성령이 이곳에 오시기를 기도합니다. 이곳에 예수님이 계시고, 우리 안에 예수님이 거하시지만 우리는 예수님이 이곳에 함께 하시기를 기도합니다. 이것이 모순입니까? 그렇지 않죠.

혼인 잔치와 금식의 관계 차원에서 이야기하자면, 우리는 주님을 우리 안에 모시어 하나님의 자녀가 되었고, 그로 인한 구원의 확실성은 우리에게 기쁨과 평안, 그리고 즐거움을 주었습니다. 동시에 부재중인 주님을 기다리면서 주님이 명하신 것들을 온전히 이 땅에 드러내기 위하여 절제하고, 긴장하고, 떨고, 한편으로는 괴로움과 곤고함과 어려움이 있습니다. 즉 우리는 지금 먹고 마시는 동시에 금식하는 상태이고 애통해 하면서 동시에 기뻐하는 상태인 것입니다. 즐기면서 절제하는 모습이 바로 신자의 제대로 된 모습입니다.

모순 같지만 이것이 하나님의 백성들이 이 땅에서 살아가는 실존적인 모습입니다. 이미 우리에게 오셨지만 동시에 오시기를 기다리는 삶의 태도, 이미 벌어진 혼인 잔치로 기쁨도 있지만 동시에 금식해야 하는 긴장된 삶의 모습…. 이것이 우리 예수를 믿는 신자들의 삶입니다. 이러한 긴장된 삶, 양쪽에 끼여 어떻게 해야 할지 모르는 상태에서 여러분이 어떻게 해야 올바른 반응을 보일 수 있는지, 그리고 여러분의 각자의 삶 속에서 어떻게 드러나야 하는지를 오늘 말씀을 기초로 해서 각자 고민해야 합니다. 그 고민 자체가 혼인 잔치에 참여한 자로서 금식해야 하는 긴장된 삶의 첫걸음입니다. 그것은 여러분의 몫입니다. 각자 다양한 삶의 환경 속에서 이 긴장된 모습이 어떻게 드러나야 할지를 깊이 생각해 보시기를 바랍니다.

새 포도주는 새 부대에 ——————————— 막 2:21-22

21 "생베 조각을 낡은 옷에다가 대고 깁는 사람은 없다. 그렇게 하면 새로 댄 조각이 낡은 데를 당겨서, 더욱더 심하게 찢어진다. 22. 또 새 포도주를 낡은 가죽 부대에 담는 사람은 없다. 그렇게 하면 포도주가 가죽 부대를 터뜨려서, 포도주도 가죽 부대도 다 버리게 된다. 새 포도주는 새 가죽 부대에 담아야 한다."

이 단락은 지난주에 살펴본 18-20절의 금식 단락과 관련하여 해석해야 그 의미가 제대로 살아납니다. 몇몇 사람들이 예수님께 와서 "요한의 제자들과 바리새파 사람들은 금식을 하는데, 왜 선생님의 제자들은 금식을 하지 않습니까?"라고 묻습니다. 그러자 예수님이 "혼인 잔치에 온 손님들이, 신랑과 함께 있는 동안에 금식할 수 있느냐? 신랑을 자기들 곁에 두고 있는 동안에는 금식할 수 없다"라고 답변함으로써 예수님을 따라다니는 제자들이 금식하지 않는 것에 대해 정당성을 부여해 줍니다. 그리고 그러한 가르침을 좀 더 확대해서 설명하는 것이 바로 오늘 읽은 21-22절입니다. 예수님은 예수님의 제자들이 금식하지 않는 일로 시비를 거는 사람들의 주장이 바로 "헌 부대에 새 포도주를 담는 것"이며 "낡은 옷에다가 생베 조각을 대고 깁는 것"과 마찬가지라고 하십니다. 헌 부대도 못 쓰게 만들고, 새 포도주도 버리게 만드는 것. 또 생베 조각도 버리고 그 낡은 옷조차도 더 심하게 찢어지게 하는 것이 이들의 주장이 담고 있는 내용입니다. 다시 말해, 예수님의 제자들이 바리새인들처럼, 혹은 요한의 제자들처럼 금식한다면 그것은 새 포도주를 헌 부대에 담는 것이고, 생베 조각을 헌 옷에 깁는 것과 같다는 것이지요.

여기서 우리는 '헌 부대'와 '낡은 옷'은 바리새인들의 관례, 혹은 요한의 제자들이 가지고 있는 사상이고, '새 포도주'와 '생베 조각'은 예수 그리스도로 말미암아 이 땅에 도래한 하나님 나라임을 알 수 있습니다. 예수 그리스도로 말미암아 도래한 하나님 나라는 그 내용이 근본적으로 새로운 것이기 때문에 '헌 부대'와 '낡은 옷'으로 상징되는 바리새인들의 가르침 혹은 그들의 마인드로는 도저히 수용할 수 없습니다. 하나님 나라의 복음은 그 특성상 그것을 담아내고 표현하기 위한 새로운 틀, 형식, 구조, 수단을 필연적으로 요구합니다. 즉 새로운 복음인 하나님 나라는 그것을 제대로 담아 낼 새로운 그릇이 반드시 필요합니다. 헌 부대에 새 포도주를 담을 수 없고, 헌 옷에 생베 조각을 대어서 옷을 수선할 수 없습니다. 일시적으로는 헌 부대가 새 포도주를 보관할 수 있고, 생베 조각이 헌 옷의 해진 부분을 가릴 수 있지만 시간이 지나면 헌 부대도 찢어지고 새 포도주도 버리게 되어, 더욱더 상황이 악화될 뿐입니다.

바리새인들이 가지고 있는 유대교적 질서와 율법 이해, 그리고 그들이 하나님과 율법에 대한 신앙을 표현하는 방식으로는 도저히 하나님 나라를 담을 수 없습니다. 예수 그리스도의 복음은 그것을 제대로 담고 표현해 낼 새로운 형식, 구조, 틀을 반드시 요구합니다. 기존의 질서를 공고하게 만드는 기득권 질서 형식으로는 결코 이 새로운 복음, 새로운 하나님 나라의 복음을 담아낼 수 없습니다. 새로운 내용은 반드시 새로운 형식, 틀, 구조를 요구합니다. 만약에 새로운 내용을 낡은 형식에 담아내고자 한다면 그것은 실패로 돌아갈 것입니다. 새로운 내용은 반드시 새로운 구조와 틀을 요구하고, 그 새로운 구조와 틀에서만 그 새로운 내용이 온전히 드러날 것입니다. 이 사실은 현대를 살아가는 신앙인들, 특별히 한국 교회의 심각한 타락을 목도하고 있는 우리에게 아주 중요한 통찰력을 제공해 줍니다. 몇 가지 이야기를 해 보죠.

'예수를 믿는다'는 것은 무엇일까요? 한번 깊이 생각해 보십시오. '신앙'이란 도대체 무엇일까요? 우리가 하나님 나라의 백성이 되었다는 것, 우리가 하나님 나라의 시민으로서 살아간다는 것이 도대체 무엇을 의미할까요? '신앙'이란 것이, 하나님을 믿고, 예수 그리스도를 우리의 구주로 받아들인다는 것이 도대체 우리 삶에 어떤 의미를 주며, 또 우리 삶을 어떻게 변화시키는 것일까요? 이것은 아주 근본적인 질문들입니다.

예수를 믿는다는 것은 이런 것은 아닙니다. 지금 우리가 이 세상에서 이런저런 방법으로, 이런저런 가치관으로, 이렇게 저렇게 형성된 습속으로 그리 큰 문제없이 살아가는 데 몇 가지 부족한 점이 있단 말이죠. 그런데 그 부족한 부분을 예수를 믿는 것으로 해결하는 것. 이것은 신앙이 아닙니다. 즉 우리가 이 세상을 살아가는 데에 몇 가지 불편한 사항들, 몇 가지 어려운 일들, 몇 가지 부족한 것들을 보충하고, 보완하고, 해결하는 데에 예수를 믿는 신앙이 동원되는 것은 결코 바른 신앙이 아닙니다. 예수가 우리의 삶에 동원되는 이유가 우리 삶의 불편한 요소를 ― 돈, 직장, 건강, 마음의 평안 등 ― 해결하기 위한 것이라면 우리는 제대로 예수를 믿는 것이 아닙니다. 예수를 믿는다는 것은 이런 것입니다.

부자 청년 이야기를 다 잘 아시지요? 영생을 묻는 이 부자 청년에게 예수님은 청년이 살아온 삶을 긍정하면서 그의 몇 가지 부족한 부분을 보충해 주고, 해결해 주는 것으로 영생을 이야기하지 않았습니다. 이 청년의 삶의 토대를 근본적으로 뒤집는 것으로 영생을 제시합니다. "지금까지 어느 정도 잘 살아왔다. 그런데 이 부분을 좀 더 보충해야 한다"가 아니라 "너의 삶 전체가 잘못되었다. 영생은 지금까지 네가 살아온 삶의 내용들, 의지했던 것에서의 근본적 탈출이다. 버려야 한다." 이것이 영생입니다. 삶 자체에 대한 근본적 변화입니다.

'예수를 믿는 신앙'이란 지금까지 내가 살아온 삶의 내용과 추구한 것들이 다 잘못되었음을 전제하는 매우 중대한 사안입니다. '나'는 어떻게 만들어집니까? '나'라는 개인이 삶에서 가장 중요하다고 여기는 가치를 목표로 삼고, 자기 자신을 꾸미는 것들을 추구하는 가운데, 무엇이 중요하고 덜 중요한지 가려내는 이들의 결정의 근거들은 다 어떻게 만들어집니까? 세상이 그 근거들을 제공해 줍니다. 왜냐하면 우리는 세상으로부터 모든 것을 배우기 때문입니다.

우리가 사는 이 세상에서 제일 중요한 것이 무엇입니까? '돈'입니다. 개나 소나 돈이 중요하고 돈이 최고라는 것을 다 압니다. 예수를 믿는 인간들도 다 마찬가지입니다. 이것을 누가 가르쳐 준 것입니까? '돈'이 최고라는 것을 누구로부터 배운 것입니까? 세상으로부터 배운 것이고, 좀 더 구체적으로 이야기하자면 이 극악한 자본주의 체제가 우리에게 가르쳐 준 것입니다. 그래서 우리는 세상을 살면서 '돈'이 최고임을 경험적으로 감각적으로 지식적으로 너무도 잘 압니다. 그렇다면 '예수'를 믿는 신앙이 세상의 가르침, 극악한 자본주의 체제가 가르쳐 주는 것을 더욱더 잘 이루어지게, 더욱더 견고화시키고 확장시키는 데에 동원된다면, 그것은 '예수'가, 혹은 예수에 대한 신앙이 이 악마적 속성을 가진 세상의 번영을 위해 부역하는 것이나 같습니다. 그것은 결국 하나님 나라를 이 땅에서 이루기는커녕 하나님 나라와는 정 반대인 세상 나라, 사탄의 나라를 더욱더 강화하는 끔찍한 결과를 초래하는 것입니다.

그러므로 교회가, 예수를 믿는 신앙이 물질적인 복을 얻기 위한 수단으로, 이 세상에서 지위를 얻고, 권세를 누리고, 부를 누리기 위한 수단으로 동원되는 것은 참으로 나쁜 것입니다. 그러나 오늘날 한국 교회가 얼마나 물질적인 복을 강조합니까? 우리의 기도 내용의 대부분을 무엇이 차지하고 있습니까? 사람들이 왜 그렇게 애걸복걸하면서 하나님을 찾습니까? 왜 입시철이 되면 새벽기도가 그렇게 성황을 이룹니까? 다 이 세상에서 잘 먹고 잘 살기 위함 아닙니까? 그래서 신앙이 동원되는 것이고요. 예수에 대한 신앙이, 예수의 가르침을 담은 교회가, 하나님 나라를 담고 있는 교회가 이 세상을 흔들어 놓습니까? 아닙니다. 오히려 이 세상이 추구하고 있는 것들을 더욱더 많이 추구하게 한다고요. 그래서 이 세상에 하나님 나라를 세우기는커녕 오히려 하나님 나라와는 정반대인 세상 나라를 더욱더 견고화합니다. 그리하여 예수의 복음, 하나님 나라의 가르침을 소유하고 있는 교회가 하나님 나라의 가르침을 제대로 드러내지는 못하고 오히려 하나님 나라와는 정반대에 있는 세상 나라를 전파하며, 세상 나라를, 악마적 속성을 가진 이 극악한 세상 나라를 더 확장시키고 강하게 합니다.

예수를 믿는 신앙은 이런 것입니다. 예수님이 우리에게 가르쳐 준 하나님 나라는 이 악마적 속성이 지배하는 세상 나라에 대한, 기존 질서와 체제에 대한 저항이자 반항, 투쟁의 성격을 가지고 있습니다. 하나님 나라와 세상 나라는 공존할 수 없습니다. 서로 사이좋게 어울려 같이 번성할 수 없습니다. 한쪽은 망해야 하고 다른 한쪽은 흥해야 합니다. 빛이 오면 어둠이 물러나고 빛이 물러나면 어둠이 오듯이, 하나님 나라와 세상 나라는 빛과 어두움의 관계입니다. 그러므로 하나님 나라는 반드시 이 세상 나라의 질서와 체제에 대해 반항하게끔, 저항하게끔 되어 있습니다. 이것을 잊지 마셔야 합니다.

그래서 하나님 나라는 세상에 대하여 혁명적 존재로 서 있는 것입니다. 혁명과 개혁의 차이가 무엇이죠? 개혁은 체제를 인정하고 그 체제의 문제점을 보완하고 고치는 것입니다. 그러나 혁명은 체제 자체를 부정하고 새로운 체제를 만드는 것입니다. 하나님 나라가, 예수를 믿는 신앙이 이 세상에 대하여 혁명적 존재로 서 있다는 것은 하나님 나라의 가르침이—복음이 세상 체제의 단점과 결점을 보완하고, 그 약점을 가려 주며, 노출된 문제들을 땜질하는 도구로 사용되는 것이 아니라— 세상 체제 자체에 저항하고, 새로운 체제를 산출함을 의미합니다. 하나님 나라는 헌 부대에 새 포도주를 담는 것이 아니라 새 부대에 새 포도주를 담는 것이지요. 그렇다면 이 저항을 어떻게 할 것인가? 세상 체제에 대한 혁명을 어떻게 할 것인가? 예수님은 세상에 대한 저항을 세상 방식인 물리적 억압과 폭력을 사용하는 데에 반대합니다. 예수님은 검으로 일어나는 자는 검으로 망할 것이라고 했습니다. 하나님 나라를 건설하는 데 있어서 물리적 억압과 폭력은 옳지 않습니다. 그렇다면 이 하나님 나라를 어떻게 세상 체제에 나타낼 수 있습니까? 어떻게 이 극악한 세상 나라에서 하나님 나라가 드러날 수 있습니까? 하나님 나라는 하나님의 백성들이, 즉 신자들이 하나님 나라의 방식대로 살아가는 것으로 드러납니다. 하나님 나라 백성들의 공동체인 교회가 하나님 나라의 방식대로 존재하고 행하는 것으로 하나님 나라는 드러납니다. 즉, 악마적 속성으로 가득한 세상 체제, 오늘날 표현으로 이야기하자면 극악한 자본주의 체제 내에서 그것을 변혁하고 고치는 것으로 하나님 나라는 드러나지 않습니다. 하나님 나라의 백성들이 세상 체제를 거스르는 체제, 주류가 살아가는 방식과는 다른 삶의 방식, 하나님 나라의 가르침으로 이루어진 대안 공동체 등 하나님 나라의 백성들이 대안의 삶을 만들어 내고 그렇게 살아가야만 하나님 나라가 세상에 드러날 수 있습니다.

제대로 된 신자의 삶은 세상 방식과는 다른 삶을 사는 데에 오는 긴장과 삶의 불협화음, 갈등이 있어야 합니다. 직장에서 일상다반사로 벌어지는 성희롱과 성폭력 그 외 부정한 일들, 세상 사람들이 돈 욕심에 미쳐 돌아가는 온갖 사회현상에 대해서도 불편해 하는 마음이 신자들에게 일차적으로 있어야 합니다. 이 세상에서 산다는 것의 불편함이 단지 돈이 없고, 얼굴이 못생기고, 직장이 변변치 않고, 공부를 조금 못하는 정도라면, 그래서 그러한 불편함을 없애기 위해서 믿는 예수라면 우리는 가짜 신앙인입니다. 우리는 예수의 이름으로 악마적 속성을 가진 이 세상 나라에 부역하는 자들에 불과할 뿐입니다.

세상을 살면서 신자가 가져야 하는 불편함은 극악한 자본주의 체제로 인간이 소외되고, 가진 자가 못 가진 자를 차별하고, 돈으로 모든 가치를 판단하는 이 세상, 돈으로 모든 것이 가능하다고 외치고 그렇게 돌아가는 세상에 아파하고, 불편하고, 화가 나고, 답답해야 합니다. 이것이 신자가 세상을 향해 가지는 불편함입니다. 그리고 이러한 불편함은 단지 불평불만으로 그쳐서는 안 됩니다. 그러한 사람들이 하나님 나라의 백성으로 모여서 세상 방식과는 전혀 다르게, 즉 하나님 나라의 방식대로 움직여 가는 교회 공동체를 형성하여 대안의 삶, 대안 공동체를 만들어야 합니다. 그런 면에서 교회 공동체는 세상과 달라야 합니다. 세상이 돈으로 움직이는 곳이라면 교회는 돈으로 움직여서는 안 됩니다. 세상이 돈이 있는 자, 권세를 가진 자, 힘을 가진 자가 군림하고, 대접받으며 없는 자들을 괄시하고 소외시키는 곳이라면 교회 공동체는 돈과 세상의 힘 그리고 세상에서의 지위가 아무런 힘도 쓰지 못하는, 세상과는 전혀 다른 질서, 전혀 다른 차원으로 움직이는 곳이어야 하는 것입니다.

그런데 오늘날 교회가 그렇습니까? 교회에서 장로가 되기 위해 있어야 하는 것이 무엇입니까? '돈' 아닙니까? 얼마 전에 들은 이야기입니다. 우리가 잘 아는 어떤 교회에서 권사 취임식을 했는데 1인당 150만 원씩을 내라고 했다 합니다. 권사가 150만 원이면 장로는 얼마나 내야 해요? 그런데 문제는 이런 일이 다반사라는 것입니다. 그것도 수백만 원, 수천만 원 내야 권사가 되고 장로가 된다고 합니다. 이것을 신자들이 너무도 당연하게 생각합니다. 이 극악무도한, 이 패역한 죄악들이 워낙 일상사로 벌어지다 보니까 찜찜해도 그냥 넘어갑니다. 미쳐도 단단히 미쳤죠. 그래서 신자들이 교회에서라도 대접 받기 위해 그렇게 부자가 되게 해 달라고 울며불며 기도하는 것 아닙니까? 그런 망할 것이 어디에 있습니까? 아주 나쁜 일들입니다. 교회가 세상에 부역하는 불행한 현실입니다. 한국교회의 타락이 바로 여기에 있습니다. 악마적 속성으로 가득 찬 세상 나라의 원리를 교회가 거부하는 것이 아니라 오히려 그대로 답습하고, 그 악마적 속성을 확장시키는 데 일조하고 있는 것…. 이것이 바로 교회의 타락입니다.

이제 살펴볼 것은 바로 이러한 교회의 타락, 이러한 배교의 현실 앞에서 하나님의 백성들이 취할 행동이 무엇인가입니다.

우리는 한국 교회가 매우 타락했다는 것을 압니다. 그 타락이라는 것이 단순히 어떤 윤리적이고 도덕적인 차원에서의 타락을 의미하지 않습니다. 이 세상 나라가 견고해지고, 강해지고, 확장하는 데 있어 교회가 큰 일조를 했다는 차원에서, 교회의 구조 자체가 세상 나라의 부역자로 기생하는 처지로 전락했다는 의미에서의 교회 타락입니다. 윤리적으로 도덕적으로 건전하고 깨끗하다 할지라도 그 교회 체제가 이 세상 나라를 거역하는 것이 아니라 오히려 이 세상 나라의 협조자, 부역자로 존재한다면 그것 자체가 교회의 타락이고 배교입니다.

여러분 중 다수가 이전에 다닌 교회의 옳지 않은 모습에 상처를 받고, 소망을 잃어버려 새로운 대안을 찾아 현재의 교회를 개척하였습니다. 또 어떤 분들은 그런 과정 중에 있는 줄로 압니다. 이 문제를 오늘 말씀과 관련하여 이야기하려고 합니다. 한 지역 교회에 어떤 옳지 않은 문제가 발행하여(목회자의 문제일 수도, 스캔들일 수도, 교회의 역할을 제대로 못하여 벌어진 일일 수도⋯.) 갈등이 생길 때 어떻게 할 것인지 생각해 봅시다. 그 교회를 계속 다닐 것인가? 아니면 다른 대안을 찾을 것인가? 고민을 하게 됩니다. 이럴 때 어떻게 할 것인가? 판단의 기준이 무엇인가?

제가 하고 싶은 이야기는 이것입니다. 지역 교회에 어떤 문제가 일어났을 때, 그 문제 자체만 볼 것이 아니라 그 문제가 교회에 대해 무엇을 알려 주는지를 먼저 살펴보아야 합니다. '교회의 방향성과 정체성이 지금 세상에 존재하는 양태들처럼 세상적인 방향으로 흘러가고 있는가?'

그리하여 '지금 이 문제가 벌어진 것인가?'를 생각해야 합니다. 어쩌면 지금 일어난 문제는 세상의 가장 연약한 존재인 교회가 하나님 나라의 원리대로 제대로 움직여 나가면서 벌어진 실수일 수 있습니다. 그럴 때는 교회를 떠나서는 안 됩니다. 그 실수와 문제들을 그 틀 내에서, 그 교회의 구조 내에서 잘 해결해 나가야 합니다. 그런 상황에서 교회를 나오는 것은 옳지 않습니다. 그러나 그 교회가 하나님 나라의 사상을 드러내는 데 실패하고, 오히려 목사나 장로들의 욕심이 교묘하게 말씀으로 위장되고, 인간적인 방식대로, 세상의 원리대로, 세상이 좋아하는 식대로 움직이는 교회라면 그것은 배교한 교회입니다. 그것은 타락한 교회이고, 그런 교회는 소망이 없습니다. 이것은 그 교회가 교리적으로 이단이냐 정통이냐의 문제가 아닙니다. 교리나 신조는 정통일 수 있어도 그 행태는 배교의 모습을 취할 수 있습니다.

그렇다면 그런 교회에서 어떻게 할 것인가? 그 교회 내에서 교회의 개혁을 외치고 의로운 소리를 내고 싸움을 하는 것이 현명한 일인가요? 물론 이것도 하나의 방법일 수 있습니다. 타락한 교회를 바르게 세우기 위해 열심을 다해 투쟁하고 싸우는 것도 하나의 방법일 수 있습니다. 그러나 그것이 현실적으로 유익한 방법인가? 생각하면 또 그렇지 않은 듯합니다. 타락한 교회, 배교한 교회의 문제는 그 지역 교회 존재 자체의 문제이기 때문에, 즉 틀, 구조, 형식의 문제이기 때문에 아무리 그 안에서 선한 내용을 외치고 선한 싸움을 한다 할지라도, 내용이 형식을 이기는 것이 아니라 오히려 그 형식에 내용이 점령당할 뿐입니다. 그래서 대개가 교회 내에서 옳은 자와 옳지 않은 자가 싸울 때, 그것은 옳은 자와 옳지 않은 자의 싸움으로 비추어지는 것이 아니라 이전투구, 그놈이 그놈이 되어 버리는 싸움이 됩니다. 싸우다가 미워하고 같이 욕하고 같이 머리 끄집어 당기면서 상처받고 영혼도 피폐해지고 나중에는 그 선한 신앙까지도 잃어버리게 되는 불행을 낳게 됩니다. 현실적으로 문제가 극심한 교회 안에 머무르면서 내부 문제를 해결하는 것은 상당히 어려운 일이며, 아니 거의 불가능한 일이며, 심지어 본인의 영혼도 피폐하게 만들 수 있습니다. 결국 한국 교회의 부패와 타락을 이기는 방법은 그 안에서, 그 체제 내에서 "나쁜 놈, 죽일 놈, 어떻게 신자가 그럴 수 있어, 이 나쁜 것들아…." 하며 싸우는 것이 아니라 그 틀과 구조, 체제에서 나와, 새로운 틀, 새로운 체제에서 제대로 신앙생활을 하는 것입니다. 새로운 틀, 새로운 체제에서 제대로 하나님 백성으로서의 삶을 살아나가는 것, 즉 신앙적으로 올바르게 잘 먹고 잘 사는 것 자체가 부패와 타락을 이기는 방법입니다.

새 부대를 만들어야 합니다. 헌 부대 안에서는 결코 새 포도주가 보존될 수 없습니다. 새 포도주는 새 부대를 요구하는 것입니다. 하나님 나라의 백성으로 산다는 것, 하나님 나라의 백성들이 교회 공동체를 이루어 하나님 백성답게 산다는 것은 참으로 즐거운 일이며, 가치 있는 일이고, 우리 인생에서 매우 긍정적이고 기쁜 경험을 가져다 줍니다. 하나님 나라의 백성으로서 긍정적인 차원에서의 많은 일을 할 수 있습니다. 그런데 하나님 나라의 백성으로 살면서 매일 부정적인 싸움을 한다는 것, 즉 교회 공동체 내에서 험한 인상 써 가며 사납게, 전혀 즐겁지 않은 싸움을 한다면 얼마나 억울합니까? 느는 것은 인내심과 이마의 주름살이요, 없어지는 것은 머리카락이라면 이 얼마나 불행한 일입니까?

학생이 학교에 다니는 즐거움은 무엇입니까? 매일 '뻥' 뜯기고 깡패 만날까 봐 전전긍긍하고 포악한 선생 밑에서 벌벌 떨고, 억압적 분위기에서 그저 참으며, 그래도 개근상 하나 타겠다고 다니기 싫은 학교를 억지로 다니고, 끊임없는 성적 경쟁에 인격이 피폐해지는 것이 학교 다니는 즐거움입니까? 무엇이 학교 다니는 즐거움이죠? 학교 다니는 즐거움은 배움의 즐거움이죠. 훌륭한 스승 아래에서 배우고 싶은 것을 배우고 동료들과의 친밀한 관계를 통해 서로 살아가는 법을 배우며, 많은 갈등이 있지만 그 갈등을 제대로 된 소통으로 푸는 것이 바로 학교 다니는 즐거움입니다. 그렇다면 어떻게 해야 합니까? 지금 다니는 학교가 매우 억압적이고 인간을 소외시키고 폭력적인 분위기라면 결국 그 학교를 끝까지 다녀야 합니까? 끝까지 인내심을 갖고 다녀서 졸업장이라도 하나 받는 것이 옳습니까? 물론 그것도 하나의 방법일 수 있습니다. 그러나 그것이 얼마나 불행한 일입니까? 그러한 학교 체제 안에 있는 영혼은 얼마나 피폐해지고 억울한 인생을 사는 것입니까? 결국 현명한 방법은 그 학교를 나와서 대안 학교를 찾는 것입니다. 새 부대를 찾아야 하는 것이지요.

지금 이야기가 학교 이야기가 아닙니다. '복음', '하나님 나라'를 담고 있는 지역 교회라는 형식이—지역 교회라는 틀이, 구조가— 복음을, 하나님 나라를 왜곡하고, 그릇되게 가르치고, 보여 주고, 드러낸다면 그 틀을 벗어 버려야 합니다. 우리가 목숨 걸고 지켜야 하고 목숨을 걸면서 살아야 하는 근거는 '지역 교회', '제도 교회'가 아니라 '복음'이며 '예수님의 가르침'이며 '하나님 나라'입니다. 지역 교회라는 형식, 조직, 틀을 목숨 걸고 지키는 것이 신앙이 아닙니다. 우리가 목숨 걸고 지키고, 목숨 걸고 살아야 하는 것은 하나님 나라이며 예수 그리스도의 복음입니다. 그런데 교회가 하나님 나라와 예수 그리스도의 복음을 훼파(毁破)하고 왜곡한다면 우리는 당연히 그 교회를 미련없이 버려야 합니다. 그리고 새로운 틀, 새로운 지역 교회를 만들어야 합니다. 헌 부대를 버리고 새 부대를 만들어야 한다는 것이지요. 그런데 한국 교회는 너무도 많이 조직 교회, 지역 교회에 대한 충성을 하나님 나라에 대한 충성과 동일시합니다. 그래서 헌 부대를 버리지 못합니다. 그 헌 부대에 새 포도주를 담으려고 하니 온갖 문제가 발생하는 것입니다.

여러분도 우리 교회를 지키기 위해서 목숨을 걸고 열심을 낼 필요가 전혀 없습니다. 우리가 이 지역 교회를 소중하게 여기고 사랑하는 것은 이 교회가 하나님 나라를 제대로 드러내기 위해 애쓴다는 것, 미약하지만 그 방향에 있어서는 제대로 가고 있다는 것, 하나님의 말씀이 제대로 드러나고 있다는 것에 대한 믿음 때문이지, 이 교회 자체에 대한 무슨 애착이어서는 안 됩니다. 혹시 나중에라도 이 교회가 하나님 나라를 드러내는 데 실패하고 세상 나라의 부역자로 전락한다면 우리는 과감하게 이 교회를 버려야 합니다. 별 것 아닙니다.

이것은 교회사를 통해 많은 신앙의 선배들이 취했던 방식입니다. 루터와 칼뱅이 그랬고, 존 오웬이 그랬고, 로이드 존스가 그랬고, 우리나라의 김홍전 목사님이 그랬습니다. 그들은 현 체제가, 형식이 하나님 나라를 제대로 드러내지 못한다고 판단했을 때 과감하게 그 틀을 벗어버리고 새로운 틀을 형성하여 하나님 나라를 제대로 드러냈습니다. 즉 새 포도주를 헌 부대에 담고자 고집을 피운 것이 아니라 새 포도주를 제대로 보존하기 위하여 헌 부대를 버리고 새 부대를 선택한 것입니다. 저는 이러한 적용이 "새 포도주는 새 부대에 담아야 한다"는 주님의 말씀이 현시대에 제대로 된 적용이라고 믿습니다. 아무쪼록 오늘 말씀을 통하여 여러분의 신앙에, 신앙 사상에 큰 진전이 있기를 바랍니다.

마가복음 강해설교 1

이길 수 없다는 것을 알지만

초판 1쇄 발행 2022년 06월 15일

지은이 홍석용
펴낸이 허민정
펴낸 곳 동무출판사
등록 2013년 10월 28일 (제2019-000077호)
전자우편 friendpublisher@gmail.com
ISBN 979-11-86323-46-5 04230, 979-11-86323-45-8 04230 (세트)

* 이 책의 내용의 전부 또는 일부를 재사용하려면 반드시 저작권자와 동무출판사의 동의를 받아야 합니다.
* 이 책은 저작권법에 따라 보호받는 저작물이므로 무단 전재와 복제를 금합니다.